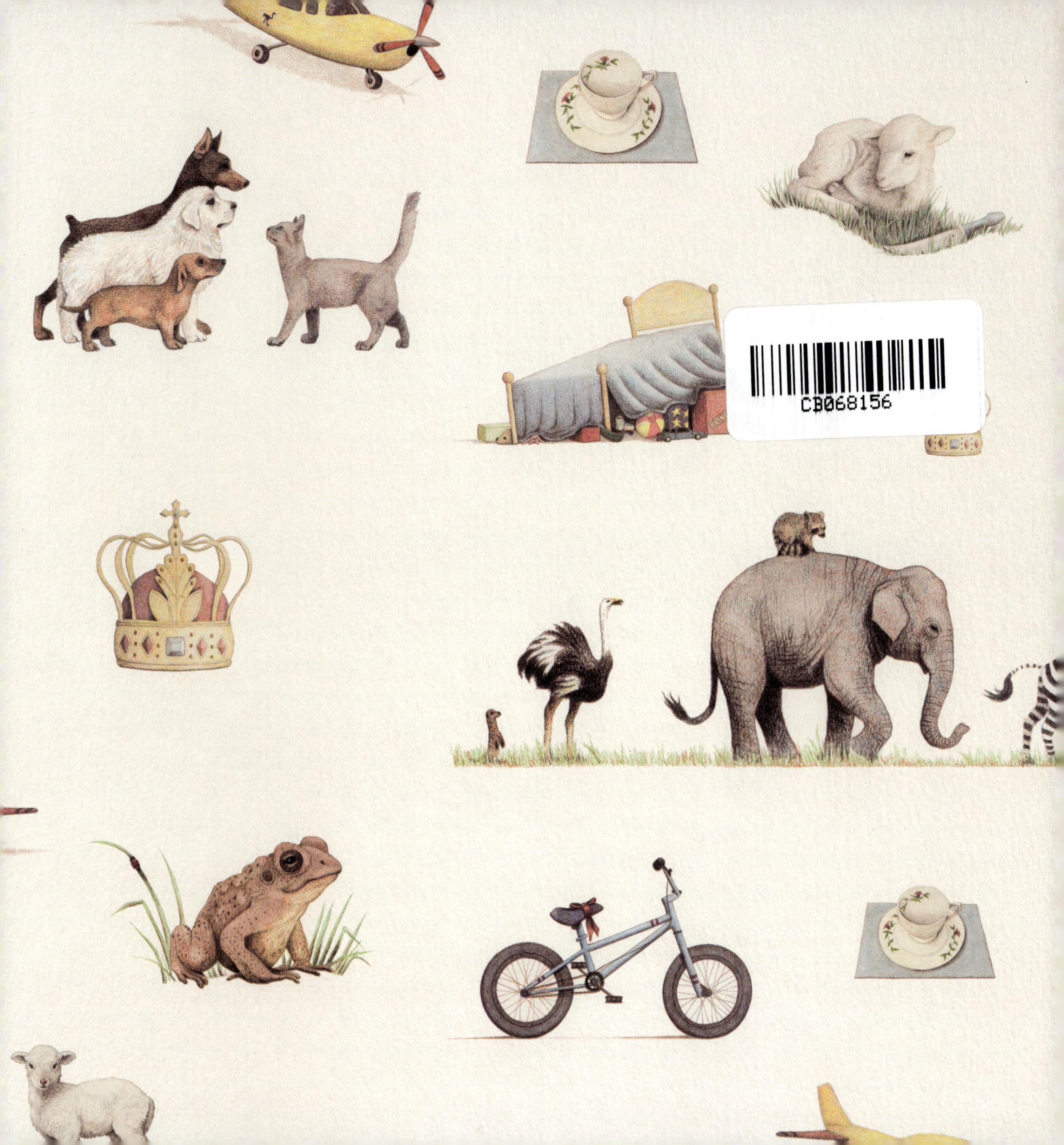

Há muitos bons teólogos na igreja atualmente, e muitos professores que amam as crianças. Mas poucos apresentam uma combinação dessas duas funções como Marty Machowski. Para mim, é um prazer recomendar este envolvente recurso a fim de auxiliar a todos nós que conhecemos e adoramos o Deus da Bíblia!
—JUSTIN TAYLOR, editor-gerente, *ESV Study Bible*; coautor da obra *The Final Days of Jesus* (Os últimos dias de Jesus)

Teologia é um livro belamente ilustrado. A obra por si só cativará a atenção das crianças. Os textos apresentam cuidadosamente o ensino das Escrituras às crianças, sem depreciá-las, pois ministra a elas, elevando a compreensão delas sobre o trino Deus como Criador e Redentor. Este é um valioso recurso que Marty Machowski disponibiliza aos pais, à igreja e a outros que desejam discipular os mais jovens. —RICHARD B. GAFFIN, JR., professor de Estudos Bíblicos e Teologia Sistemática, Professor Emérito do *Westminster Theological Seminary*

Este maravilhoso livro é proveitoso em todos os sentidos: é completamente bíblico, doutrinariamente sadio, centrado no evangelho, bem escrito e belíssimamente ilustrado. Pretendo comprar este livro para meus netos e lê-lo junto com eles repetidas vezes. Não posso dar ao livro Teologia *um endosso maior que esse!* —GREGG R. ALLISON, professor de Teologia Cristã, *The Southern Baptist Theological Seminary*; secretário da *Evangelical Theological Society*; pastor e autor

Este livro, muito bem ilustrado, de forma clara e lógica, apresenta a teologia às crianças. —ANDY NASELLI, professor assistente de Novo Testamento e Teologia Bíblica no *Bethlehem College & Seminary*, Mineápolis

Teologia *é uma grande resposta ao dilema de como os pais podem apresentar a Teologia bíblica aos seus filhos. Marty Machowski traz sólidas e bíblicas verdades teológicas em um formato compreensível. Os pais, em todos os lugares, se alegrarão em ver seus filhos "entenderem a Bíblia", enquanto trabalham juntos, por meio de* Teologia. —GERRY BRESHEARS, professor de Teologia, *Western Seminary*, Portland

Teologia *usa a narrativa e a arte para tornar a Bíblia verdade compreensível e realidade a todos os filhos de Deus, independentemente da idade. Desejo ansiosamente ler* Teologia *com meu neto!* —R. J. GORE JR., professor de Teologia Sistemática e reitor interino, *Erskine Theological Seminary*, Due West, SC

Teologia *é biblicamente farto, teologicamente rico, claramente escrito e ilustrado de forma útil. Que o Espírito Santo use este livro para firmar a próxima geração sobre a rocha da Palavra de Deus e gerar discípulos que sigam Jesus por toda a sua vida!*
—MATTHEW S. HARMON, professor de Estudos do Novo Testamento, *Grace Theological Seminary*

Teologia

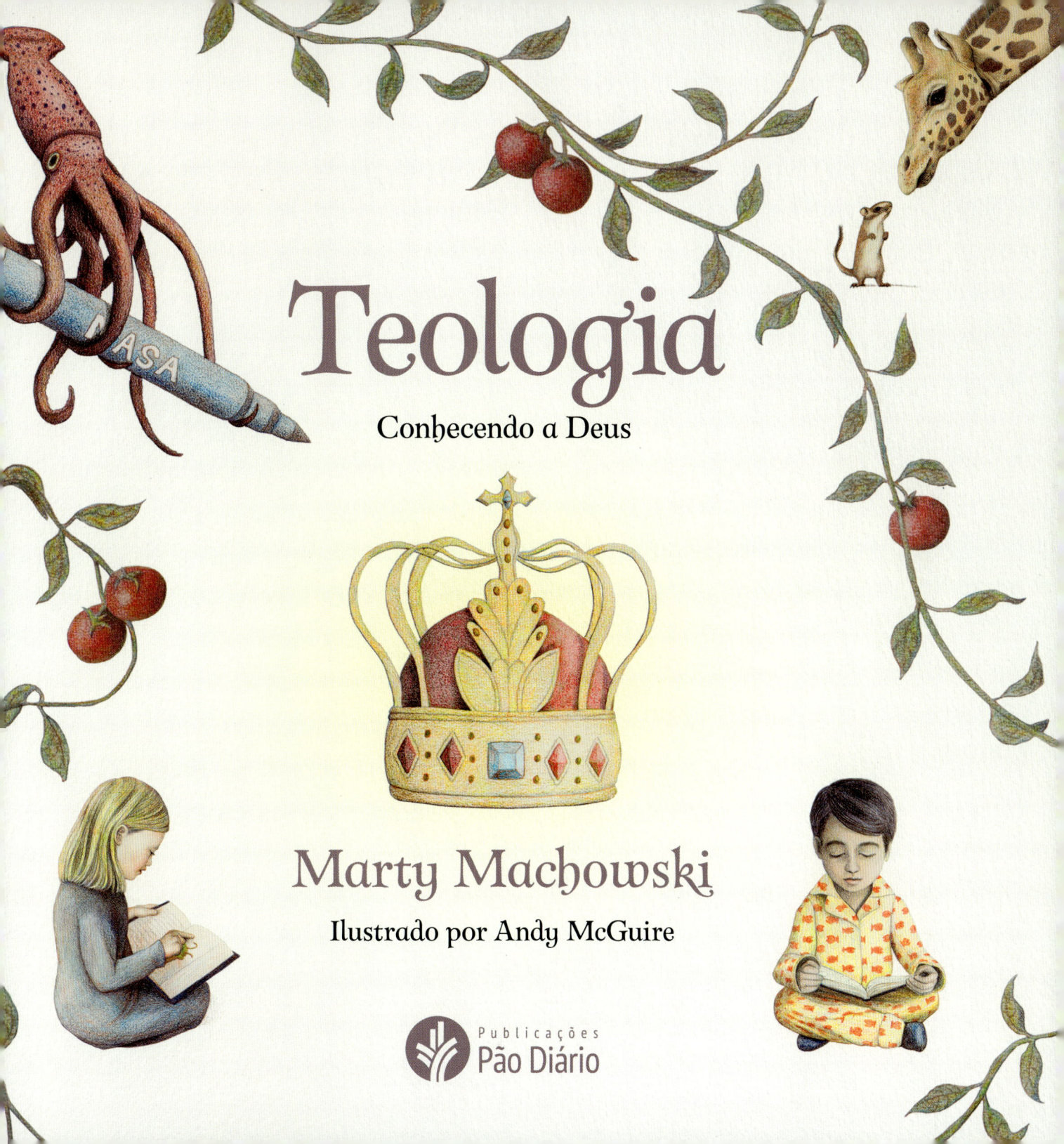

Conhecendo a Deus

Marty Machowski

Ilustrado por Andy McGuire

Publicações Pão Diário

Sumário

Agradecimentos ix
Guia para os pais x
Onde tudo começou 1

Quem é Deus? 11
1. Deus sempre foi e sempre será. 13
2. Deus é Três em Um. 17
3. Deus criou tudo a partir do nada. 18
4. Deus é Todo-poderoso 22
5. Deus está no controle 25
6. Deus sabe todas as coisas 26
7. Deus está em todo lugar 29
8. Deus é perfeito 30

Quem criou as pessoas? 33
9. Deus criou o homem e a mulher à Sua imagem . . 35
10. O primeiro esposo e a primeira esposa 39
11. Deus andou com Adão e Eva no jardim. 40

O que é o pecado? 43
12. Pecado 45
13. A primeira tentação vinda de Satanás 49
14. O pecado entrou no mundo
    por intermédio de Adão 53
15. O pecado nos separa de Deus e uns dos outros. . 57
16. O pecado sempre traz o juízo 61

17. Deus promete a salvação. 65
18. Deus expulsou Adão e Eva do jardim 66
19. O pecado se espalha como uma doença 69

O Deus da promessa e da Lei 71
20. Deus faz uma promessa 73
21. Deus mantém a Sua promessa 74
22. Os Dez Mandamentos de Deus 78
23. Desobedecer a um mandamento
    é desobedecer a toda a Lei 82
24. A santidade de Deus não habita no mesmo
    lugar que o pecado 85
25. Deus tem a solução para o perdão do pecado . . 89
26. Jesus é o sacrifício do qual precisamos. 90

Quem é Cristo? 93
27. O Filho de Deus vem à Terra 95
28. O Filho desceu do Seu trono 99
29. Jesus sempre amou a Deus e as pessoas 104
30. Jesus é completamente humano 108
31. Jesus é completamente Deus 112
32. Jesus morreu em nosso lugar. 116
33. A ressurreição de Jesus derrotou a morte . . . 120
34. Em Cristo, estamos escondidos
    com segurança. 124
35. Jesus envia Seus discípulos em uma missão. . . 127

Quem é o Espírito Santo? 131

36. Jesus prometeu enviar o Espírito Santo 133
37. O Espírito chega no Pentecostes 134
38. O Espírito Santo: o melhor presente de Deus . 137

Como é fazer parte da família de Deus? 141

39. Escolhidos 143
40. Chamados 147
41. Nascidos de novo 151
42. Fé 152
43. Jesus pagou tudo 156
44. Adotados 160

Como é a transformação que Deus realiza? 165

45. O pecado não está mais no controle 167
46. Separados, santos para Deus 168
47. Crescemos um pouco por vez 171
48. Tire o que é velho, vista-se do novo 172
49. O Espírito Santo nos ajuda a lutar contra o pecado 175
50. O fruto do Espírito 176
51. Completar a corrida até o final 179

O que é a Igreja? 181

52. A Igreja é feita de pedras vivas 183
53. A Igreja é o templo de Deus 184
54. Reunimo-nos para adorar 187
55. A Ceia do Senhor 191
56. Batismo 192
57. Os dons do Espírito 195
58. A perseguição aos santos 196

O que é o fim dos tempos? 199

59. Um retrato do futuro 201
60. O retorno de Cristo 202
61. O julgamento final 206
62. Um dia muito diferente para todos os filhos de Deus 210
63. Novo Céu e nova Terra 213
64. O lugar especial onde Deus mora com o Seu povo 217
65. A última festa de casamento 221

O que é a Palavra de Deus? 223

66. Deus escreveu a Bíblia por intermédio das pessoas 225
67. A Palavra de Deus é verdadeira 226
68. Deus fala com você, e você fala com Deus ... 230
69. A Bíblia é o nosso alimento espiritual 233
70. O Espírito Santo nos ajuda a entender a Palavra de Deus 234
71. A Palavra de Deus vive para sempre 237

Glossário: Palavras bíblicas importantes que você precisa conhecer e entender 240
Pense em teologia, fale de teologia — Perguntas .. 242
Pense em teologia, fale de teologia — Respostas .. 249

Este livro é dedicado à saudosa memória de Carl Rausch, cujo amor por Jesus e fiéis orações, ao longo de seus 104 anos de vida, foram usados por Deus para levar seus filhos e netos a Cristo. Certa vez escreveu:

"Este é o avô de vocês, um homem idoso de 94 anos de idade. É hora de ir para casa, mas eu tenho 13 netos e uma pergunta me surge: quantos deles seguirão os meus passos? Quantos deles encontrarei no tribunal de Cristo onde todos nós, crentes em Jesus, estaremos um dia? A quantos deles eu ouvirei o Senhor dizer: "Venham, vocês que são abençoados pelo meu Pai! Venham e recebam o Reino que o meu Pai preparou para vocês desde a criação do mundo"? Minha oração é: "Senhor, por favor, traga todos os meus filhos e netos comigo para a glória. Eu gostaria de encontrar todos eles lá". —Carl Rausch

Agradecimentos

Gostaria de expressar minha gratidão à equipe de amigos que tornaram este livro possível. Barbara Juliani e Nancy Winter me ajudaram a comunicar conceitos teológicos complexos de forma que as crianças pudessem entender melhor. Minha esposa, Lois, leu cada página, trazendo sugestões valiosas. A equipe administrativa da *Covenant Fellowship* concedeu sua opinião e apoio cheio de entusiasmo à medida que eu lia para eles cada página concluída.

Quero também agradecer a Wayne Grudem pelos seus livros, *Systematic Theology* (Teologia Sistemática) e *Bible Doctrine* (Doutrina bíblica), que serviram como minha literatura de base. Foi lendo *Doutrina bíblica* com meus filhos adolescentes que cresceu em mim o desejo de tornar essas profundas verdades teológicas acessíveis a uma geração mais jovem.

Andy McGuire fez um trabalho espetacular ao criar ilustrações maravilhosas, que tornaram este livro divertido para as crianças lerem. Obrigado, Andy, pela sua criatividade, talento e diligência em ilustrar este projeto.

Finalmente, gostaria de agradecer aos muitos pastores cujos sermões inundaram a minha alma e moldaram a minha vida ao longo dos 30 anos da minha caminhada cristã. Saibam que sua dedicação ao estudo agora dará frutos na vida de inúmeras crianças quando lerem este livro.

Guia para os pais

Como pai ou mãe, ao ter contato com este livro, você pode se perguntar se seus filhos são novos demais para estudar teologia, mas ela é simplesmente o estudo de Deus. Quer você perceba ou não, nossos filhos aprendem sobre o Senhor todos os dias. Nós os ensinamos sobre o poder e a beleza do Altíssimo quando nos maravilhamos diante de um arco-íris ou da força das ondas do oceano. Nós os ensinamos sobre Deus quando mostramos o que é certo ou errado, como orar antes de dormir, ou a importância de perdoar um amigo. Este livro apresenta a teologia de maneira simples e clara, ele traz verdades importantes e profundas sobre Deus em um formato fácil para você e seus filhos entenderem.

Teologia é um recurso educacional multifacetado para uma ampla gama de faixas etárias: crianças, pré-adolescentes, adolescentes e até adultos. Enquanto as ilustrações são direcionadas para crianças dos anos iniciais do Ensino Fundamental, as referências bíblicas proporcionam outra camada de aprendizado para estender o uso deste livro aos alunos dos anos finais do Ensino Fundamental. Cada capítulo aborda um tópico diferente, portanto, embora sejam curtos, seria bom estudar apenas um por dia. Reserve, então, um tempo ao longo do dia para discutir com seus filhos os diferentes temas que eles estão aprendendo sobre Deus.

Alunos dos anos iniciais do Ensino Fundamental (6 a 10 anos). Pais de alunos do primeiro ano podem ler o livro pela primeira vez de capa a capa, então voltar a tópicos individuais e fazer perguntas aos seus filhos sobre as ilustrações, ajudando-os a conectar a arte às verdades presentes na página correspondente. Quanto mais verdades teológicas abstratas forem apresentadas com analogias fáceis de entender, mais as crianças pequenas começarão a compreender os conceitos apresentados por meio delas.

Teologia é um livro perfeito para desafiar novos leitores e expandir seu vocabulário teológico. É claro que precisarão de uma ajudinha, por isso listamos algumas palavras teológicas importantes em um glossário no final do livro com definições apropriadas para crianças. Isso deve ajudá-las a entender esses conceitos de modo que se tornem parte do seu vocabulário.

A idade do início do Ensino Fundamental também é o momento de mostrar as referências bíblicas e usá-las para ensinar que as verdades teológicas contidas em Teologia se encontram todas na Bíblia.

Pergunte às crianças se elas sabem se uma referência específica é do Antigo ou Novo Testamento. Veja se elas conseguem identificar o gênero literário correto — narrativa (relatos históricos), poesia (Salmos), sabedoria (Provérbios, Jó, Eclesiastes), lei (Êxodo, Levítico, Números, Deuteronômio), profecia (Isaías a Malaquias), evangelho (Mateus a João), cartas (Romanos a Judas) ou apocalíptico (Apocalipse).

Além disso, use as perguntas para discussão na seção "Pense Teologia, Fale de Teologia" para essa faixa etária. Embora as crianças nos anos iniciais do Ensino Fundamental não sejam capazes de responder as perguntas por escrito, você pode usá-las oralmente na conversa à medida que lê cada seção.

Enquanto lê o livro, peça às crianças que repitam os versículos bíblicos e veja se elas conseguem relacioná-los à verdade mais ampla sobre a qual estão conversando.

Alunos dos anos finais do Ensino Fundamental (11 a 14 anos). *Teologia* pode ser usado para ensinar teologia sistemática aos estudantes do final do Ensino Fundamental (ou até mesmo como base para o currículo bíblico).

Depois que os alunos tiverem lido toda a obra para ter uma visão geral do panorama teológico, eles devem ler tudo novamente, seção por seção, consultando as referências bíblicas.

Dê a eles um caderno de anotações no qual possam anotar versículos bíblicos e explicar como eles se conectam à verdade principal abordada em cada seção.

Além de ler os textos bíblicos, oriente-os a anotar as respostas às perguntas para discussão da seção "Pense Teologia, Fale de Teologia". Se você está usando *Teologia* como currículo bíblico, as respostas podem ser utilizadas como dever de casa.

Memorização das Escrituras. Crianças de todas as idades podem memorizar a Bíblia. *Teologia* pode ser usado como recurso para a memorização das Escrituras, auxiliando-as a decorarem os versículos destacados em suas páginas. Escolha um de cada seção para memorizar à parte do trabalho que eles fazem por escrito.

Adolescentes e adultos. *Teologia* é um livro infantil, entretanto pode ser útil para estabelecer a estrutura de uma sólida cosmovisão bíblica para adolescentes e jovens adultos também. Diga aos seus alunos de Ensino Médio que o leiam como um livro infantil (eles não são fáceis de enganar) e façam um trabalho sobre a visão de mundo apresentada na obra justificando se concordam ou não com ela.

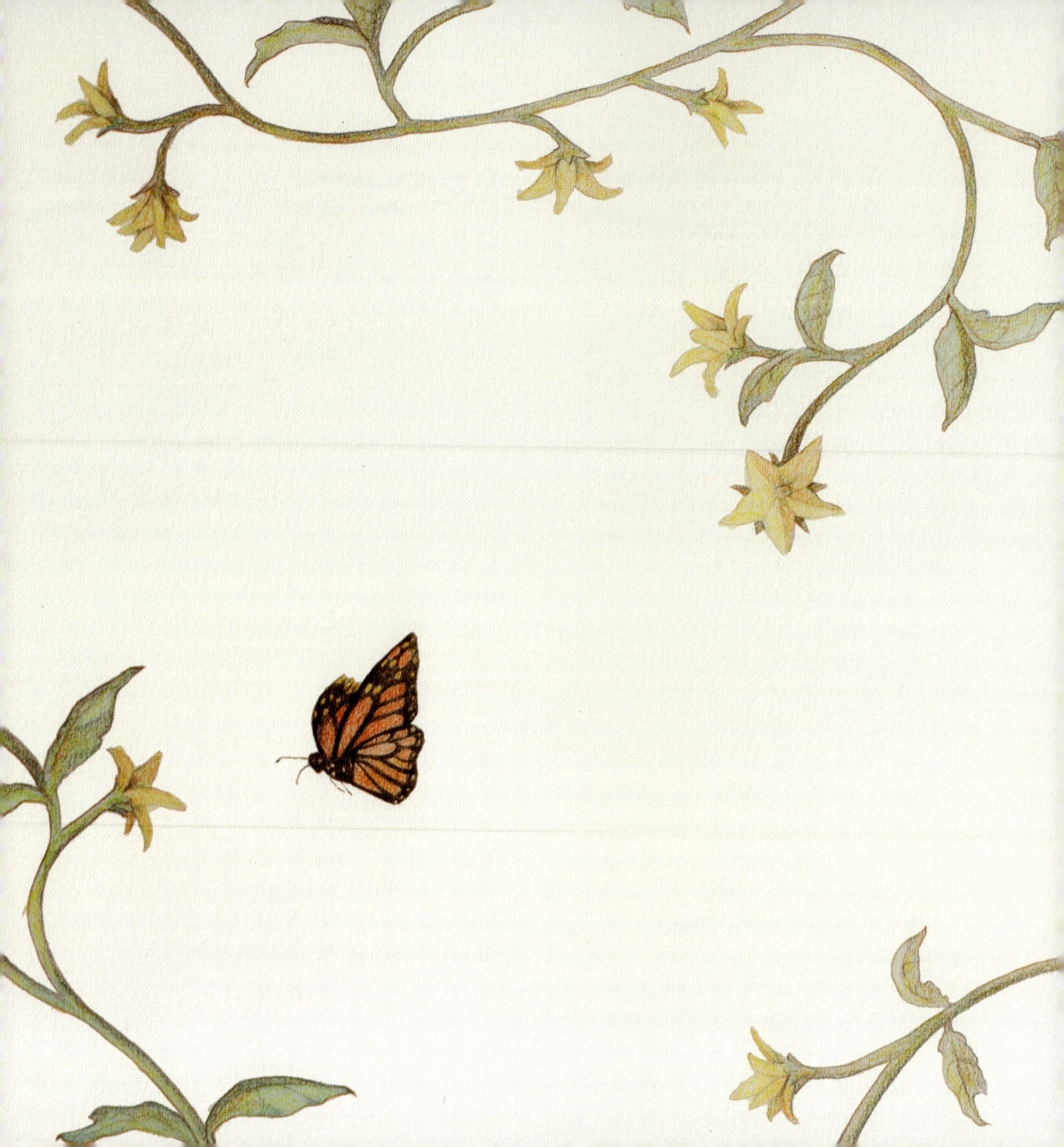

Onde tudo começou...

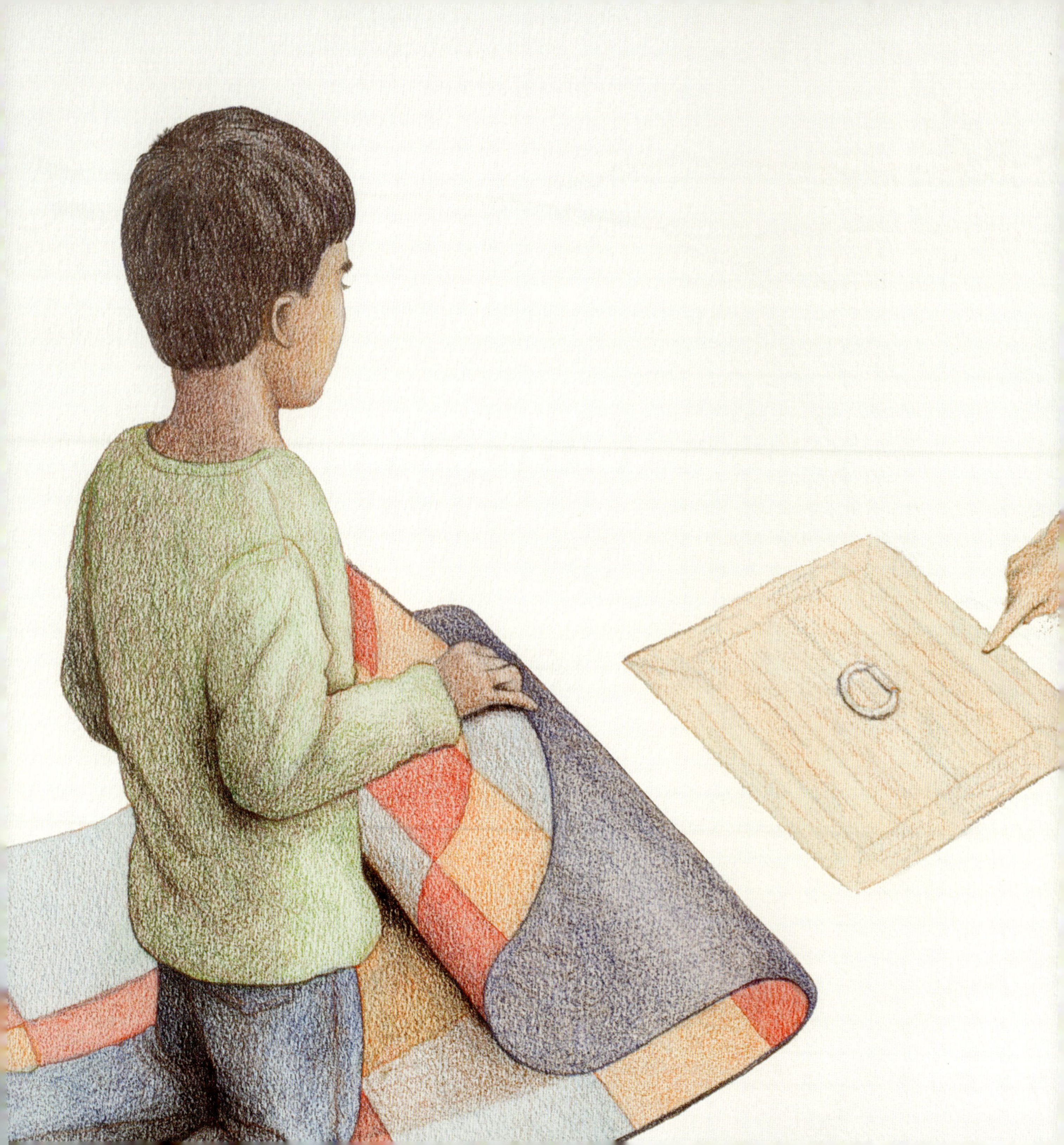

Carla e Timóteo não esqueceriam tão cedo a aventura de explorar a antiga igreja existente há séculos em sua vizinhança. Eles se depararam com um alçapão destrancado e se arriscaram a descer a escadaria de pedra em direção à escuridão com cheiro de mofo.

—Veja! — Carla exclamou ao levantar a ponta de um grosso tapete. —Um alçapão secreto.

—Gostaria de saber aonde ele leva — disse Timóteo. —Ele abre?

As crianças puxaram o tapete e levantaram o alçapão. Timóteo apontou a lanterna em direção à escuridão revelando uma escada que levava a um cômodo abaixo: o porão da igreja.

Eles desceram cuidadosamente em direção ao depósito mofado. Apesar da fraca iluminação, viram uma mesa baixa coberta com um tecido colorido. Um velho castiçal estava posto sobre ela.

Carla olhou fixamente e então exclamou:

—Olhe! Tem alguma coisa perto do castiçal!

As crianças se aproximaram da mesa para ver melhor o que estava em cima dela. Era um pacote embrulhado com papel kraft pardo e amarrado com barbante. Por debaixo do barbante, havia um pedaço de pergaminho amarelado dobrado. Nele havia a seguinte instrução: "Abra e leia".

As duas crianças pegaram o pacote, voltaram ao topo da escada e se sentaram sob um feixe de luz que adentrava por uma das janelas altas do porão. Assim que se acomodaram, Carla puxou o bilhete de debaixo do barbante, abriu-o com cuidado e começou a ler.

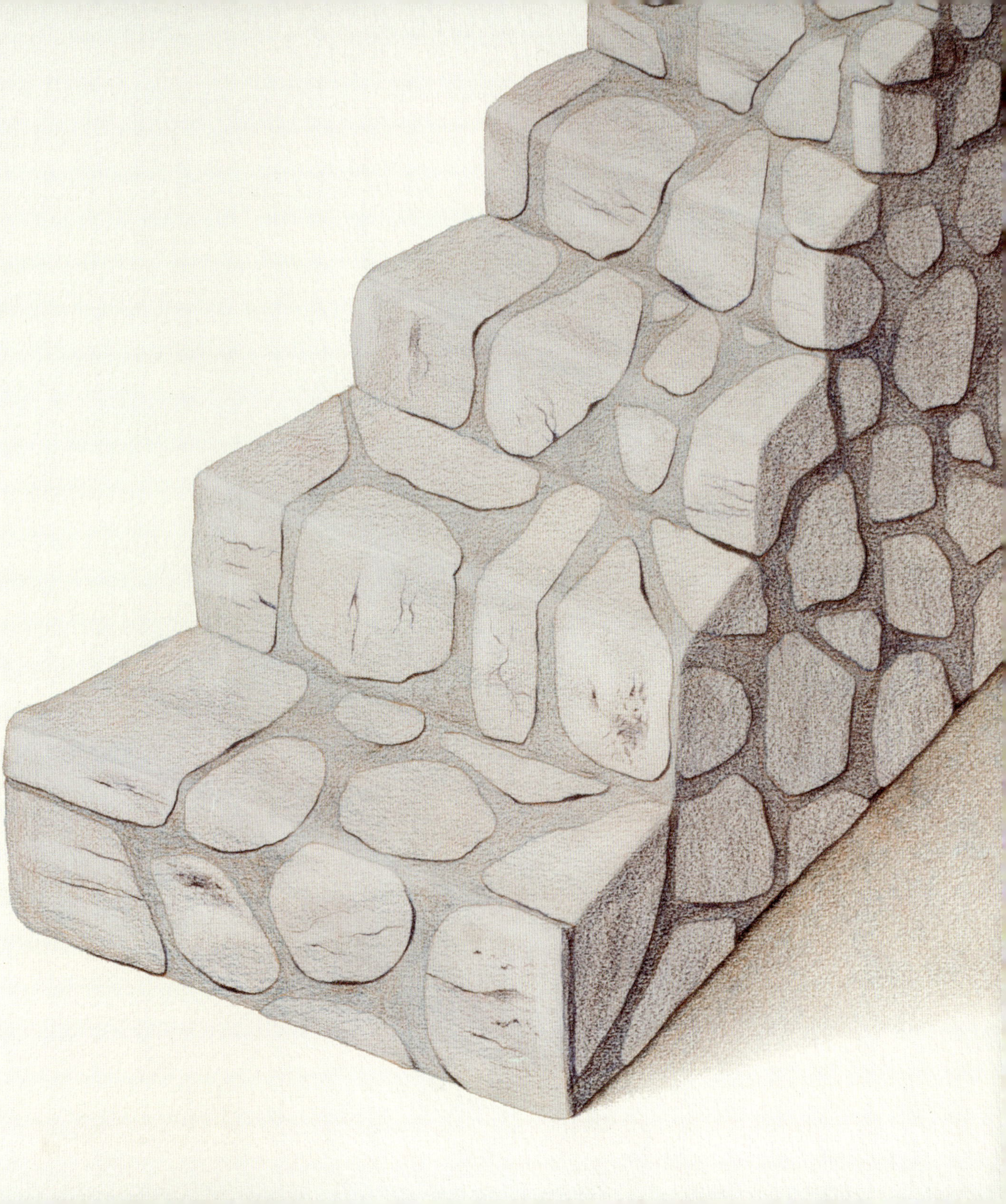

A quem encontrar o pacote:

Em suas mãos está a última cópia conhecida de um livro infantil raro com uma longa história, que começa com os pastores da Igreja Primitiva. Eles foram os primeiros a nos ensinar a como entender a mensagem da Bíblia. Mais tarde, vieram aqueles que estudaram sobre Deus e as Escrituras para ajudar os outros a entenderem quem é o Senhor e como segui-lo. Alguns deles foram Tomás de Aquino, Martinho e João Calvino. As pessoas começaram a chamá-los de teólogos porque eles estudavam sobre Deus. Teologia significa o estudo de Deus.

Aqueles que foram ajudados pelos seus escritos quiseram transmitir essas verdades aos seus filhos. Então eles escreveram um livro para crianças, intitulado "Teologia", de modo que elas também pudessem entender verdades profundas sobre Deus encontradas na Bíblia. Teologia nos ensina o que a Bíblia diz

A quem encontrar o pacote:

Em suas mãos está a última cópia conhecida de um livro infantil raro com uma longa história que começa com os pastores da Igreja Primitiva. Eles foram os primeiros a nos ensinar a como entender a mensagem da Bíblia. Mais tarde, vieram aqueles que estudaram sobre Deus e as Escrituras para ajudar os outros a entenderem quem é o Senhor e como segui-lo. Alguns deles foram Tomás de Aquino, Martinho Lutero e João Calvino. As pessoas começaram a chamá-los de teólogos porque eles estudavam sobre Deus. Teologia significa o estudo de Deus.

Aqueles que foram ajudados pelos seus escritos quiseram transmitir essas verdades aos seus filhos. Então eles escreveram um livro para crianças intitulado Teologia[1], *de modo que elas também pudessem entender verdades profundas sobre Deus encontradas na Bíblia.* Teologia *nos ensina o que a Bíblia diz sobre Deus, as pessoas, o pecado e o plano do Senhor para a salvação por intermédio de Jesus. Quando as crianças liam, elas amavam o livro! Ele as ajudava a entender quem é Deus, o quanto Ele as ama e como segui-lo.*

Mas infelizmente, depois de muitos anos, o livro foi esquecido. Pais e filhos começaram a achar que as verdades de Conhecendo a Deus *estavam ultrapassadas e desatualizadas, e os livros desapareceram um por um. O exemplar que agora está em suas mãos pode ser a última cópia existente de* Conhecendo a Deus.

Eu coloquei esse exemplar embrulhado no depósito do porão e o ofereço como presente a quem o encontrar. Abra e leia com cuidado. Minhas orações são para que ele possa ajudar você a conhecer a Deus e a si mesmo. Mas, acima de tudo, eu oro para que você saiba o quanto o Senhor o ama. O amor dele nunca falha!

Atenciosamente,
Jonathan E.

N.T.: Em inglês, o título *The Ology* cria um jogo de palavras com o termo "Theology" (Teologia, em português). Por isso, o título *Teologia* nos pareceu mais apropriado.

As crianças permaneceram imóveis, sem saber se deveriam desembrulhar o livro. Então Carla disse:

—O que você acha? Devemos abri-lo?

—Eu acho que sim — Timóteo respondeu.

Então, cuidadosamente, eles desamarraram o barbante e removeram o papel que embrulhava o livro. A capa de couro era atraente e tinha um título de três palavras: Conhecendo a Deus. Em letras pequenas, na parte inferior da capa, estavam mais quatro palavras: "Verdades antigas eternamente novas". De início, ao abrir o livro, eles viram palavras, mas a letra ornamentada era difícil de ler. Eles olhavam a página fixamente tentando decifrar o texto, mas então, de repente, ao mesmo tempo, as crianças piscaram perplexas. A página se transformou diante de seus olhos. As palavras se tornaram fáceis de ler, imagens coloridas abrilhantaram o livro, e as páginas antigas se tornaram como as de um livro novinho em folha!

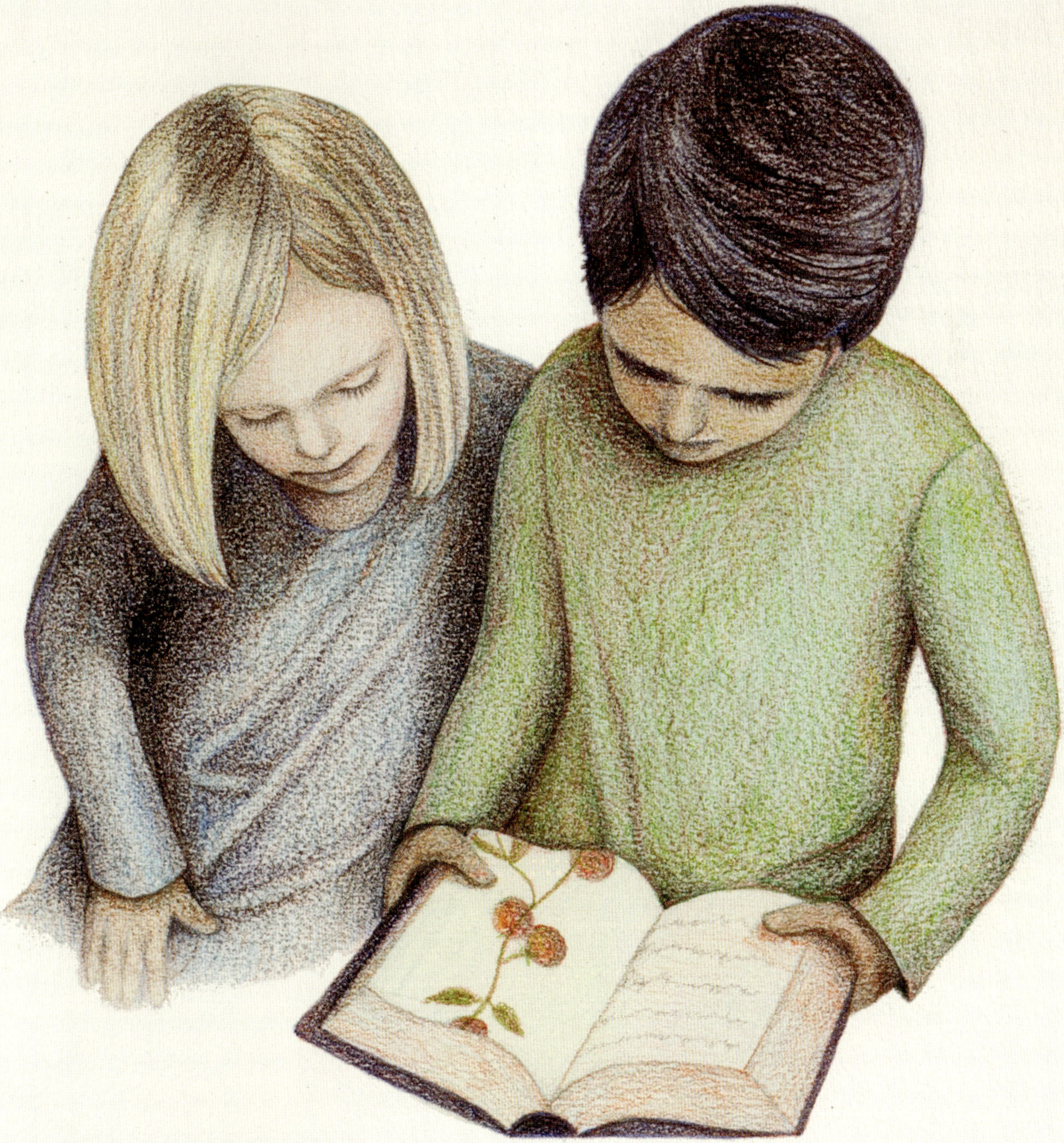

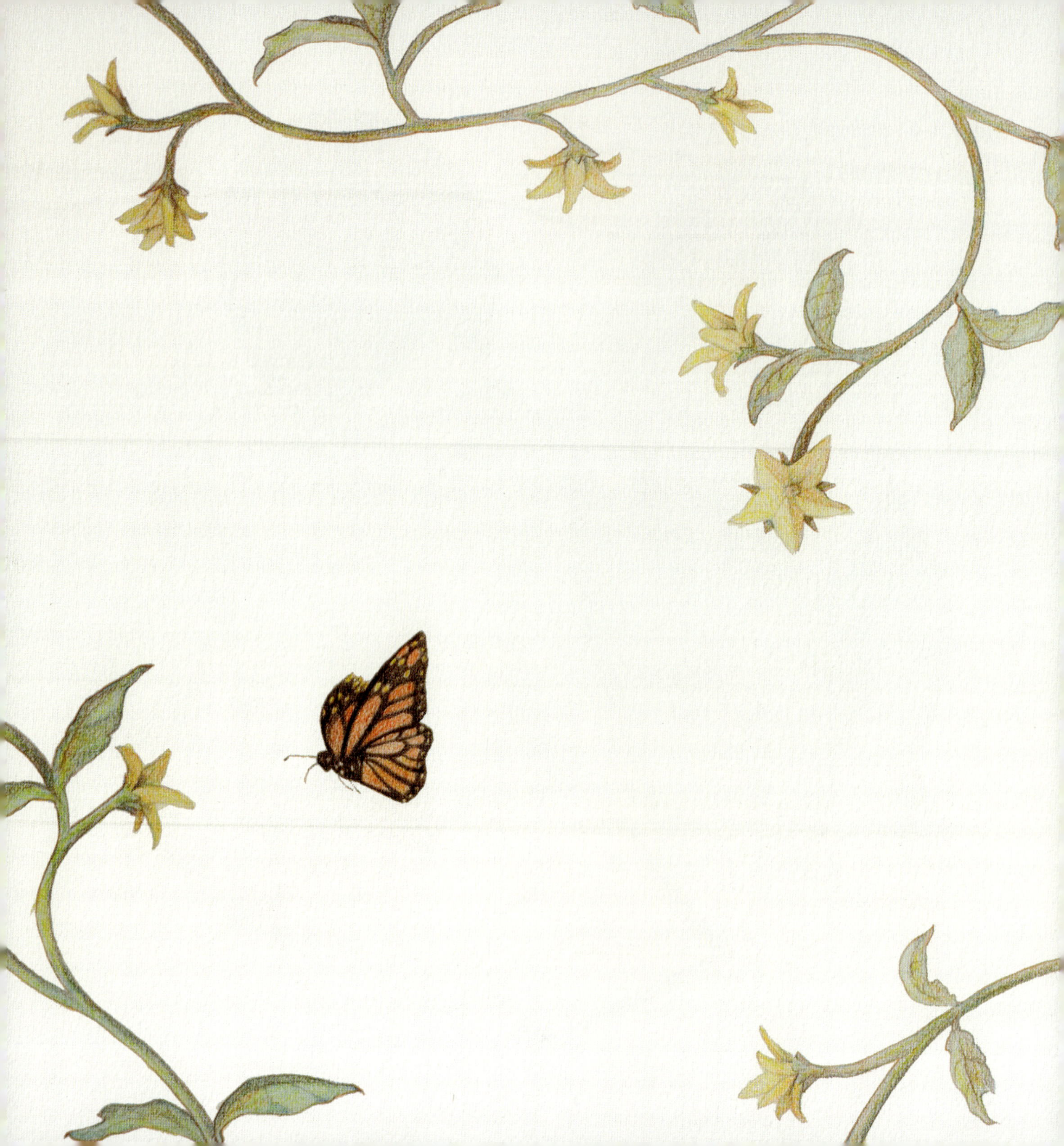

Quem é Deus?

Deuteronômio 33:27

Gênesis 21:33

1 Timóteo 1:17

Salmo 100:5

Salmo 102:25-27

1. Deus sempre foi e sempre será

Os carvalhos brotam das bolotas (nozes redondas envoltas em uma casca dura), e os sapos surgem como girinos, mas Deus nunca teve um princípio. Quando você vê suas fotos de anos atrás, pode perceber o quanto você cresceu e mudou. Mas nunca houve um tempo em que o Senhor fosse menor ou mais jovem. Ele é o mesmo hoje como era ontem e será amanhã.

O dia termina quando o relógio bate meia-noite. A corrida termina na linha de chegada. Mas Deus nunca terá fim. Ele sempre viveu e sempre viverá. Isso significa que o Senhor é *eterno*. Você pode pensar no passado mais distante que conseguir, Deus sempre existiu; ou então pode imaginar o futuro mais longe que puder, Ele sempre estará lá.

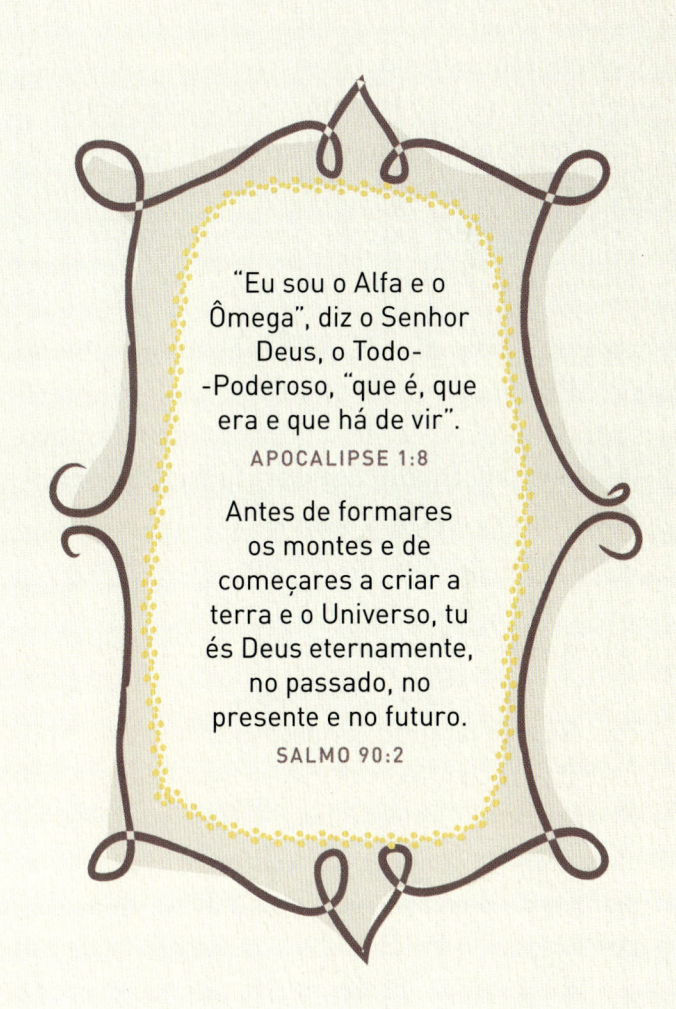

> "Eu sou o Alfa e o Ômega", diz o Senhor Deus, o Todo-Poderoso, "que é, que era e que há de vir".
> **APOCALIPSE 1:8**
>
> Antes de formares os montes e de começares a criar a terra e o Universo, tu és Deus eternamente, no passado, no presente e no futuro.
> **SALMO 90:2**

Nomes são especiais. É por isso que, quando você escreve o seu nome, você começa com uma letra maiúscula, como "J" de João ou "S" de Sofia. É por isso também que usamos um "D" maiúsculo quando escrevemos sobre o único Deus verdadeiro.

Os nomes dos personagens bíblicos geralmente nos dizem algo sobre eles. Abraão significa "pai de muitos", e ele se tornou o pai do povo de Deus. Na Bíblia, o próprio Deus, que não pode ser descrito por apenas uma palavra ou nome, tem muitos nomes; por exemplo: Todo-Poderoso, Pão da Vida, Conselheiro, Libertador, Pai Eterno, Fonte, Bom Pastor, Aquele que é Santo, Emanuel, Jesus, Rei dos reis, Luz do mundo, Poderoso Deus, Príncipe da Paz, Rocha, Salvador, Verdade, Videira, Maravilhoso Conselheiro e Cordeiro. Deus ainda recebe o nome de Alfa e Ômega, a primeira e a última letra do alfabeto grego, por Ele ser "o Primeiro e o Último". Cada um dos nomes que a Bíblia utiliza para descrever o Senhor nos diz algo sobre quem Ele é.

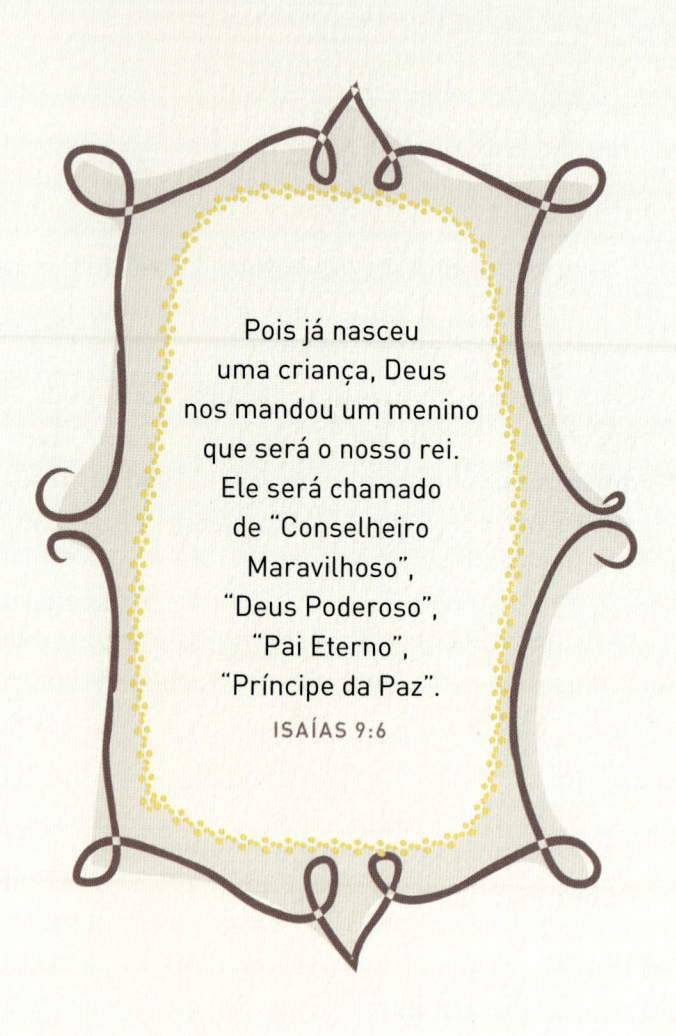

> Pois já nasceu uma criança, Deus nos mandou um menino que será o nosso rei. Ele será chamado de "Conselheiro Maravilhoso", "Deus Poderoso", "Pai Eterno", "Príncipe da Paz".
>
> ISAÍAS 9:6

João 6:35

João 10:11

Romanos 11:26

Jeremias 17:13

1 Timóteo 2:5

Deuteronômio 6:4

Isaías 48:16

Mateus 3:16-17

João 14:26

2. Deus é Três em Um

Quando você monta um quebra-cabeças, precisa entender como aquelas peças diferentes se encaixam para formar uma imagem. É assim também com Deus. As verdades que a Bíblia nos conta sobre o Senhor se parecem um pouco com peças de um quebra-cabeças. Quanto mais aprendemos sobre Deus, mais clara fica a imagem que temos dele, mais admirável Ele se torna para nós, e mais amamos o Senhor.

Temos aqui algumas verdades sobre Deus escritas em um poema. Leia cada linha separadamente e veja se consegue entender. Depois leia-as todas juntas.

Deus é um manifesto em três, assim a Bíblia ensina
Pai, Filho, Espírito; Sua verdade nos ilumina.
O Pai e o Filho são um, é verdade!
O Filho e o Espírito, perfeita unidade.
Cada um é diferente, mas divinos por completo
Unidos eternamente em amor, por certo.
Trindade significa que essas três pessoas são UMA;
Nosso Deus único é Pai, Espírito e Filho, sem separação alguma.

Deus Pai, Deus Filho e Deus Espírito Santo são pessoas distintas, mas são igualmente Deus. Cada pessoa da Trindade resplandece a luz das outras. O Pai glorificou o Filho quando, na transfiguração de Jesus, Ele nos disse para ouvirmos o Filho. O Filho resplandeceu a luz do Pai ao ir diretamente para a cruz movido por amor ao Pai e a nós. O Espírito Santo resplandece a luz do Filho ao nos recordar tudo o que Jesus nos ensinou e nos fazer brilhar como Cristo. Cada Pessoa da Trindade ama as outras em um relacionamento de amor eterno. Essa é uma das razões pelas quais a Bíblia nos ensina que Deus é amor!

Um dia, nós veremos o Senhor face a face e compartilharemos do mesmo amor puro que o Pai, o Filho e o Espírito Santo compartilham um com o outro.

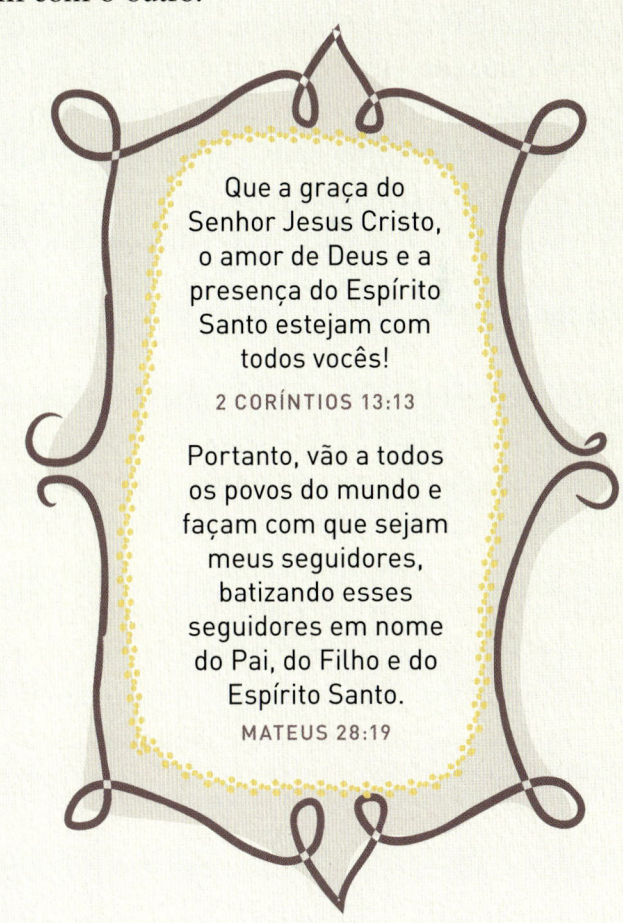

> Que a graça do Senhor Jesus Cristo, o amor de Deus e a presença do Espírito Santo estejam com todos vocês!
>
> 2 CORÍNTIOS 13:13
>
> Portanto, vão a todos os povos do mundo e façam com que sejam meus seguidores, batizando esses seguidores em nome do Pai, do Filho e do Espírito Santo.
>
> MATEUS 28:19

3. Deus criou tudo a partir do nada

Cada coisa criada começou da mesma forma: com um projeto. Um projeto é uma ideia de como fazer algo — uma cadeira, uma flor ou um livro. Você pode criá-lo a partir de algo, como, por exemplo, moldando a argila em forma de cobra ou dobrando o papel para fazer um avião. Porém, quando Deus criou o mundo, Ele fez algo que ninguém mais pode fazer: Ele criou tudo totalmente a partir do nada. Deus não construiu o mundo com argila, madeira ou pedra, porque não as tinha criado ainda. Ele não começou com ar ou água, porque essas coisas também tiveram de ser criadas.

Você sabia que você é parte do grande projeto de Deus? Antes que o Senhor colocasse uma única estrela no céu, Ele pensou em você. Ele planejou a cor do seu cabelo, a altura que você teria e o lugar exato em que você viveria. Experimente pintar o dedão da mão com canetinha, pressione-o contra o papel e perceba o espiral das linhas. Sua digital é única, ninguém mais no mundo inteiro tem uma digital igual a sua. Deus a desenhou unicamente para você.

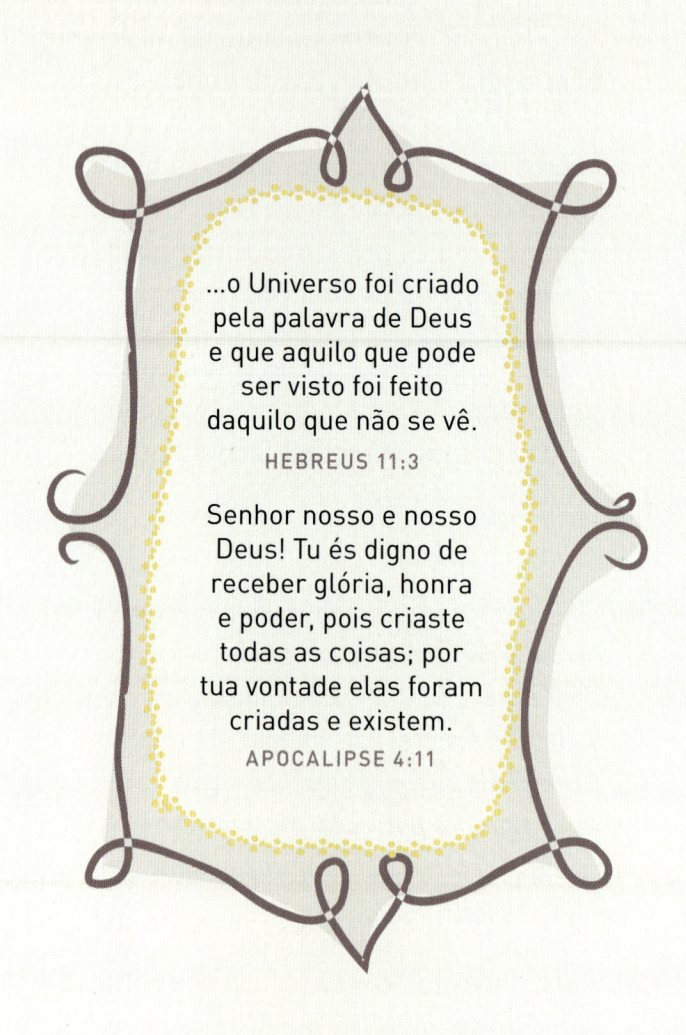

> ...o Universo foi criado pela palavra de Deus e que aquilo que pode ser visto foi feito daquilo que não se vê.
> **HEBREUS 11:3**
>
> Senhor nosso e nosso Deus! Tu és digno de receber glória, honra e poder, pois criaste todas as coisas; por tua vontade elas foram criadas e existem.
> **APOCALIPSE 4:11**

Atos 4:24

Gênesis 1:1

Colossenses 1:16

Salmo 33:6

Romanos 4:17

Salmo 139:16

Salmo 148:2-5

Salmo 91:11-12

Neemias 9:6

Hebreus 13:2

Apocalipse 4:8

Isaías 6:2-3

Você sabia que Deus também criou criaturas maravilhosas nos Céus? Não podemos vê-las agora, mas anjos poderosos, serafins e querubins servem e adoram a Deus em volta do Seu trono.

Deus dá aos Seus anjos a tarefa de cuidar de Seu povo na Terra. Ele também usa os anjos para enviar mensagens às pessoas. Às vezes o Senhor permite que Seus anjos sejam vistos, o que geralmente assusta as pessoas a princípio, mas, na maior parte do tempo, os anjos de Deus fazem a obra do Senhor em segredo.

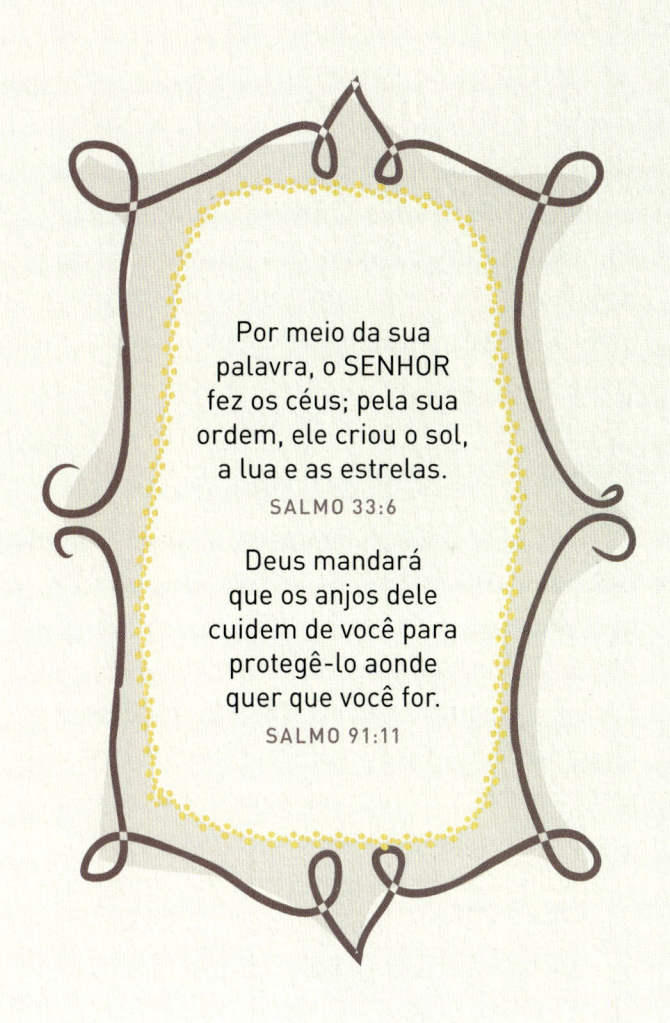

> Por meio da sua palavra, o SENHOR fez os céus; pela sua ordem, ele criou o sol, a lua e as estrelas.
> SALMO 33:6
>
> Deus mandará que os anjos dele cuidem de você para protegê-lo aonde quer que você for.
> SALMO 91:11

4. Deus é Todo=poderoso

Deus é tão poderoso que, quando chegou o momento de criar o Universo, tudo o que Ele usou foram palavras. Deus disse: "Que haja luz!", e a luz passou a existir. Isso não é poderoso? Com apenas algumas palavras, Deus criou a luz, os céus, a Terra, o Sol, a Lua, as estrelas, os oceanos, as plantas, os peixes, os pássaros e os animais.

Deus falou, "e assim aconteceu". Então quando o Senhor disse: "Que haja luz!"; Ele não precisou esperar a luz ligar. Quando Ele disse: "Que a terra produza todo tipo de animais", Ele não precisou esperar que eles nascessem; eles apareceram instantaneamente. Imagine uma floresta vazia num momento e no instante seguinte repleta de leões, lagartos, gorilas, gafanhotos, cobras, ratos, caracóis, borboletas e girafas. A Bíblia nos diz que podemos saber que Deus é verdadeiro e poderoso apenas observando o que Ele criou..

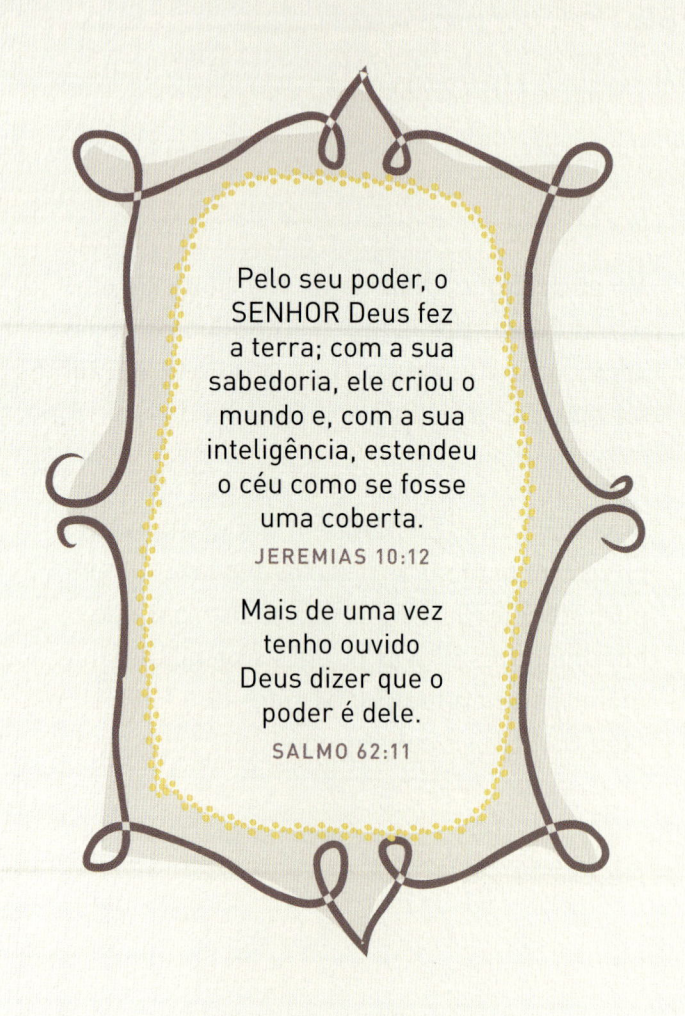

> Pelo seu poder, o SENHOR Deus fez a terra; com a sua sabedoria, ele criou o mundo e, com a sua inteligência, estendeu o céu como se fosse uma coberta.
> JEREMIAS 10:12

> Mais de uma vez tenho ouvido Deus dizer que o poder é dele.
> SALMO 62:11

Salmo 19:1

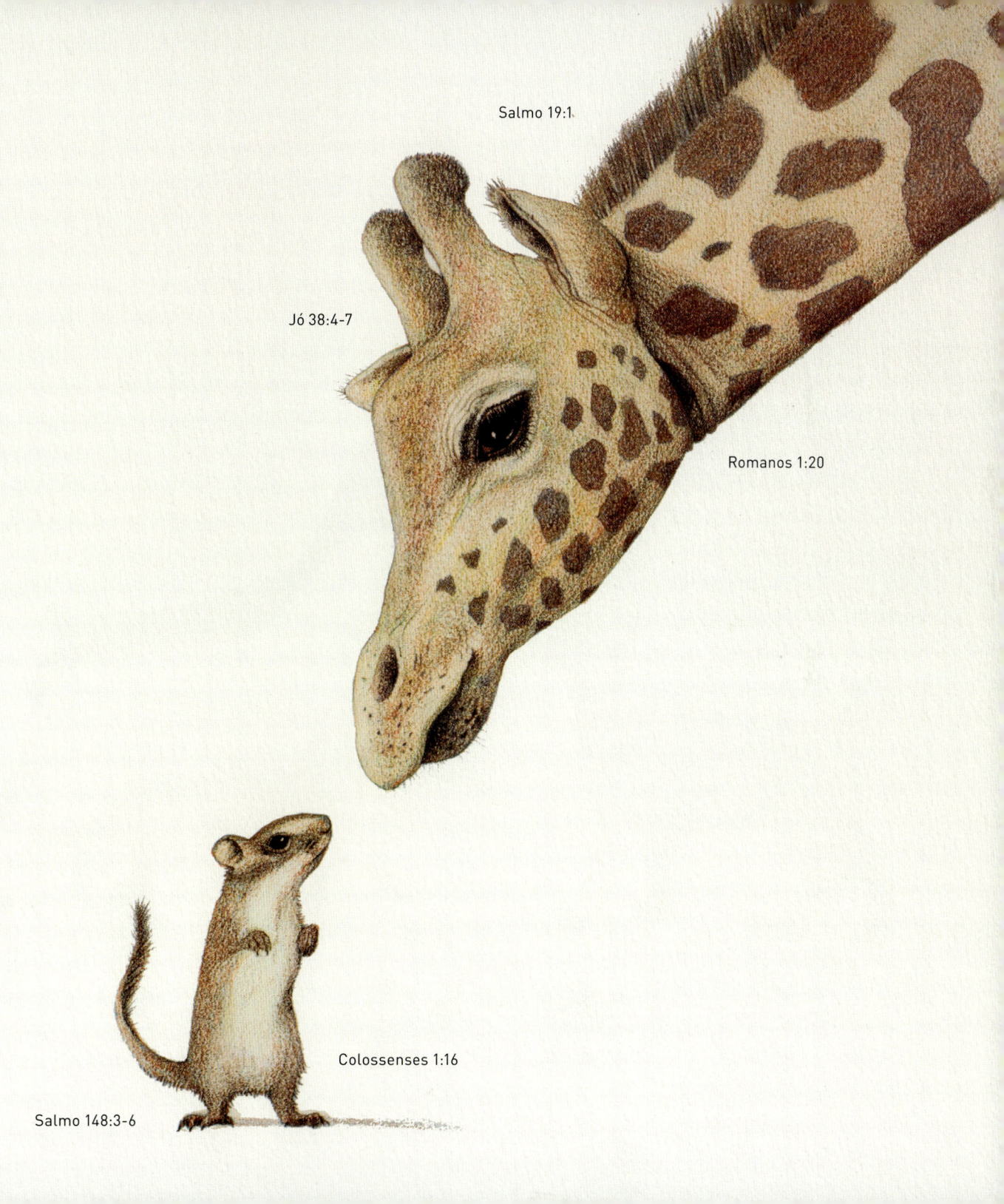

Jó 38:4-7

Romanos 1:20

Colossenses 1:16

Salmo 148:3-6

Atos 17:24-28

Salmo 99:3

Salmo 103:19

Isaías 46:9-10

Jó 37:5-6

5. Deus está no controle

Desde um grão de areia atirado pelas ondas do oceano até as estrelas nos confins do Universo, Deus, como o maestro de uma orquestra, trabalha conduzindo cada parte da Sua criação. Nada se move sem o Seu comando, e nada acontece fora do Seu controle. Ele ordena cada chuva e neve que cai; Ele manda que os botões de flores desabrochem e que as ondas do oceano se formem. Ninguém, nem mesmo os anjos no Céu, pode parar a obra de Deus no mundo.

A cada minuto de cada dia, o Senhor sustenta o Universo pela palavra do Seu poder. Ele está mantendo Sua criação estável de modo que tudo funcione de acordo com o Seu plano. As rochas ainda são duras como Deus planejou que elas fossem, e a água ainda pinga e goteja como foi planejado. Apesar de os cachorros terem diferentes cores, aparência e tamanhos, eles sempre foram cães, tal como o Senhor os criou. Visto que Deus está no controle e governa sobre tudo, eles jamais se tornarão gatos, tal como os gatos não podem se tornar girafas.

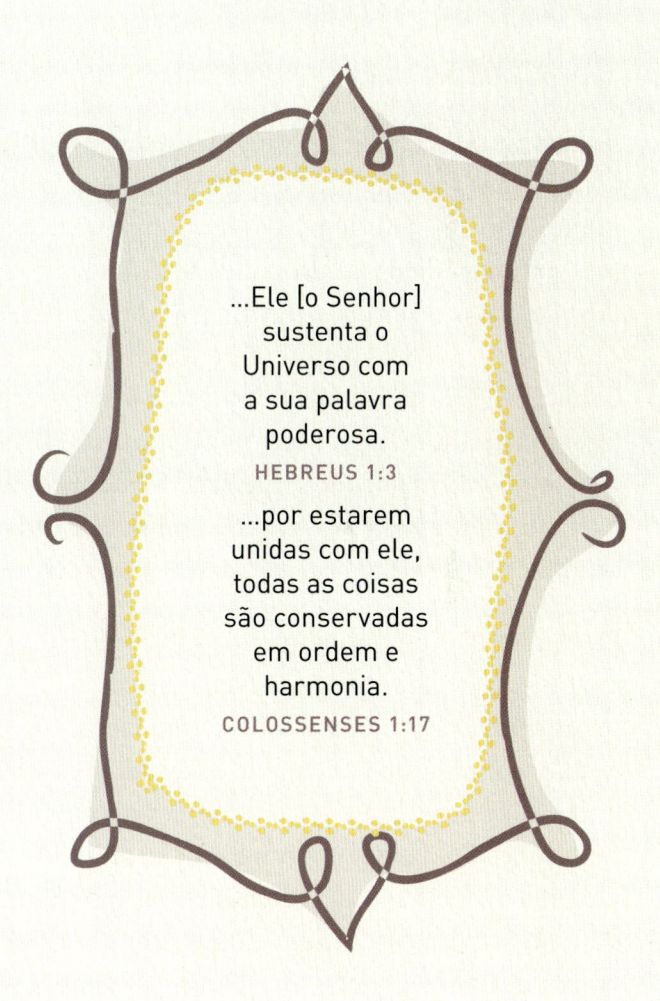

> ...Ele [o Senhor] sustenta o Universo com a sua palavra poderosa.
> **HEBREUS 1:3**
>
> ...por estarem unidas com ele, todas as coisas são conservadas em ordem e harmonia.
> **COLOSSENSES 1:17**

6. Deus sabe todas as coisas

Existem mais estrelas do que qualquer um pode contar, mas Deus conhece cada uma delas pelo nome. Um milhão de pardais rodopiam e voam, mas nenhum deles sai do controle do Altíssimo. Deus é dono do gado em milhares de montanhas e estabelece limites para a maré do oceano. Ele conhece o seu nome, planejou onde você viveria e pode dizer a qualquer manhã o número de fios de cabelo em sua cabeça. Ele sabe a quantidade exata de dias que você viverá e como será cada um deles.

Deus tem pleno conhecimento sobre todas as coisas e todas as pessoas. Nada jamais o surpreende e Ele sempre sabe o que fazer. O Senhor sabe o que acontecerá amanhã — a que horas você acordará e o que comerá no café da manhã. Ele já planejou como usar tudo na sua vida para o bem — até aquelas coisas que não queremos que aconteçam. Como o Senhor pode saber de tudo? Porque Ele é Deus — Deus com "D" maiúsculo!

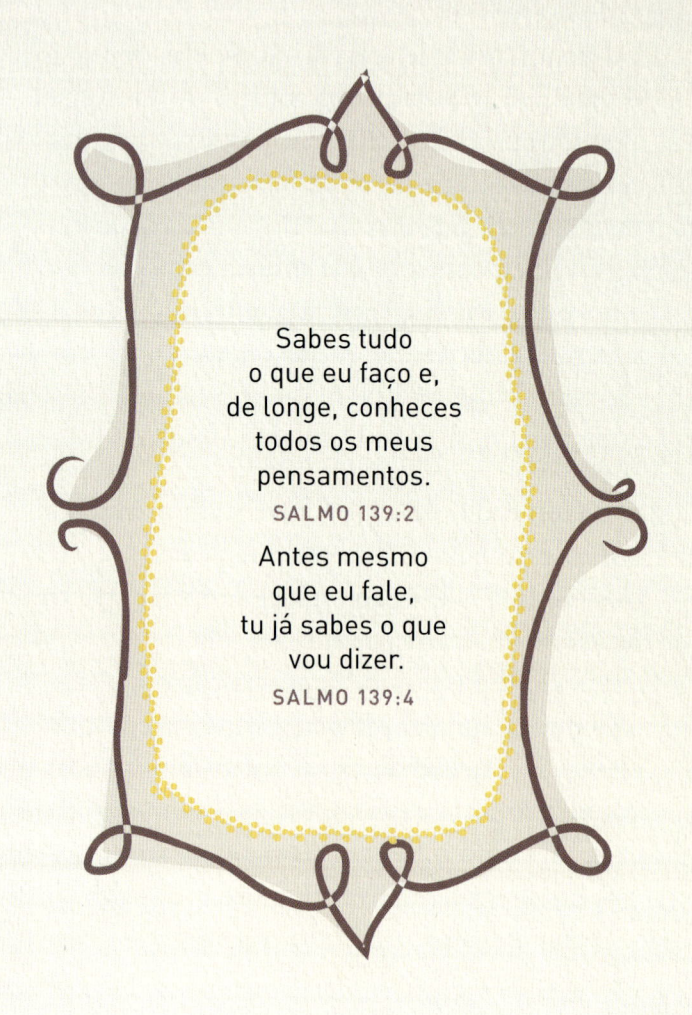

> Sabes tudo o que eu faço e, de longe, conheces todos os meus pensamentos.
> SALMO 139:2
>
> Antes mesmo que eu fale, tu já sabes o que vou dizer.
> SALMO 139:4

Hebreus 4:13

1 João 3:20

Propriedade de Deus

Atos 17:26

Salmo 147:4

Mateus 10:29-30

Salmo 139:7-10

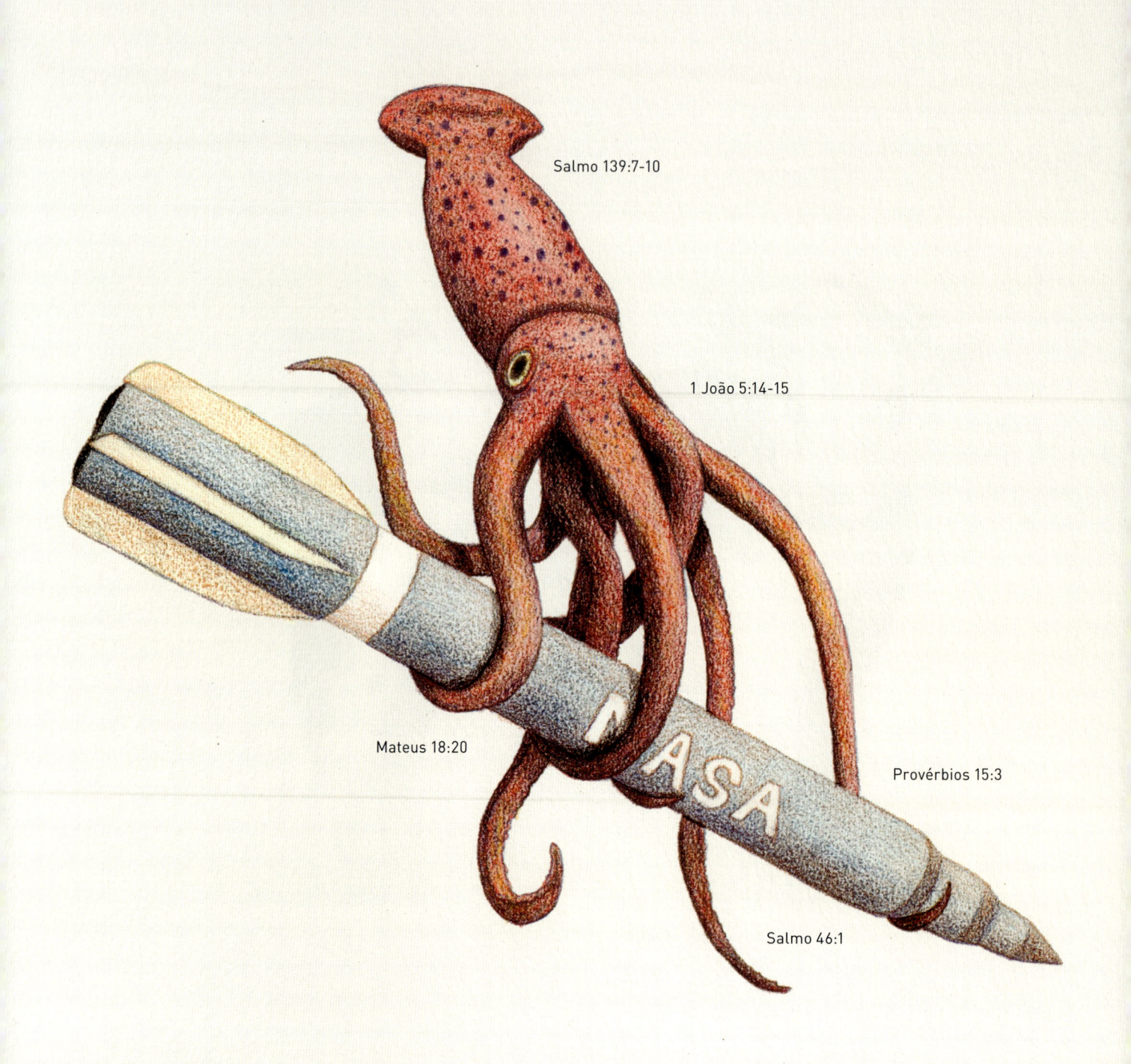

1 João 5:14-15

Mateus 18:20

Provérbios 15:3

Salmo 46:1

7. Deus está em todo lugar

Deus está em todo lugar. Isso significa que onde quer que você esteja, você pode contar com o Senhor e chamar por Ele. Se você escalar a montanha mais alta, Deus está lá. Se for até o fundo do oceano ou viajar para uma estação espacial, o Senhor está lá. Isso também significa que não há lugar em que você possa se esconder de Deus.

Como o Senhor está em todo lugar, Ele sabe o que deixa você feliz e o que entristece. Ele sabe tudo sobre todas as pessoas, em todos os países, tudo ao mesmo tempo! Qualquer um dos filhos de Deus pode orar a Ele a qualquer momento e ter certeza de que Ele o ouve!

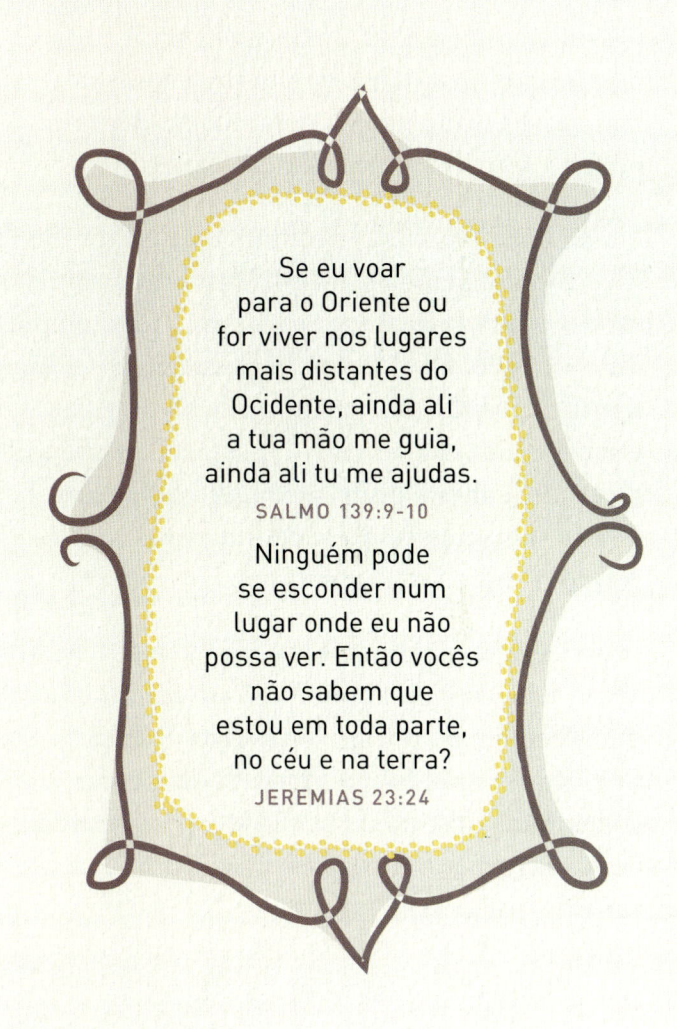

> Se eu voar para o Oriente ou for viver nos lugares mais distantes do Ocidente, ainda ali a tua mão me guia, ainda ali tu me ajudas.
> SALMO 139:9-10

> Ninguém pode se esconder num lugar onde eu não possa ver. Então vocês não sabem que estou em toda parte, no céu e na terra?
> JEREMIAS 23:24

8. Deus é perfeito

Quando algo é perfeito, não existe nada ruim nele. Ponto final! Uma camisa perfeitamente branca não tem manchas nem marcas. Um tiro perfeito acerta bem no meio do alvo.

Nosso Deus é perfeito em todos os aspectos. Se Ele fosse um arqueiro, Suas flechas acertariam o centro exato do alvo todas as vezes. Deus sempre diz a verdade. Deus é perfeitamente justo — isso significa que Ele sabe quando as pessoas estão erradas e sabe exatamente o que fazer a respeito disso. O Senhor é perfeitamente santo e bom — isso significa que Ele é contra tudo o que é errado, ruim ou maligno.

A perfeição mais maravilhosa de Deus é o Seu amor. Para fazer um bolo é preciso misturar ingredientes como trigo, óleo, ovos e água. O perfeito amor divino funciona da mesma forma: uma mistura de fidelidade, graça, perdão, bondade, generosidade, sacrifício, humildade, verdade, paciência e esperança.

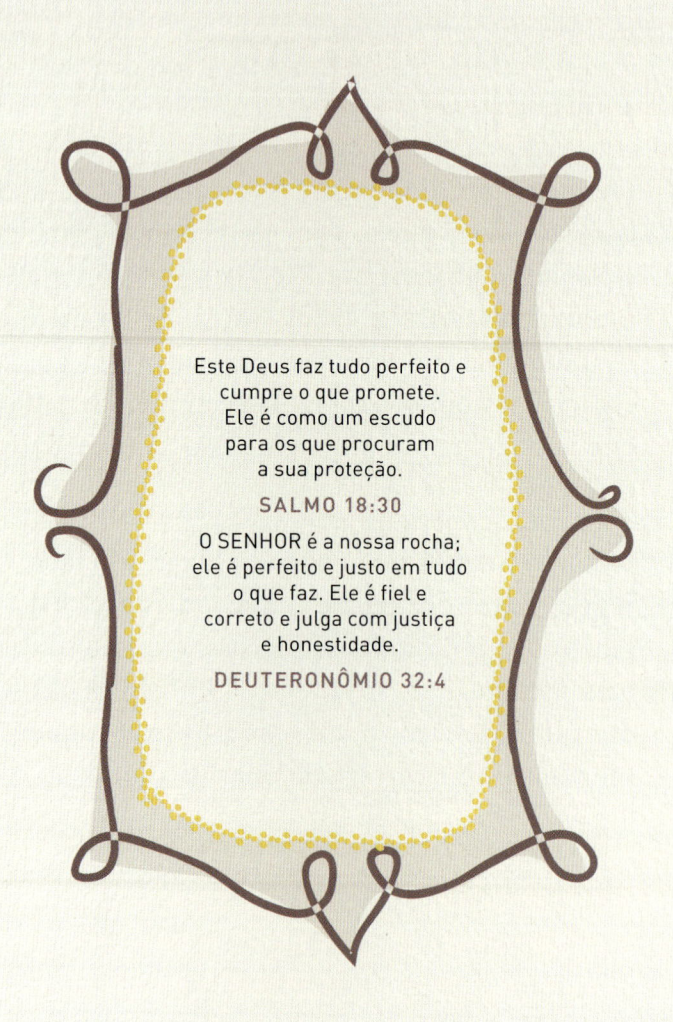

> Este Deus faz tudo perfeito e cumpre o que promete. Ele é como um escudo para os que procuram a sua proteção.
> **SALMO 18:30**
>
> O SENHOR é a nossa rocha; ele é perfeito e justo em tudo o que faz. Ele é fiel e correto e julga com justiça e honestidade.
> **DEUTERONÔMIO 32:4**

1 Coríntios 13:4-7

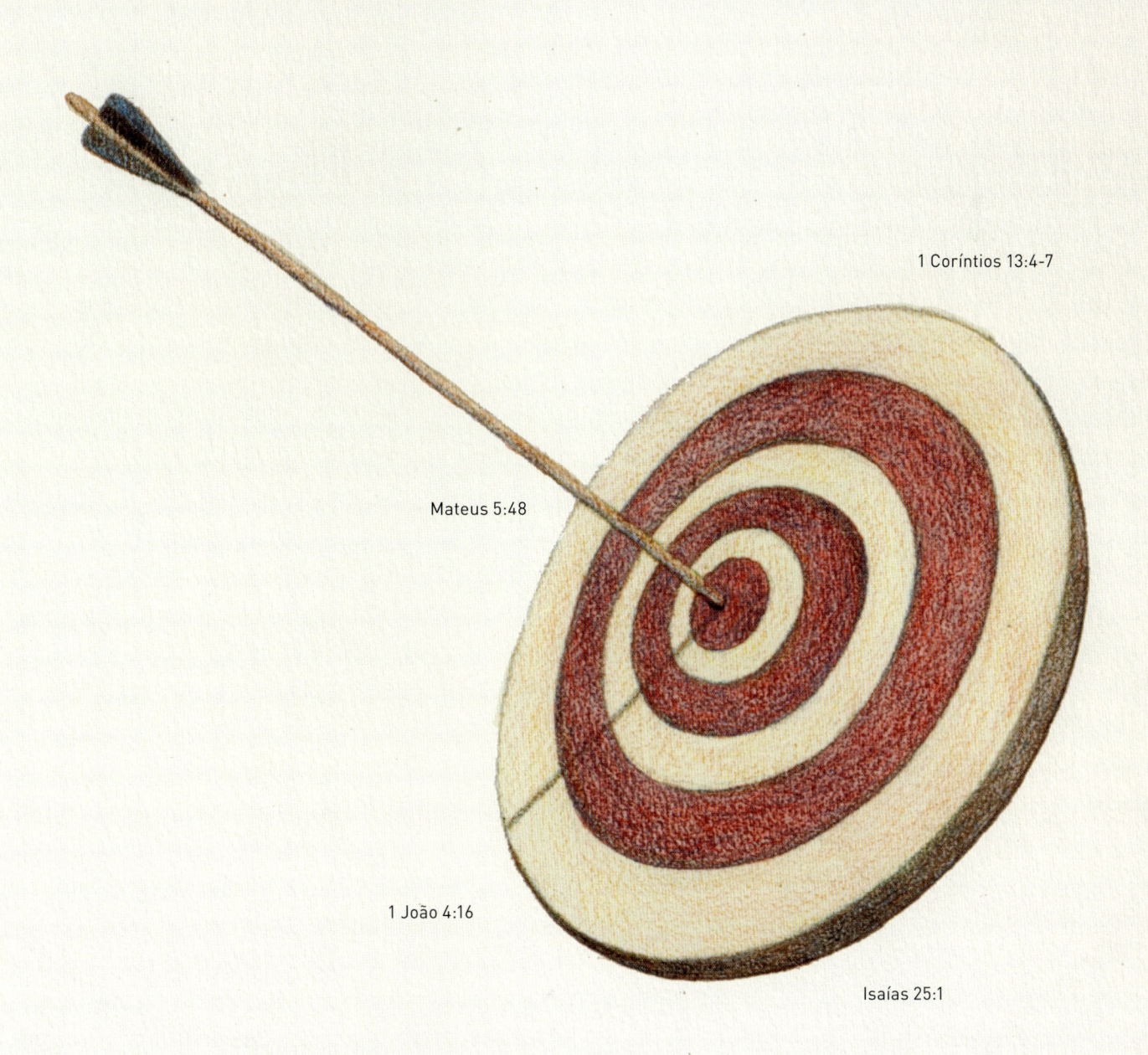

Mateus 5:48

1 João 4:16

Isaías 25:1

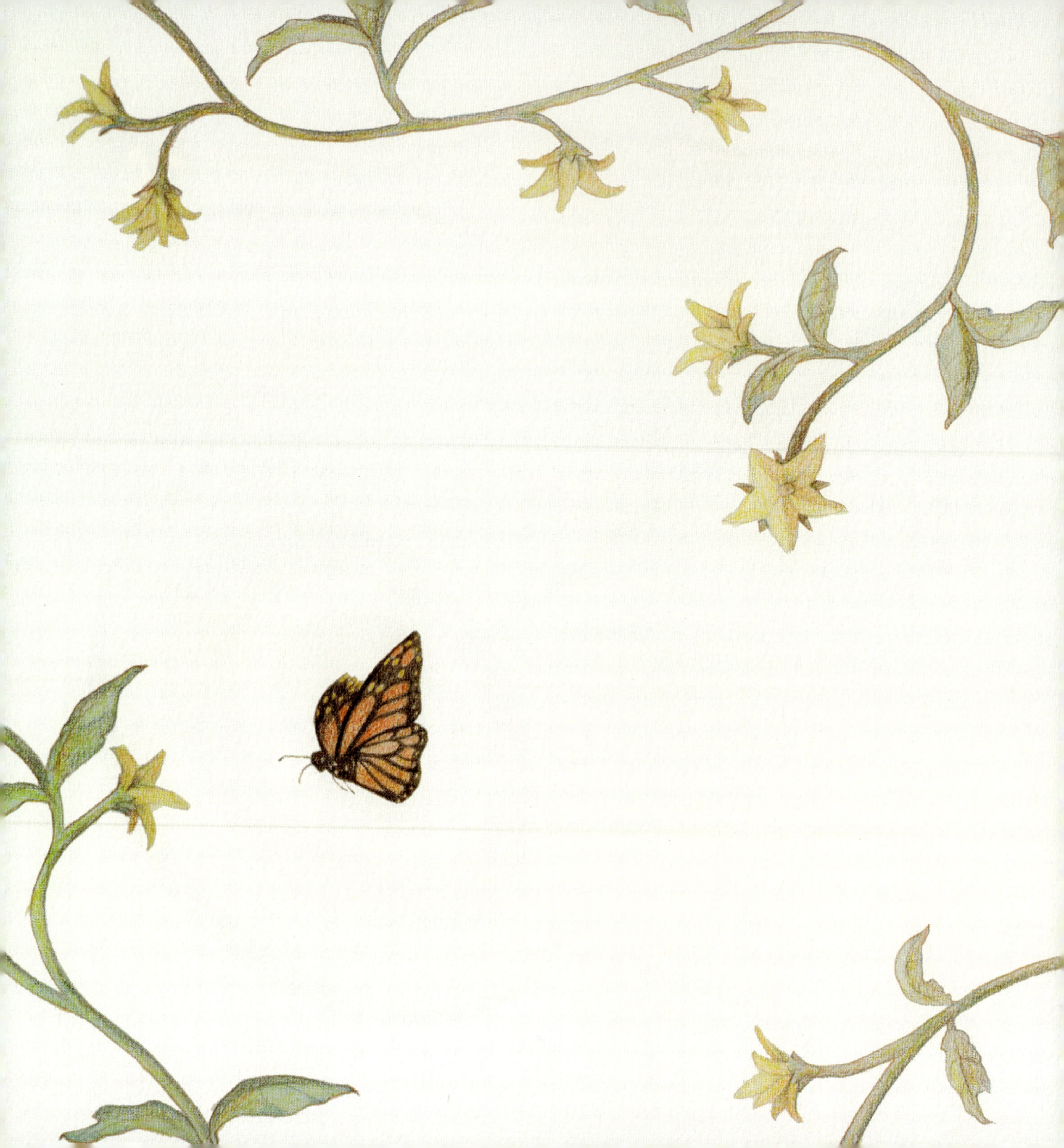

Quem criou as pessoas?

Gênesis 9:6

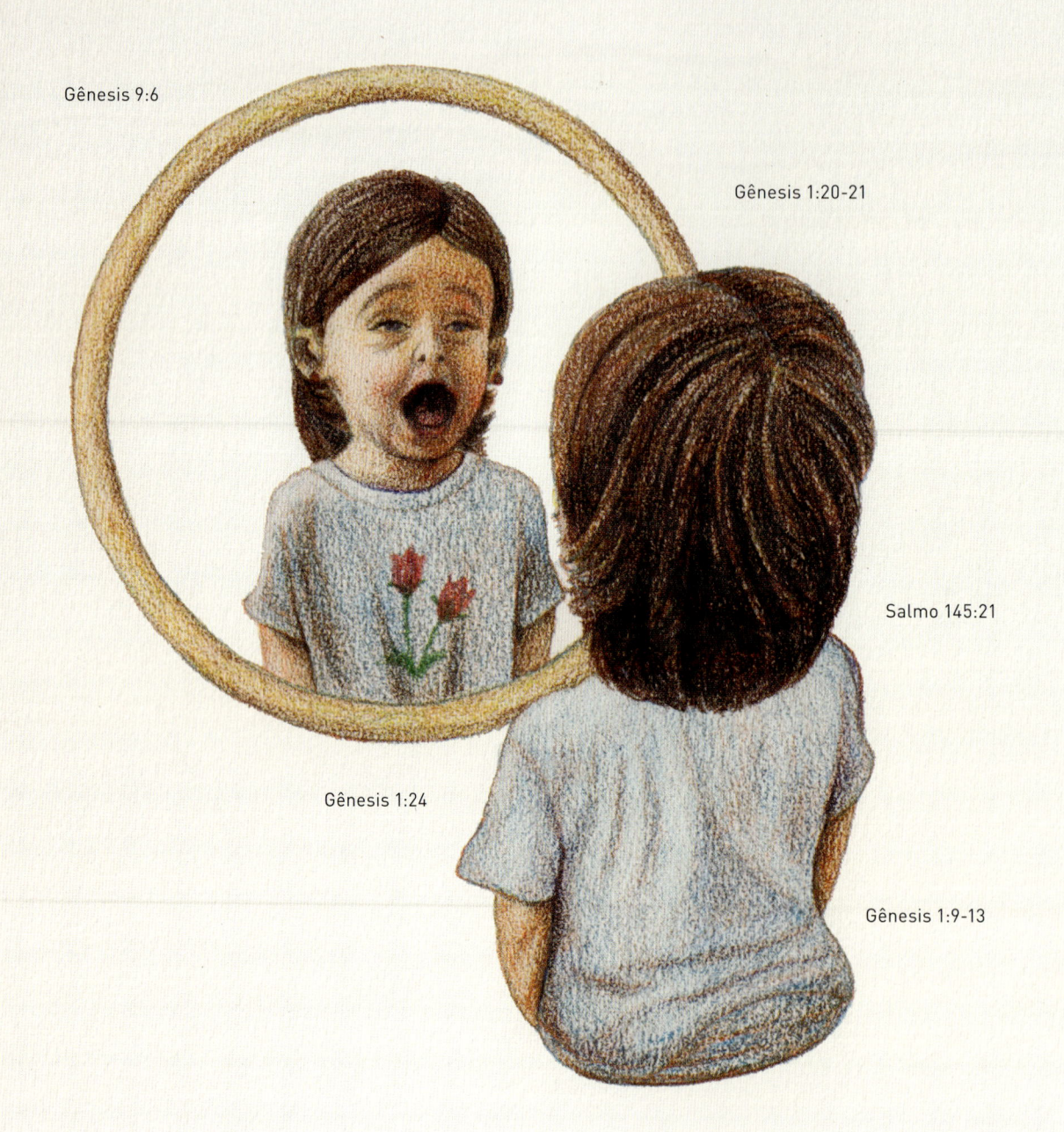

Gênesis 1:20-21

Salmo 145:21

Gênesis 1:24

Gênesis 1:9-13

9. Deus criou homem e mulher à Sua imagem

Quando você olha no espelho, vê a sua imagem. Se você sorri, seu reflexo sorri de volta. A Bíblia nos diz que todas as pessoas são criadas à imagem de Deus. Mas o que isso significa? Por um lado, as pessoas são muito diferentes fisicamente. Existem meninas e meninos, pessoas de pele escura e de pele clara, altos e baixos, loiros e morenos, e assim por diante.

Mas, apesar de termos aparências muito diferentes, de muitas maneiras somos semelhantes e refletimos a imagem de Deus. O Senhor pode falar; nós também. Como Ele, podemos criar e inventar coisas. Porém, a forma mais importante pela qual refletimos a imagem de Deus é que podemos amar.

Podemos amar o Senhor e uns aos outros. Deus é um Deus de relacionamentos. Por todo o sempre, Ele tem sido Pai e Filho amorosos, alegrando-se um no outro em um relacionamento com o Espírito Santo. O Senhor nos fez para sermos como Ele, tendo alegria nele e uns nos outros nas amizades, no casamento e na família.

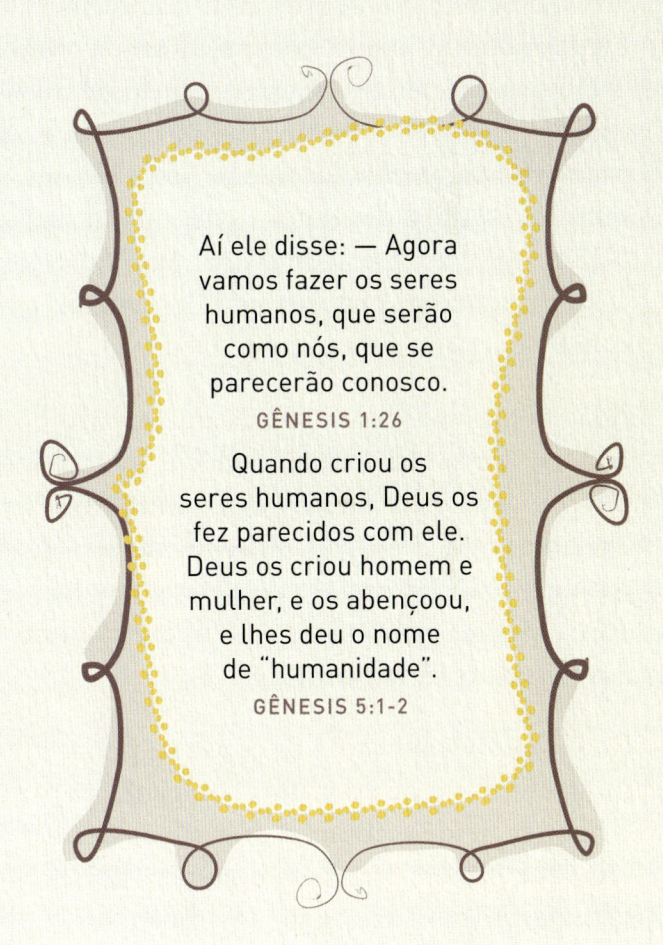

> Aí ele disse: — Agora vamos fazer os seres humanos, que serão como nós, que se parecerão conosco.
> **GÊNESIS 1:26**
>
> Quando criou os seres humanos, Deus os fez parecidos com ele. Deus os criou homem e mulher, e os abençoou, e lhes deu o nome de "humanidade".
> **GÊNESIS 5:1-2**

Após criar os animais por meio de Sua fala, Deus fez algo bem diferente para criar o homem. Ele formou o primeiro homem do pó da terra, então deu a ele um lindo jardim cheio de frutos chamado Éden para viver. Deus chamou o primeiro homem de Adão e confiou a ele um trabalho especial: dar nome a todos os animais. Não parece uma tarefa divertida? Mas Adão logo se sentiu solitário, pois nenhum dos animais era, como ele, criado à imagem de Deus.

Adão podia fazer coisas que os animais não podiam. Ele podia conhecer a Deus e adorá-lo. Ele conseguia pensar em novos nomes e ficar encarregado dos animais. Ele entendia as palavras de Deus, cantava de alegria e podia amar. Mas ele ansiava por alguém que pudesse fazer essas coisas também.

Deus, observando isso, não estava surpreso. Ele tinha um plano de criar uma companheira para o homem desde o começo, pois sabia o tempo todo que não era bom para o homem ficar sozinho. Adão precisava de uma ajudadora.

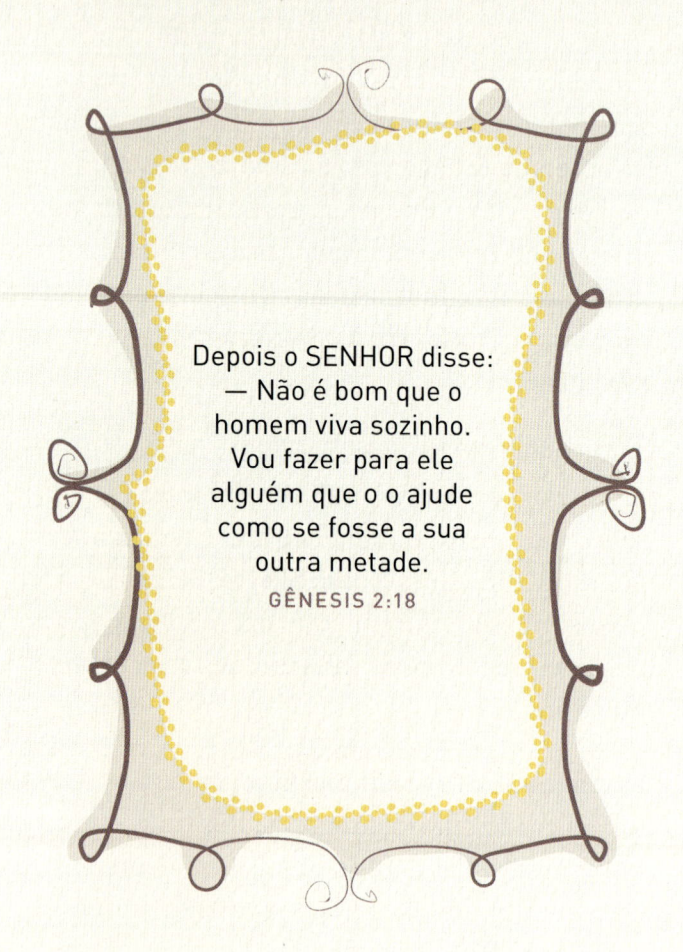

> Depois o SENHOR disse:
> — Não é bom que o homem viva sozinho. Vou fazer para ele alguém que o o ajude como se fosse a sua outra metade.
> **GÊNESIS 2:18**

Gênesis 2:18-20

Gênesis 2:7-8

Gênesis 5:1

1 Coríntios 15:49

1 Coríntios 11:3

Gênesis 2:20-23

Mateus 19:5

Efésios 5:31

10. O primeiro esposo e a primeira esposa

Deus fez Adão cair no sono, tirou uma costela do seu lado e criou uma parceira para ele, uma mulher, também criada à imagem de Deus. Ela era o seu par perfeito, pois, como Adão, ela podia conhecer a Deus, adorá-lo e amá-lo. Deus a apresentou a Adão, que a recebeu com alegria e deu a ela o nome de "mulher", pois foi tirada do homem. (Mais tarde, Adão a chamou de Eva, que significa mãe de todos os seres humanos.)

Juntos, eles se tornaram os primeiros marido e mulher. Desde então, Deus ordenou que, ao chegar a hora de se casar, um homem deve deixar "o seu pai e a sua mãe para se unir com a sua mulher, e os dois se tornam uma só pessoa".

Adão e Eva estavam perfeitamente felizes. Você já ficou tão feliz que não conseguia parar de sorrir? Eu acredito que aconteceu isso com eles. Eles estavam contentes um com o outro e, em especial, felizes porque Deus estava com eles. Eles nunca tinham experimentado nada triste ou assustador.

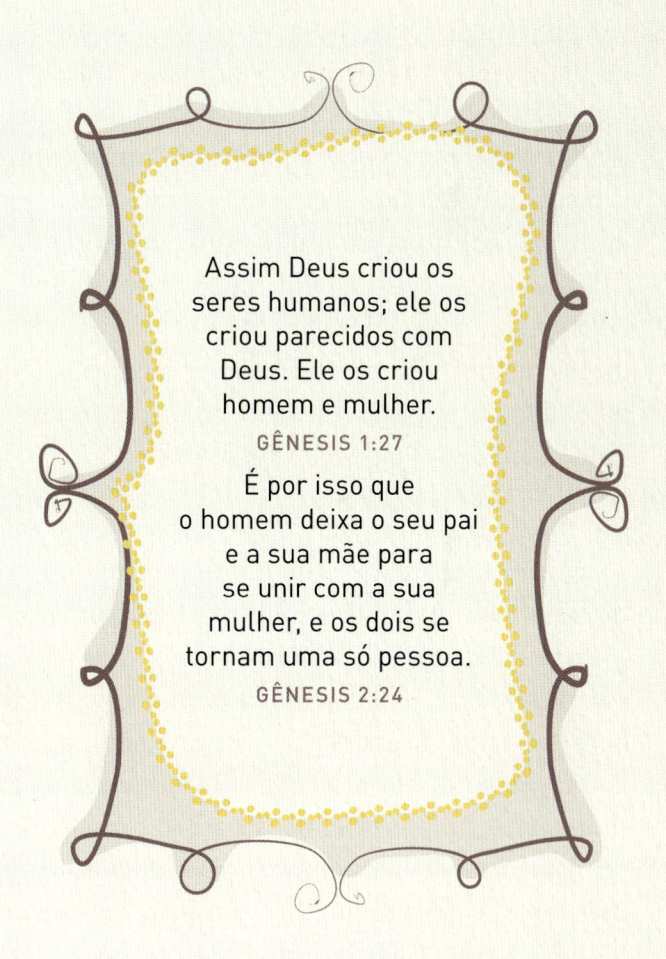

> Assim Deus criou os seres humanos; ele os criou parecidos com Deus. Ele os criou homem e mulher.
> GÊNESIS 1:27
>
> É por isso que o homem deixa o seu pai e a sua mãe para se unir com a sua mulher, e os dois se tornam uma só pessoa.
> GÊNESIS 2:24

11. Deus andou com Adão e Eva no jardim

O Céu é onde Deus mora, onde você o pode ver face a face. O Éden era assim para Adão e Eva. Eles andavam juntos, usufruindo do lindo jardim cheio de árvores frutíferas. Conversavam sobre o trabalho que Deus tinha dado a eles — encarregados do novo mundo e de enchê-lo de filhos e netos. Tudo na vida deles era perfeito. Adão e Eva nunca ficavam doentes. Não havia brigas. Jamais se sentiam tristes ou solitários. Não havia morte. E o melhor de tudo, Deus andava e ainda conversava com eles no Éden.

No meio do jardim, havia duas árvores especiais: a árvore da vida e a árvore do conhecimento do bem e do mal. Adão e Eva podiam comer o quanto desejassem da árvore da vida, mas não era assim com relação à árvore do conhecimento do bem e do mal. Deus disse a eles que não podiam comer do fruto dessa árvore e, se eles comessem, morreriam. Era terrível pensar nisso, mas havia muitas outras árvores com frutos suculentos e deliciosos. Infelizmente, as coisas não ficaram perfeitas no jardim por muito tempo. Algo terrível aconteceu: o pecado.

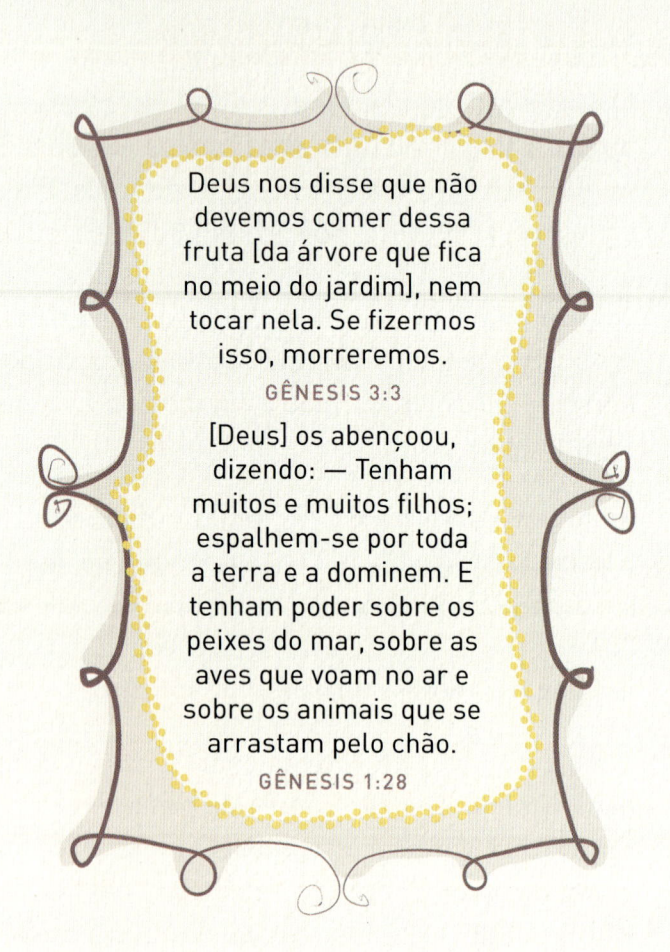

> Deus nos disse que não devemos comer dessa fruta [da árvore que fica no meio do jardim], nem tocar nela. Se fizermos isso, morreremos.
> **GÊNESIS 3:3**
>
> [Deus] os abençoou, dizendo: — Tenham muitos e muitos filhos; espalhem-se por toda a terra e a dominem. E tenham poder sobre os peixes do mar, sobre as aves que voam no ar e sobre os animais que se arrastam pelo chão.
> **GÊNESIS 1:28**

Gênesis 3:22

Salmo 16:11

Gênesis 2:15-16

Gênesis 1:29-31

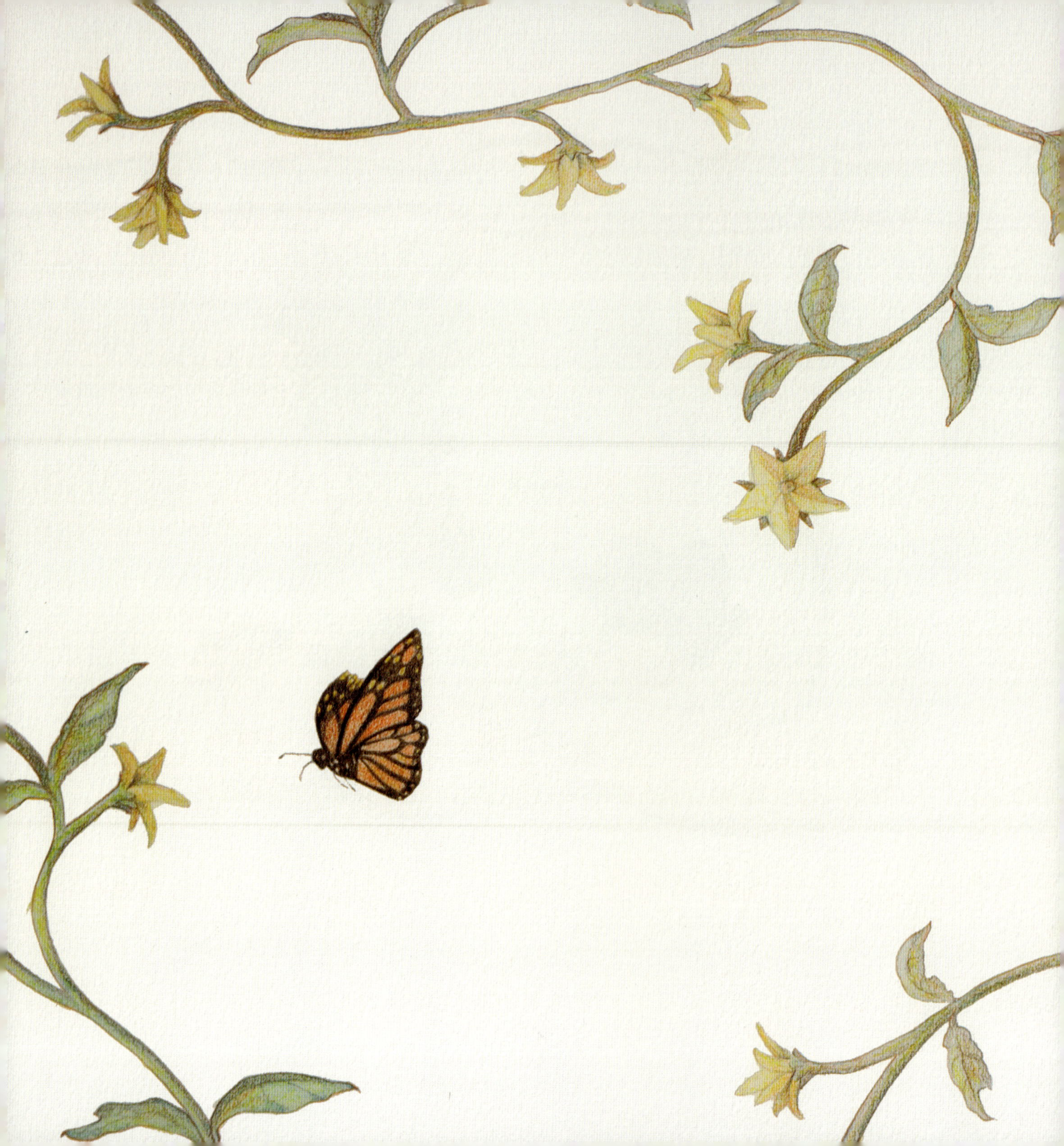

O que é o pecado?

Salmo 1:5-6

Isaías 53:6

1 João 3:4

12. Pecado

Para entender o pecado, você precisa se lembrar de que Deus nos criou para amá-lo acima de qualquer outra coisa — família, amigos, as coisas que gostamos de fazer e as coisas que possuímos (ou queremos ter!). Pecado é tornar qualquer coisa em nossa vida mais importante do que Deus. Quando agimos assim, não amamos ou adoramos a Deus da maneira pela qual fomos criados para fazer. A Bíblia chama isso de se voltar para o seu próprio caminho. O pecado começa no interior — com aquilo que desejamos mais do que a Deus. Você sabia que o menor dos pecados arruína a nossa vida assim como uma minúscula mancha preta arruína um vestido perfeitamente branco? E o que é pior, nossos pequenos pecados nunca permanecem pequenos. Qualquer pecado, se deixado para lá, crescerá. Como mofo em uma parede úmida, ele se espalha e contamina tudo.

Imagine que você está na rua em um dia quente de verão, prestes a pegar um copo d'água geladíssima, pura e cristalina. Então algo terrível acontece: as fezes de um pássaro caem bem dentro da água. Se isso acontecesse, o que você faria? Primeiramente, você não beberia a água. O pecado é assim; até mesmo um pouquinho estraga tudo. Deus é perfeitamente puro e santo, por isso Ele deve julgar e punir qualquer pecado.

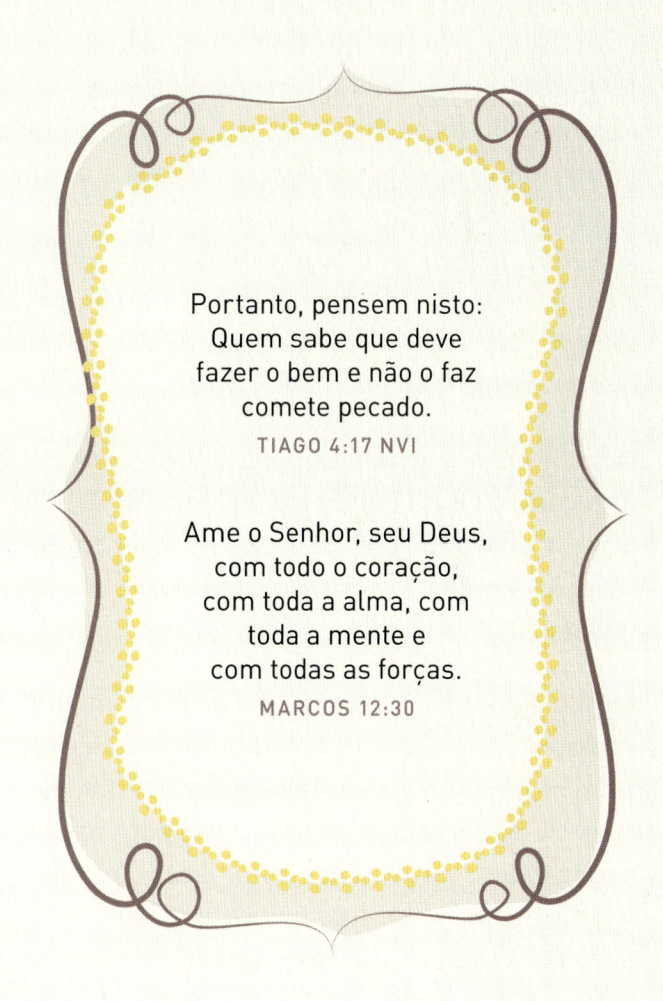

> Portanto, pensem nisto: Quem sabe que deve fazer o bem e não o faz comete pecado.
> TIAGO 4:17 NVI

> Ame o Senhor, seu Deus, com todo o coração, com toda a alma, com toda a mente e com todas as forças.
> MARCOS 12:30

Quando o pecado começou? A Bíblia nos conta que ele surgiu no Céu! Como pode ter sido isso? Bem, foi assim que aconteceu: Deus criou os anjos, criaturas lindas e poderosas para servi-lo. O mais belo e incrível de todos era o anjo guardião que o Senhor colocou no monte santo de Deus. Infelizmente, esse anjo guardião se tornou orgulhoso, rebelou-se contra o Altíssimo e persuadiu outros anjos a se juntarem a ele na tentativa de tirar de Deus o governo do mundo. Não foi tolo pensar que poderiam lutar contra o Senhor?

Bem, é claro que não poderiam vencer uma luta contra Deus. Então, na velocidade da luz, nos diz a Bíblia, o Senhor expulsou os anjos rebeldes do Céu e jamais deixou que eles voltassem.

Desde aquele dia, o anjo rebelde foi chamado de Satanás, o diabo. A Bíblia também chama Satanás de o pai da mentira e nos diz que ele é como um leão que ronda e vem para roubar, matar e destruir. Satanás tenta fazer com que sejamos como ele e lutemos contra Deus. Por estar em desgraça, ele quer que nós estejamos também. Ele iludiu Adão e Eva para que desobedecessem a Deus e está tentando nos enganar até hoje.

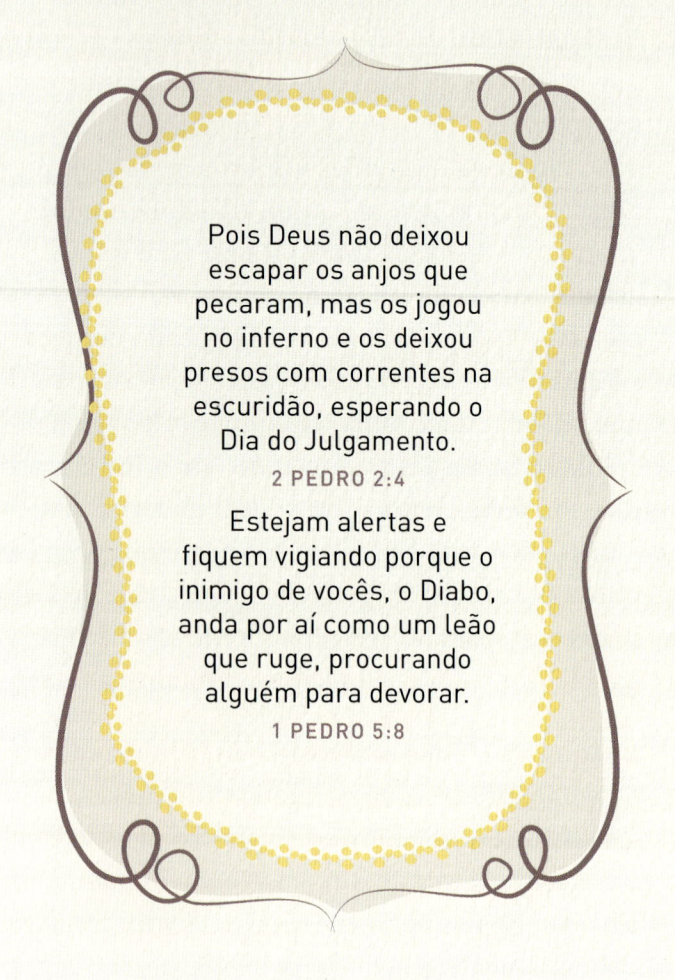

> Pois Deus não deixou escapar os anjos que pecaram, mas os jogou no inferno e os deixou presos com correntes na escuridão, esperando o Dia do Julgamento.
> **2 PEDRO 2:4**
>
> Estejam alertas e fiquem vigiando porque o inimigo de vocês, o Diabo, anda por aí como um leão que ruge, procurando alguém para devorar.
> **1 PEDRO 5:8**

Ezequiel 28:11-19

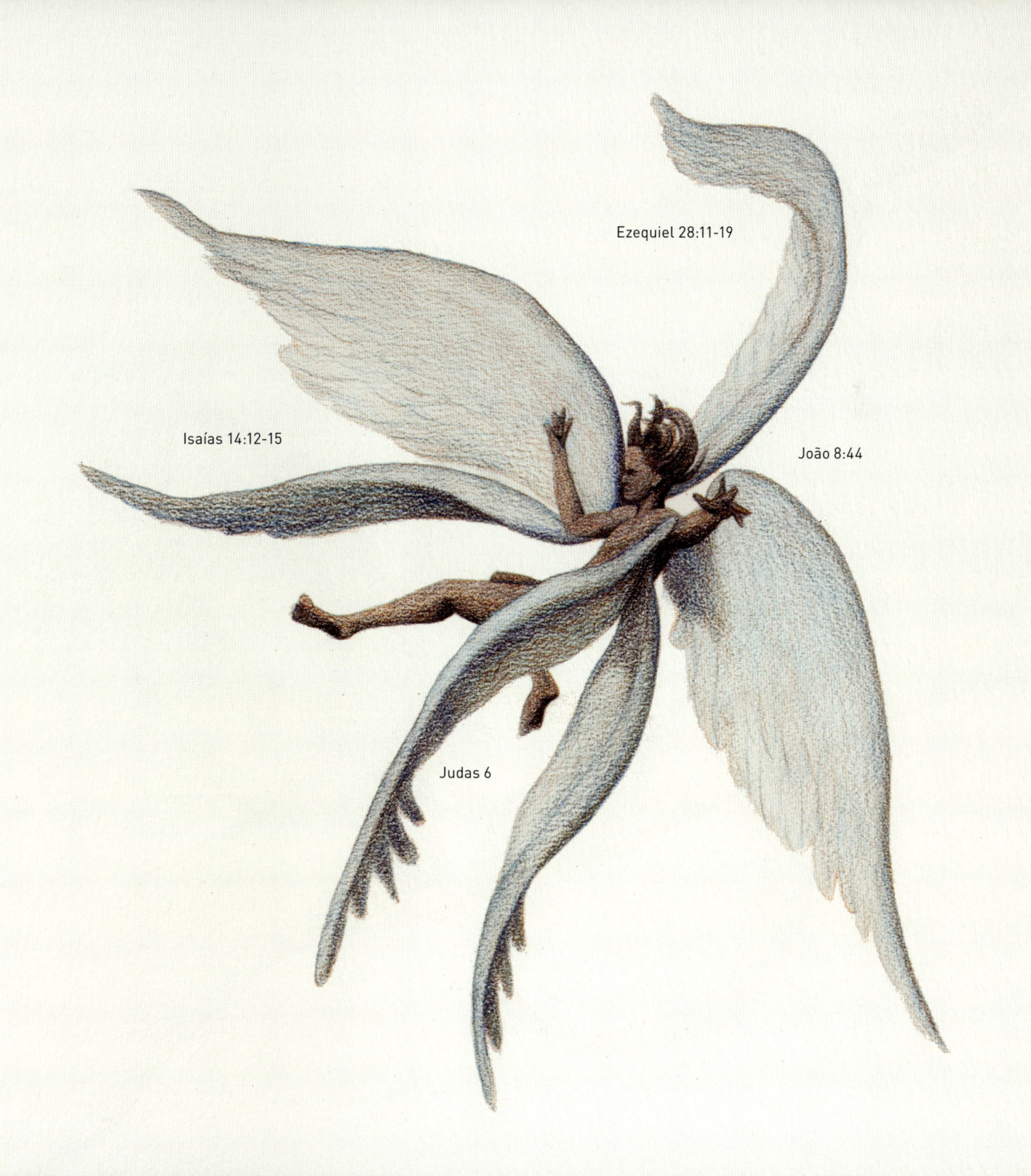

Isaías 14:12-15

João 8:44

Judas 6

2 Coríntios 11:3

João 8:44

Tiago 4:7

1 João 3:8

13. A primeira tentação vinda de Satanás

Não demorou muito para que Satanás contasse a Adão e Eva suas mentiras sobre Deus. O inimigo sabia que Deus tinha dito a eles para não comerem da árvore do conhecimento do bem e do mal. Então, após entrar em uma serpente — o animal que a Bíblia chama de mais sagaz de todos os selváticos —, ele se dirigiu à árvore proibida. Quando Adão e Eva estavam por perto, a serpente chamou a atenção de Eva. Ele a tentou distorcendo as palavras de Deus, querendo fazê-la acreditar que o Senhor era egoísta e não desejava que Adão e Eva fossem como Ele. Satanás disse a Eva que, se ela comesse o fruto, ela seria como Deus, conhecedora do bem e do mal. Como a maioria das tentações do inimigo, suas palavras continham uma certa verdade: Adão e Eva conheceriam o mal se comessem o fruto. Mas, também, como todas as tentações do diabo, tratava-se de uma grande mentira.

Eva não tinha ideia do que era mal ou ruim. Tudo o que ela sabia era que a palavra mal fazia parte do nome da árvore proibida. Satanás sabia que, enquanto Adão e Eva obedecessem ao mandamento de Deus, eles jamais conheceriam o mal. Mas ele também tinha conhecimento de que, se eles apenas provassem do fruto da árvore proibida, tudo aquilo mudaria. Pois, então, a mulher não apenas conheceria o mal, ela se tornaria má — uma inimiga de Deus.

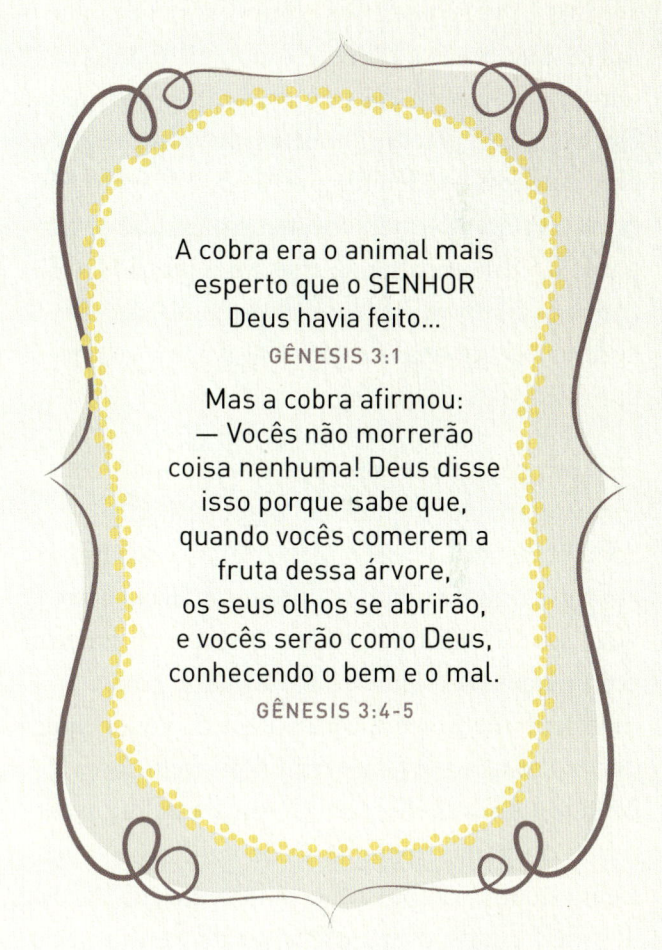

> A cobra era o animal mais esperto que o SENHOR Deus havia feito...
> GÊNESIS 3:1
>
> Mas a cobra afirmou:
> — Vocês não morrerão coisa nenhuma! Deus disse isso porque sabe que, quando vocês comerem a fruta dessa árvore, os seus olhos se abrirão, e vocês serão como Deus, conhecendo o bem e o mal.
> GÊNESIS 3:4-5

Enquanto a serpente assistia do alto da árvore, a mulher pensava nas palavras: "seus olhos serão abertos", "você pode ser como Deus". Ela não fugiu, que era exatamente o que ela devia ter feito, nem mesmo clamou ao Senhor por ajuda. Em vez disso, decidiu confiar em seus próprios pensamentos — decidir por si só se o fruto era bom ou não. Naquele momento, essa deve ter parecido uma boa saída, mas foi a pior ideia de todos os tempos. Por quê? Porque ela decidiu confiar no que ela mesma pensava em vez de crer nas palavras de Deus.

O fruto pareceu saboroso, e quanto mais ela olhava para ele, melhor ele parecia. Isso já aconteceu com você? Quanto mais você pensa em algo que sabe que não deveria fazer, mais você sente vontade de fazer. A serpente esperou com paciência enquanto a mulher erguia a mão lentamente para tocar o fruto. Vendo que nada acontecia, Eva agarrou com mais força e o puxou em sua direção. O caule estalou, e as folhas do galho se agitaram de volta para o lugar. Lentamente ela colocou o fruto em seus lábios e, desobedecendo o mandamento do Senhor, deu uma mordida. Adão, que estava por perto, não disse nada.

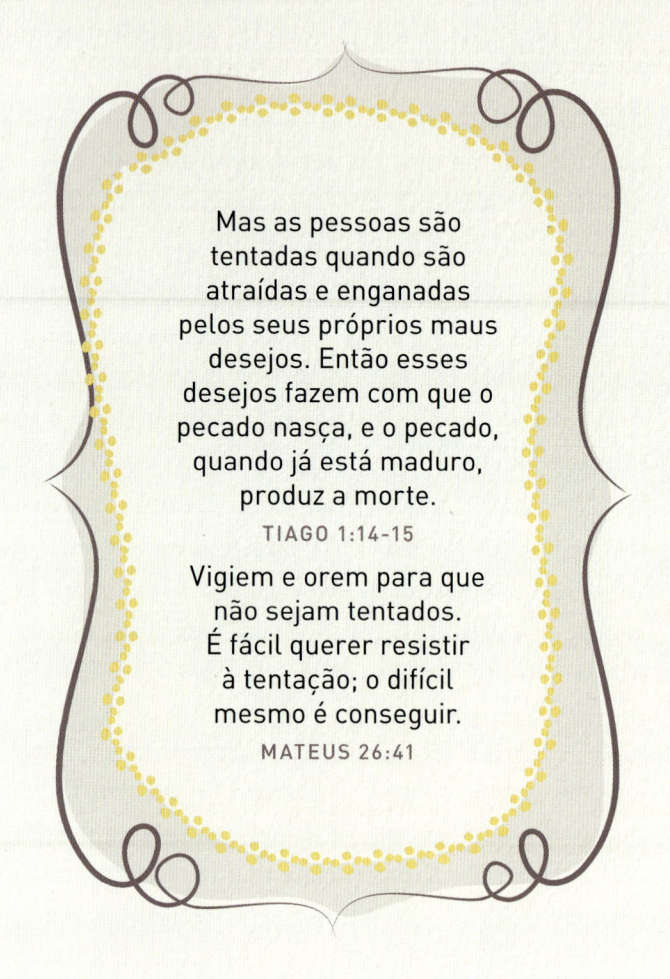

> Mas as pessoas são tentadas quando são atraídas e enganadas pelos seus próprios maus desejos. Então esses desejos fazem com que o pecado nasça, e o pecado, quando já está maduro, produz a morte.
> TIAGO 1:14-15

> Vigiem e orem para que não sejam tentados. É fácil querer resistir à tentação; o difícil mesmo é conseguir.
> MATEUS 26:41

1 Timóteo 6:9

Mateus 6:9-13

Tiago 1:13

Romanos 1:21-22

Provérbios 1:7-10

Salmo 119:11

Salmo 51:3-5

14. O pecado entrou no mundo por intermédio de Adão

Eva deu uma mordida no fruto proibido e o entregou a Adão. A serpente assistia enquanto Adão tomava o fruto já consumido pela metade. Pelo mandamento de Deus, Adão era o governante sobre toda a Terra. Ele era o primeiro homem, portanto representava todos os que viessem depois dele. Se Adão se rebelasse contra o Senhor e comesse do fruto, sua desobediência mudaria o mundo para sempre. A paz, a perfeição e a felicidade do jardim seriam destruídas. Sua desobediência a Deus e o problema que resultaria dela passariam para todas as gerações que viriam a seguir, pois elas seriam pecadoras desde o nascimento.

Adão se juntou à esposa e comeu do fruto. Por um momento, eles usufruíram do pecado. Então, como Satanás prometeu, Adão e Eva, que só conheciam o bem, entenderam o mal pela primeira vez. Naquele momento, eles perceberam que estavam nus e sentiram vergonha. Como nunca antes, quiseram fugir de Deus. Eles costuraram folhas de figueira para fazer roupas simples e se esconderam do Senhor.

Você já percebeu que, quando faz algo ruim, você quer ocultar o que fez? É isso que Adão e Eva passaram para nós. Pensamos que pecar nos fará feliz, mas no final das contas apenas nos sentimos culpados e envergonhados. Adão e Eva queriam ser como Deus, mas infelizmente, como ocorreu com Satanás, eles se tornaram maus, inimigos do Altíssimo.

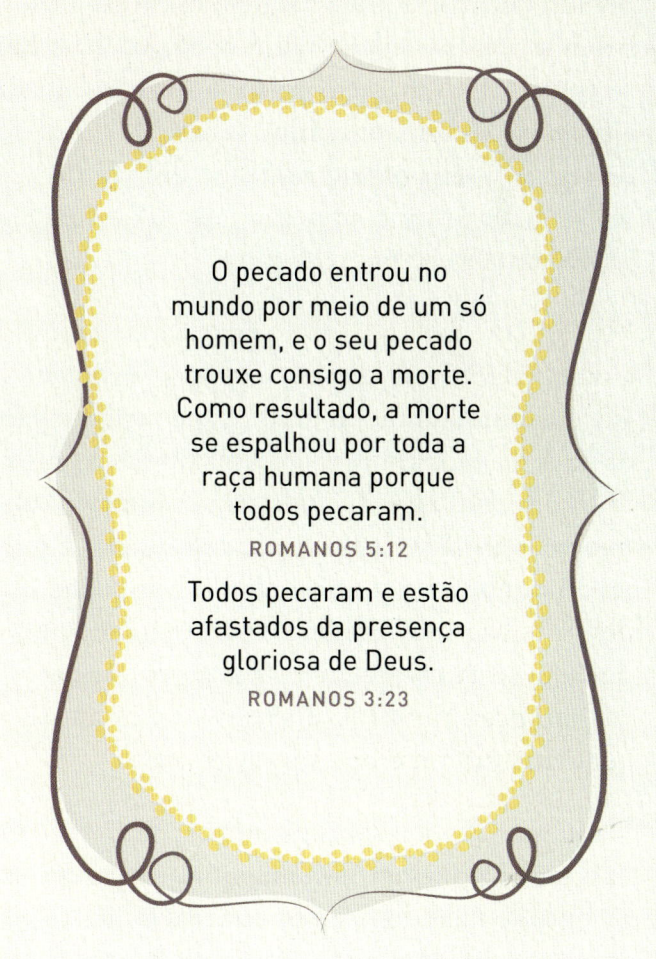

> O pecado entrou no mundo por meio de um só homem, e o seu pecado trouxe consigo a morte. Como resultado, a morte se espalhou por toda a raça humana porque todos pecaram.
> ROMANOS 5:12
>
> Todos pecaram e estão afastados da presença gloriosa de Deus.
> ROMANOS 3:23

Desde o dia em que Adão comeu o fruto proibido, seu pecado tem sido transmitido a todo ser humano. A Bíblia nos ensina que o pecado de Adão é passado até mesmo para os bebês recém-nascidos. Assim como você herdou a cor dos olhos dos seus pais, ou o nariz, ou a altura, você também herdou o desejo de Adão de seguir o seu próprio caminho em vez de seguir o do Senhor. O pecado de Adão continua sendo passado de pai para filho.

Você já percebeu que ninguém teve de ensiná-lo a desobedecer ou fazer a sua própria vontade? Você já notou como as crianças pequenas tapam os ouvidos quando se recusam a ouvir os pais ou ficam com raiva quando não conseguem o que querem? Eles brigam por brinquedos e se irritam quando não ficam com o brinquedo que desejam. Mesmo quando os pais tentam evitar que eles se machuquem — seja ao correr na rua ou tocar um forno quente —, as crianças pequenas gritam e berram em protesto.

Da mesma maneira, ninguém precisa nos ensinar como contar uma mentira ou perder o controle quando ficamos com raiva. É assim porque o pecado vem naturalmente aos pecadores. A Bíblia deixa claro que, desde que Adão pecou, o pecado se tornou parte de quem nós somos.

> De fato, tenho sido mau desde que nasci; tenho sido pecador desde o dia em que fui concebido.
> **SALMO 51:5**
>
> Não existe no mundo ninguém que faça sempre o que é direito e que nunca erre.
> **ECLESIASTES 7:20**

Salmo 90:8

Salmo 25:7

Gálatas 6:8

Gálatas 5:19-21

15. O pecado nos separa de Deus e uns dos outros

Antes de caírem no pecado, Adão e Eva eram felizes no mundo de Deus. Enquanto andavam juntos no jardim, conversavam sobre as maravilhas que o Senhor tinha criado e como um dia os filhos deles aproveitariam o lindo jardim. Eles nunca pensaram em colocar roupas porque nunca tinham feito nada errado e não se sentiam culpados por coisa alguma. Porém, depois de pecar, eles ficaram cheios de vergonha e medo.

Então eles ouviram um som assustador — o Senhor estava procurando por eles. Antes de comerem do fruto proibido, Adão e Eva sempre se alegravam quando Deus vinha estar com eles. Eles amavam passar tempo com o seu Pai Celestial, mas agora estavam com medo. Comer da árvore tinha dado a eles um conhecimento que eles nunca tiveram antes — agora eles conheciam o medo, a culpa e a vergonha. Em vez de se alegrarem quando ouviram a voz de Deus, eles se sentiram como crianças que foram pegas pelos pais fazendo algo errado. Em vez de saudar o Senhor com alegria, se esconderam entre as árvores. Deus chamou Adão. Quando o homem respondeu, explicou que ele e Eva estavam nus e com medo.

Quando Deus perguntou se ele tinha desobedecido e comido do fruto proibido, Adão culpou sua esposa. Ela, por sua vez, culpou a serpente, que ainda estava ali, desafiadora, empoleirada na árvore. Você já culpou alguém quando na verdade a culpa era sua? Isso foi herdado de Adão e Eva!

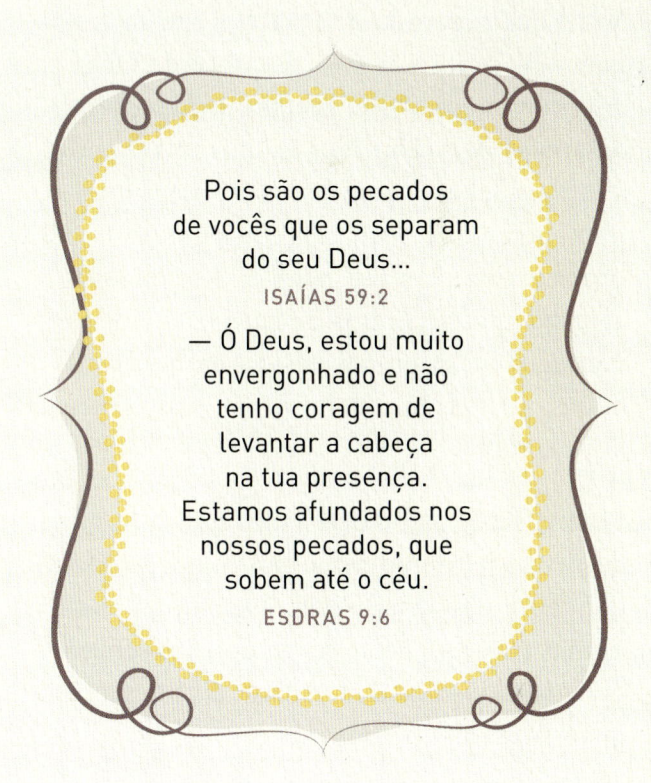

> Pois são os pecados de vocês que os separam do seu Deus...
> ISAÍAS 59:2
>
> — Ó Deus, estou muito envergonhado e não tenho coragem de levantar a cabeça na tua presença. Estamos afundados nos nossos pecados, que sobem até o céu.
> ESDRAS 9:6

A tentação e o pecado ainda agem da mesma forma que no jardim há tanto tempo. Satanás ainda nos tenta a acreditar que Deus não quer o melhor para nós e que não precisamos obedecer às Suas leis. Satanás ainda mente para nós e tenta nos dizer que o Senhor não nos ama ou nem se importa conosco. Mas agora, desde que Adão e Eva pecaram, lá no fundo, concordamos com o inimigo. Não queremos que Deus nos diga o que fazer e não queremos ouvir a Sua Palavra.

Visto que o pecado de Adão foi transmitido para nós, todos nós nos afastamos de Deus e amamos as coisas que Ele criou mais do que amamos o Criador. Nós até nos revoltamos contra o Senhor quando não conseguimos o que queremos e tentamos conseguir por conta própria. Por exemplo, você já desejou tanto algo que não se importou com os meios para consegui-lo? Algumas pessoas até roubam coisas que pertencem a outros — uma bicicleta, por exemplo.

Porém, fazer o que desejamos nunca nos faz felizes do jeito que pensamos que fará. Mesmo que fazer algo errado seja divertido no começo, as más consequências do pecado são sempre desagradáveis no final. Adão e Eva descobriram quão ruins elas podiam ser.

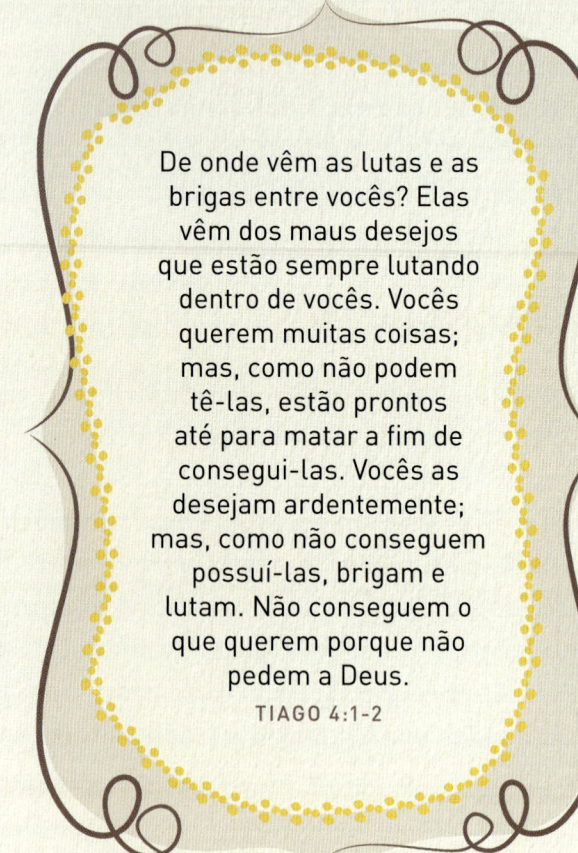

> De onde vêm as lutas e as brigas entre vocês? Elas vêm dos maus desejos que estão sempre lutando dentro de vocês. Vocês querem muitas coisas; mas, como não podem tê-las, estão prontos até para matar a fim de consegui-las. Vocês as desejam ardentemente; mas, como não conseguem possuí-las, brigam e lutam. Não conseguem o que querem porque não pedem a Deus.
>
> TIAGO 4:1-2

Salmo 32:5

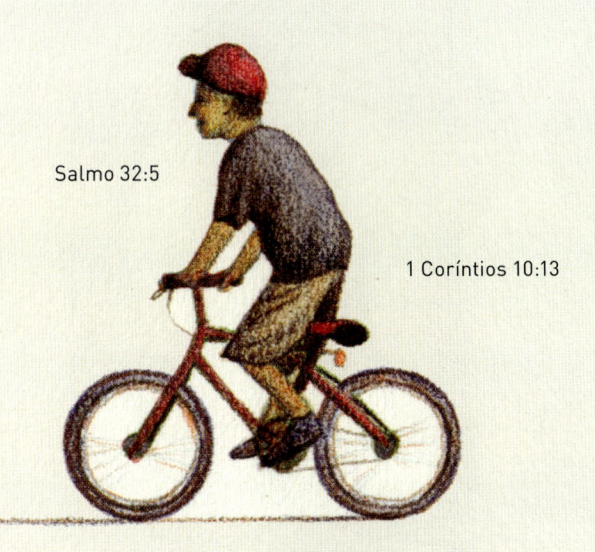

1 Coríntios 10:13

Salmo 119:11

Efésios 2:12

Efésios 4:18

Gênesis 3:14-15

Apocalipse 20:2

16. O pecado sempre traz o juízo

Quando Deus encontrou Adão e Eva se escondendo no jardim, eles estavam cheios de culpa e vergonha. Essa foi uma experiência nova e terrível para eles, pois tinham desobedecido a Deus e estavam prestes a descobrir que o Senhor, e não eles, faz as regras para o mundo que Ele criou. Uma regra imutável é que o pecado (seguir o próprio caminho em vez do caminho do Senhor) sempre traz juízo e morte.

Primeiro, Deus amaldiçoou a serpente que tinha tentado Adão e Eva, sentenciando-a a se arrastar sobre a sua barriga. Nunca saberemos se ela tinha pernas fortes ou lindas asas, pois como uma cobra ela só poderia deslizar sobre o pó da terra. Quando confrontada por Deus, a serpente, que dissera tantas coisas a Adão e Eva anteriormente, não teve nada a dizer. Porém, Satanás não tinha cessado de tentar as pessoas; ele continuaria a enganar os filhos e netos de Adão e Eva até um futuro bem distante — até o último dia, quando ele será derrotado para sempre.

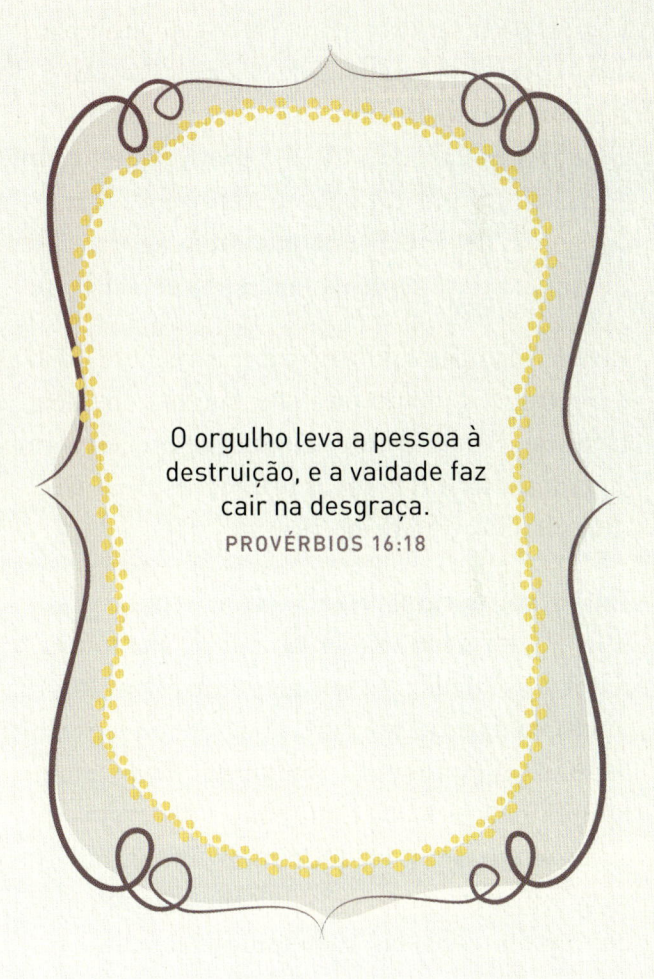

> O orgulho leva a pessoa à destruição, e a vaidade faz cair na desgraça.
> **PROVÉRBIOS 16:18**

Depois de falar à serpente, Deus se voltou para Eva. Uma consequência de seu pecado seria a dor quando ela tivesse um bebê. Outra, que o amor e a proximidade com Adão seriam prejudicados. Antes de caírem em pecado, o primeiro casal concordava a respeito de tudo, mas agora discordaria e teria dificuldades em se dar bem.

Então o Senhor falou a Adão, repreendendo-o por ter comido do fruto proibido que Eva lhe dera. Daquele dia em diante, Deus disse que espinhos e cardos atrapalhariam as plantações de Adão, dificultando o trabalho dele.

Então, como tinha avisado, Deus trouxe o julgamento da morte. Adão e Eva, que foram feitos para viver para sempre, morreriam um dia e retornariam ao pó da terra de onde Deus tinha formado o homem. O Senhor não disse quanto tempo mais eles viveriam, mas o casal sabia que a morte era certa. Daquele momento em diante, saber que um dia eles morreriam os lembraria de confiar em Deus em cada um de seus dias.

> Cada pessoa tem de morrer uma vez só e depois ser julgada por Deus.
> HEBREUS 9:27

2 Coríntios 11:3

Gênesis 3:17-19

Gênesis 3:16

1 Timóteo 2:12-14

Gênesis 3:21

Romanos 5:17

17. Deus promete a salvação

Embora tenha sido um julgamento triste e difícil, Deus ainda concedeu esperança a Adão e Eva. Ele acrescentou uma promessa quando amaldiçoou a serpente, ao final, Deus disse que um dia um filho de Adão e Eva a enfrentaria. A serpente feriria o calcanhar do filho, mas ele a derrotaria esmagando a cabeça dela. Daquele dia em diante, cada filho que nascia de Adão e Eva lhes trazia a esperança de que ele seria o salvador que Deus tinha prometido.

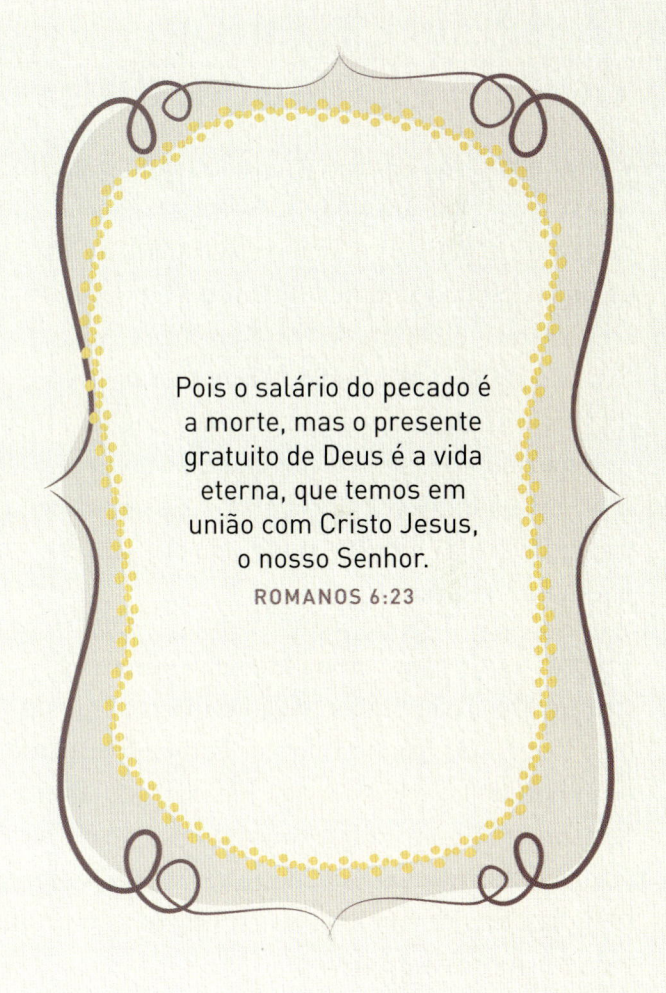

Antes de expulsar Adão e Eva do jardim, Deus fez roupas para eles com a pele de um animal. Eles tinham pecado e agora sentiam vergonha por estarem nus, então um animal teve de morrer para que eles tivessem roupas para se cobrir. Isso pode ser difícil de entender, mas a pele de um animal cobrindo a nudez de Adão e Eva era um símbolo de como Deus traria salvação ao Seu povo por intermédio de Jesus. O Filho de Deus derramou o Seu sangue na cruz, de modo que os nossos pecados fossem "cobertos". Isso significa que, por causa da morte de Jesus por nós, Deus não vê os nossos pecados. Ele vê apenas a vida perfeita de Jesus. Mas estamos nos adiantando aqui! Apenas lembre-se de que, embora pareça que Satanás tenha vencido no jardim, Deus tinha um plano para derrotá-lo. E o plano de Deus nunca falha!

> Pois o salário do pecado é a morte, mas o presente gratuito de Deus é a vida eterna, que temos em união com Cristo Jesus, o nosso Senhor.
> **ROMANOS 6:23**

18. Deus expulsou Adão e Eva do jardim

Como pecadores, Adão e Eva não podiam mais morar com Deus no jardim. As coisas de que gostavam, como ver o Senhor face a face, acabaram quando desobedeceram a ordem dada por Deus. Depois que comeram do fruto proibido, Adão e Eva não tinham permissão para comer da árvore da vida e viver para sempre. Então o Senhor os expulsou do jardim e colocou querubins e uma espada flamejante para guardar o caminho para a árvore da vida de modo que eles jamais pudessem retornar.

Embora o Altíssimo tenha feito eles saírem do jardim, Deus não enviou Adão e Eva totalmente para longe dele, para o inferno. Porque Deus amou o mundo de tal maneira, que Ele planejou enviar Seu único Filho para que todo aquele que cresse nele não morresse, mas pudesse viver para sempre. Um dia Deus restaurará a Sua criação e a árvore da vida frutificará novamente.

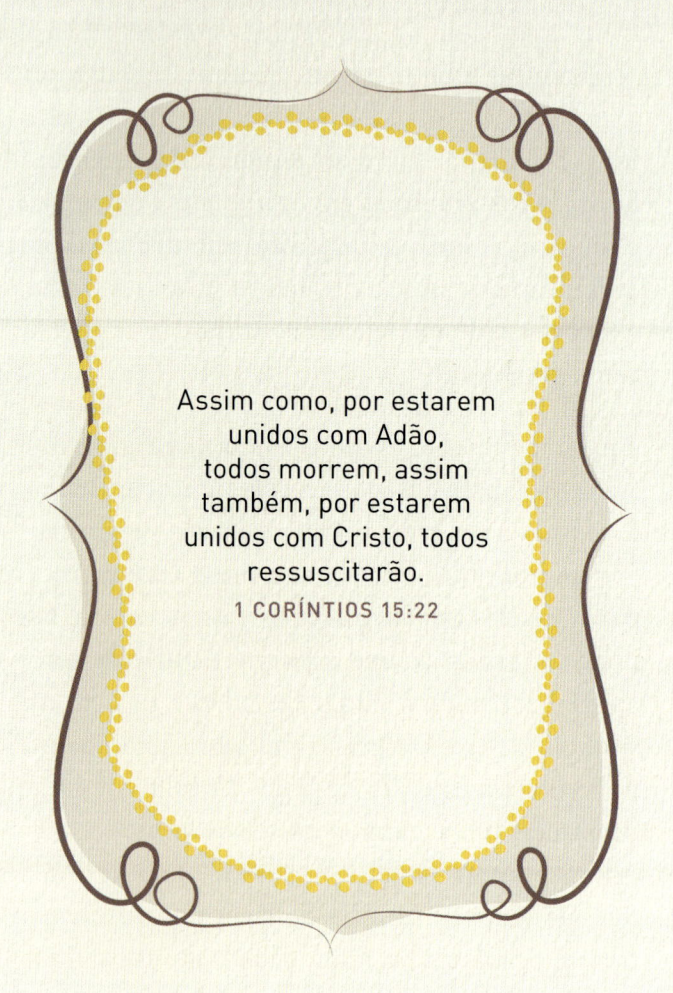

> Assim como, por estarem unidos com Adão, todos morrem, assim também, por estarem unidos com Cristo, todos ressuscitarão.
> **1 CORÍNTIOS 15:22**

Gênesis 3:22-24

Apocalipse 22:2

João 3:16

Gênesis 11:1-9

Gênesis 6:5-7

Gênesis 8:20-22

Gênesis 6:11-13

19. O pecado se espalha como uma doença

O pecado cresce e se espalha, assim como algumas doenças se desenvolvem e são transmitidas, infectando uma pessoa após a outra. Aquele único pecado de Adão e Eva trouxe todo tipo de iniquidade para o mundo. Isso começou com seus próprios filhos quando o filho deles Caim sentiu tanta inveja e raiva que matou seu irmão Abel.

O pecado é o tipo de doença que sempre piora, então, à medida que os anos se passaram, ele ficou tão grave que Deus enviou um enorme dilúvio para limpar o mundo todo. Mas Deus tinha prometido a Adão e a Eva que um de seus descendentes derrotaria Satanás. Então o Senhor ordenou a Noé que construísse uma arca e assim Deus salvou Noé e sua família do dilúvio.

Porém, após o dilúvio, ficou evidente que o pecado tinha sobrevivido porque Noé e seus filhos ainda estavam agindo conforme queriam em vez de seguir a orientação de Deus. Embora o dilúvio tivesse aniquilado um mundo de maldade, ele não poderia impedir que o pecado crescesse e se espalhasse mais uma vez. O dilúvio não destruiu o pecado, pois ele estava dentro do coração de Noé e de sua família. O pecado está dentro de nós também. O propósito de Deus era limpar as pessoas a partir do seu interior, mas levou muitos séculos para que o Seu plano fosse executado. Enquanto isso, o Senhor prometeu nunca mais destruir o mundo com água e sinalizou Sua promessa com um arco-íris.

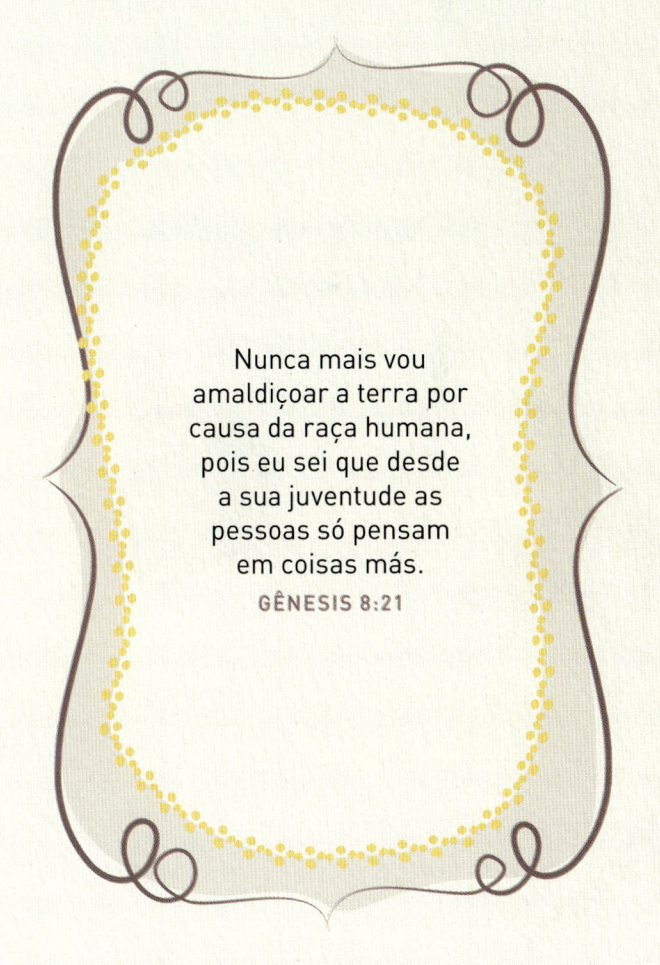

> Nunca mais vou amaldiçoar a terra por causa da raça humana, pois eu sei que desde a sua juventude as pessoas só pensam em coisas más.
> **GÊNESIS 8:21**

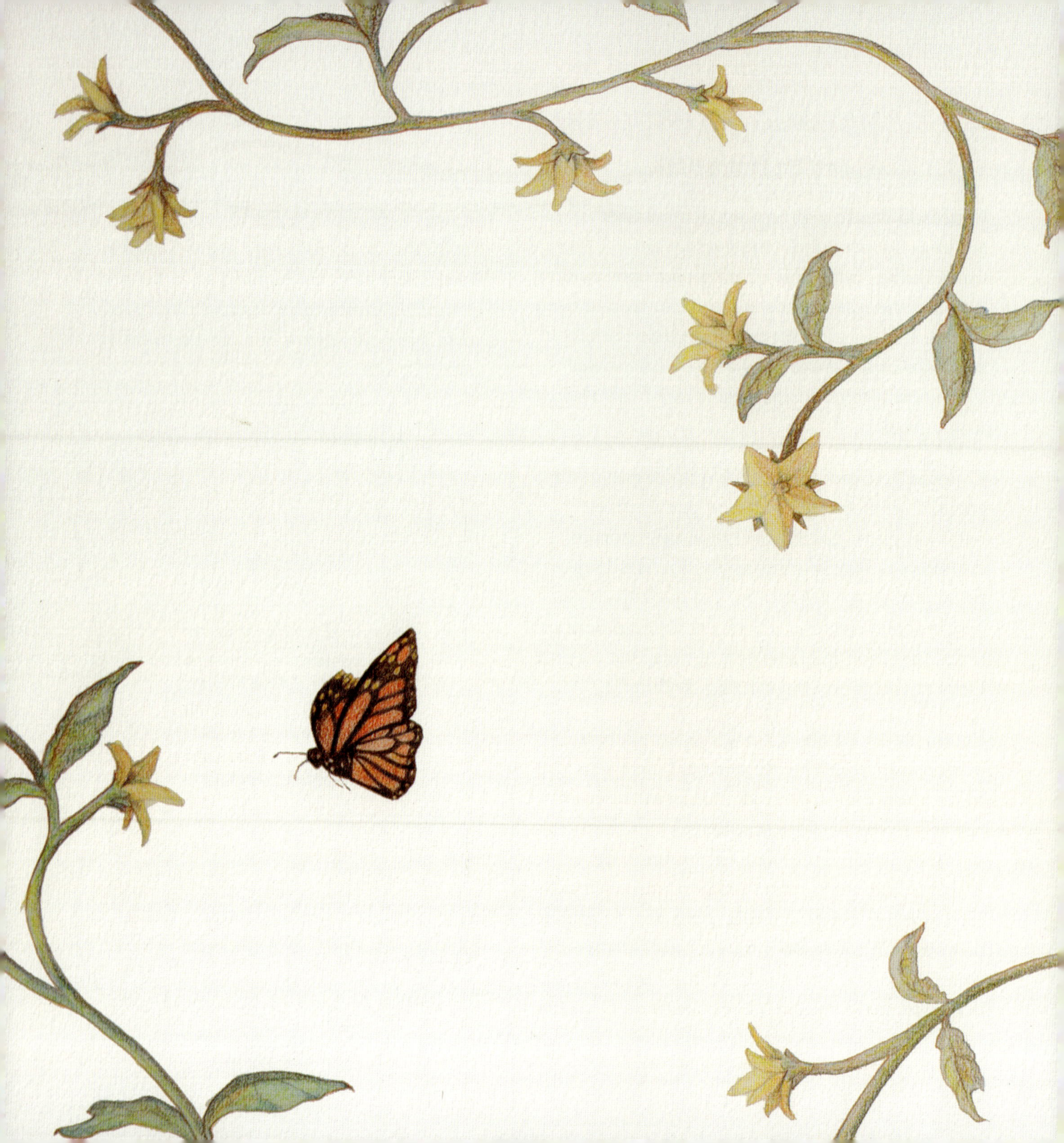

O Deus da promessa e da Lei

Gênesis 35:10

Hebreus 11:1, 8

Gênesis 28:10-16

Isaías 43:1-3

20. Deus faz uma promessa

Deus escolheu um dos descendentes de Noé, Abraão, para ser o pai de uma nação que pertenceria a Ele. O Senhor chamou Abraão para deixar a sua casa na cidade de Ur e levar sua esposa, Sara, para a terra de Canaã. Ao chegarem lá, Deus prometeu a esse casal que não tinha filhos que a família deles cresceria e que o número de seus descendentes seria maior do que o as estrelas no céu e de grãos de areia na praia. Eles não apenas teriam uma grande família, mas um de seus descendentes, que nasceria muitos anos depois, abençoaria todas as nações da Terra. Essa criança salvaria o mundo do pecado e da morte.

Era difícil acreditar nessa promessa de Deus, pois Abraão e Sara eram muito idosos e nunca haviam tido um filho. Mas eles realmente acreditaram no que o Senhor lhes dissera. É isso o que significa viver pela fé. Mesmo antes de Jesus nascer, aqueles que acreditavam na promessa de um Salvador eram aceitos na família de Deus. Então, pela fé, quando Sara tinha 90 anos, ela deu à luz um filho, Isaque.

Por fim, Isaque cresceu, casou e foi pai de filhos gêmeos. Deus escolheu o mais novo deles, Jacó, para dar continuidade à linhagem de Abraão e ser parte do cumprimento da promessa do Senhor. Deus deu a Jacó o nome de Israel, o qual teve 12 filhos, que se tornaram os chefes das 12 tribos de Israel.

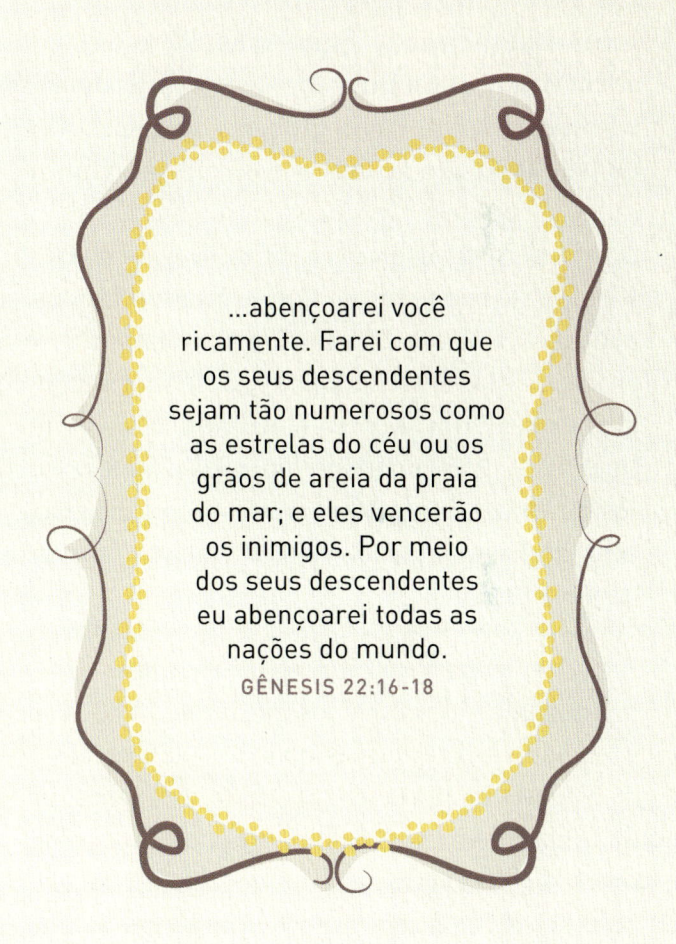

> ...abençoarei você ricamente. Farei com que os seus descendentes sejam tão numerosos como as estrelas do céu ou os grãos de areia da praia do mar; e eles vencerão os inimigos. Por meio dos seus descendentes eu abençoarei todas as nações do mundo.
> **GÊNESIS 22:16-18**

21. Deus mantém a Sua promessa

Quando a fome ameaçou destruir sua família, Israel os levou para o Egito, onde Deus os abençoou com muitos filhos. Depois de algumas centenas de anos, havia milhares de descendentes de Israel vivendo no Egito. Os egípcios, com medo de que eles dominassem sua terra, forçaram os israelitas (ou hebreus) a serem seus escravos. Mas Deus, que sempre cumpre Suas promessas, não tinha se esquecido do Seu povo nem da promessa que lhes tinha feito. O Senhor ouviu o clamor deles por socorro e mandou Moisés para libertá-los da escravidão e guiá-los para fora do Egito. Deus enviou 10 pragas para forçar Faraó, o rei do Egito, a deixar que os israelitas saíssem daquele país.

A última praga foi a pior: todos os filhos primogênitos dos egípcios morreram. Mas Deus poupou os hebreus dizendo a eles para pintar os batentes da porta de suas casas com o sangue de um cordeiro sem defeito. Quando o anjo da morte via o sangue nos batentes das portas, ele passava pela casa sem parar de modo que nenhum dos israelitas morreu. Depois disso, todos os anos o povo de Israel se lembrava de como Deus os libertara da morte por meio do sangue do cordeiro e celebrava esse acontecimento com uma refeição chamada Páscoa. Um dia Deus enviaria um tipo diferente de cordeiro — "o Cordeiro de Deus, que tira o pecado do mundo!" — para libertar o Seu povo da morte eterna.

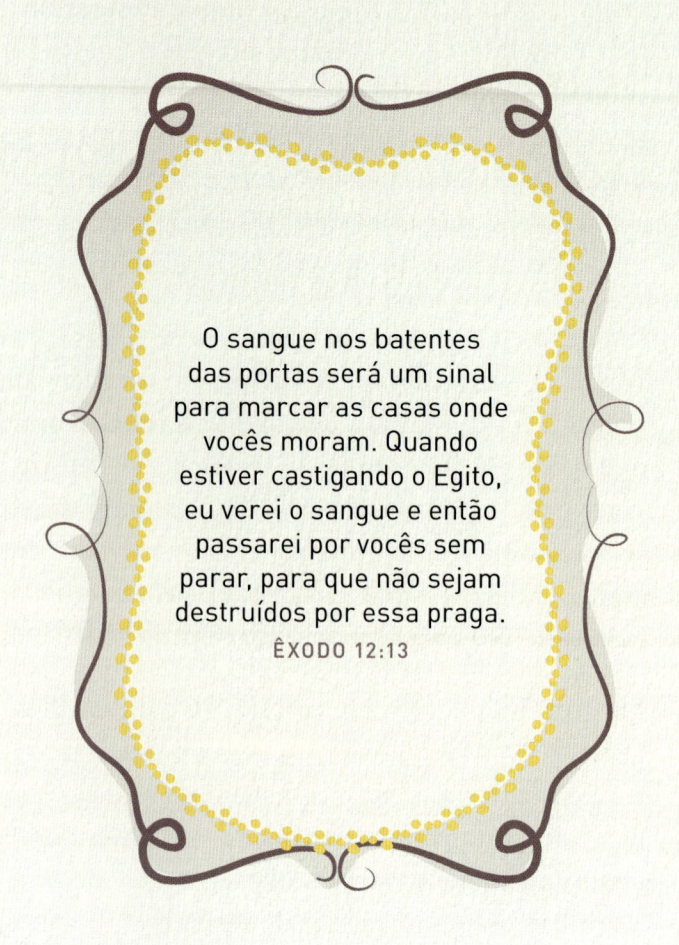

> O sangue nos batentes das portas será um sinal para marcar as casas onde vocês moram. Quando estiver castigando o Egito, eu verei o sangue e então passarei por vocês sem parar, para que não sejam destruídos por essa praga.
>
> ÊXODO 12:13

Atos 7:30-34

Êxodo 7:3-5

Êxodo 3:10-12

Êxodo 2:24

Êxodo 1:8-13

Êxodo 13:21-22

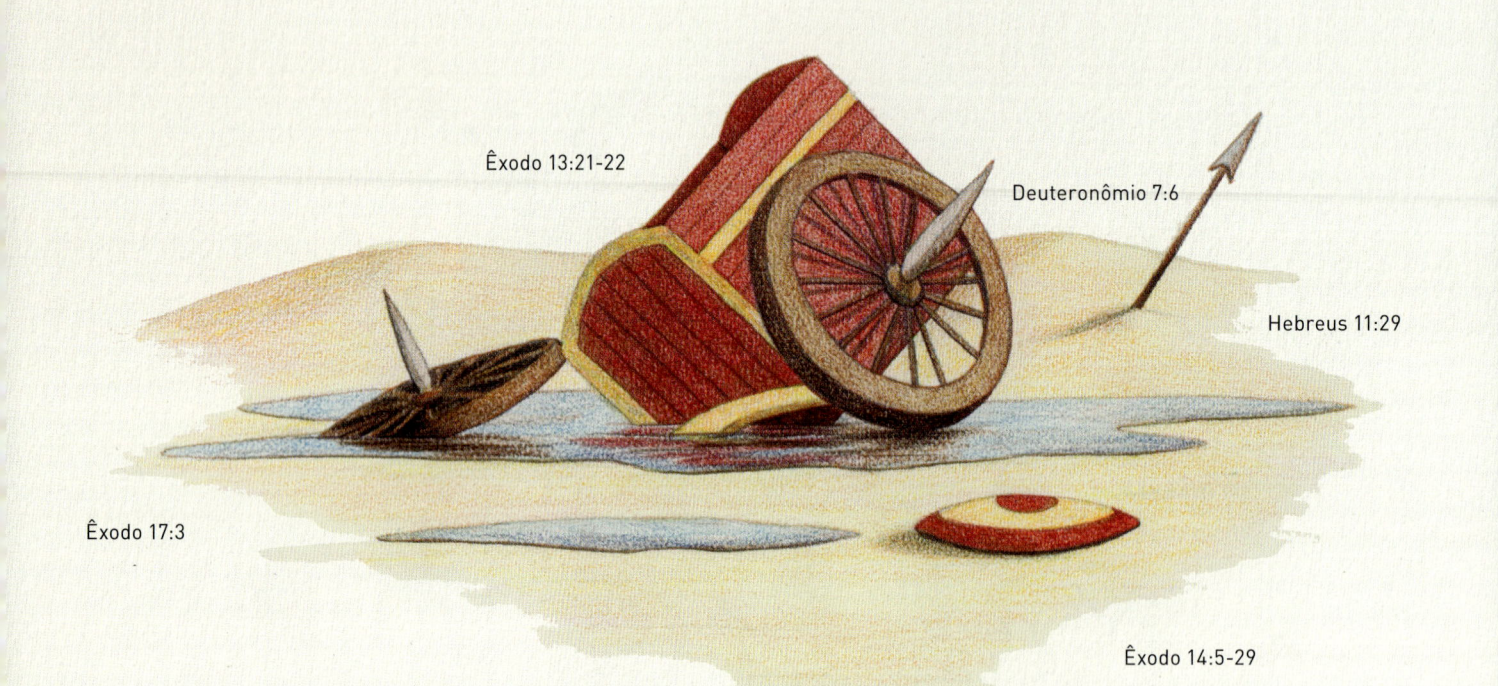

Deuteronômio 7:6

Hebreus 11:29

Êxodo 17:3

Êxodo 14:5-29

Deus guiou o Seu povo usando uma coluna de nuvem durante o dia e uma coluna de fogo à noite. Embora Faraó a princípio tenha permitido Israel deixar o Egito, ele mudou de ideia e os perseguiu, armando uma emboscada no mar Vermelho. Mas Deus abriu o mar e guiou o Seu povo em segurança, atrasando os egípcios com a grande coluna de nuvem. Assim que o povo de Israel chegou do outro lado em segurança, o Senhor permitiu que Faraó os perseguisse pelo caminho que Ele abrira no mar, e, em seguida, Deus liberou novamente as águas que vieram sobre eles, destruindo o exército egípcio.

Deus habitava em meio ao Seu povo durante a jornada para a Terra Prometida: Canaã. Quando eles estavam com fome, o Senhor os alimentou com o maná; quando eles sentiram sede, Ele lhes deu água. Mas, embora os israelitas estivessem livres da escravidão dos egípcios, eles ainda eram escravos do pecado; ainda queriam fazer a sua própria vontade. Eles reclamavam a respeito de tudo e não ouviam Moisés, o líder que Deus lhes dera. Querendo que Seu povo soubesse como amá-lo e como amar aos outros, Deus lhes deu leis. As leis divinas mostravam a Israel como amar a Deus, como amar as pessoas e indicavam quando seguiam na direção errada.

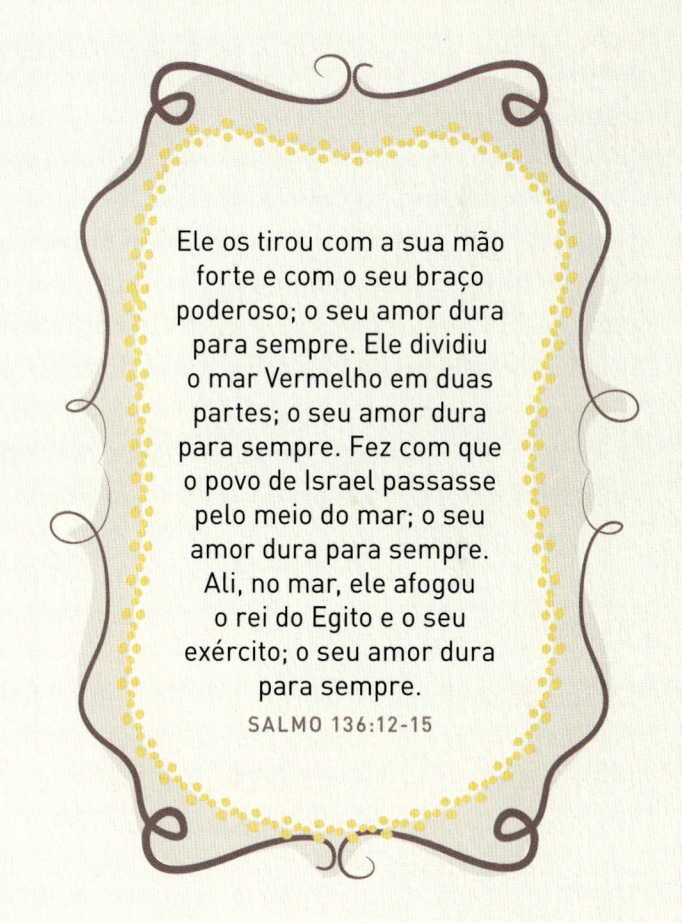

> Ele os tirou com a sua mão forte e com o seu braço poderoso; o seu amor dura para sempre. Ele dividiu o mar Vermelho em duas partes; o seu amor dura para sempre. Fez com que o povo de Israel passasse pelo meio do mar; o seu amor dura para sempre. Ali, no mar, ele afogou o rei do Egito e o seu exército; o seu amor dura para sempre.
> SALMO 136:12-15

22. Os Dez Mandamentos de Deus

As placas de limite de velocidade são fixadas nas rodovias para comunicar as regras aos motoristas. Se você dirigir mais rápido do que o limite estabelecido, você infringirá a lei. As leis de trânsito nos mantêm seguros. A lei sobre o uso do cinto de segurança nos ordena a colocar o cinto, forçando-nos a ficar em nosso assento em vez de brincar no piso do carro. Usar o cinto nos livra de ferimentos em uma colisão. De igual forma, as leis de Deus têm o objetivo de nos proteger do dano e das más consequências do pecado.

Depois de conduzir Israel para fora do Egito, Deus deu ao povo os Dez Mandamentos para ensinar os israelitas a maneira correta de amar a Deus e as pessoas. Os quatro primeiros mandamentos são sobre amar e adorar a Deus; os últimos seis são sobre amar as pessoas.

> Como desejo que me ajudes, ó SENHOR Deus! Na tua lei, encontro a felicidade.
> SALMO 119:174

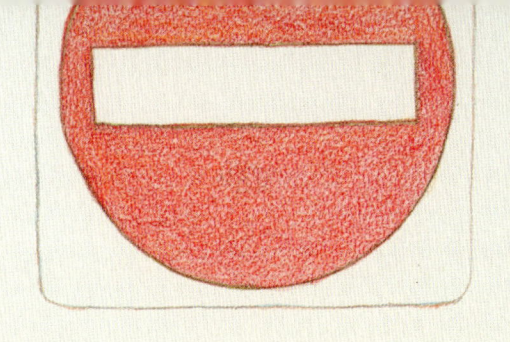

João 13:34

Êxodo 20:1-17

1 João 3:15

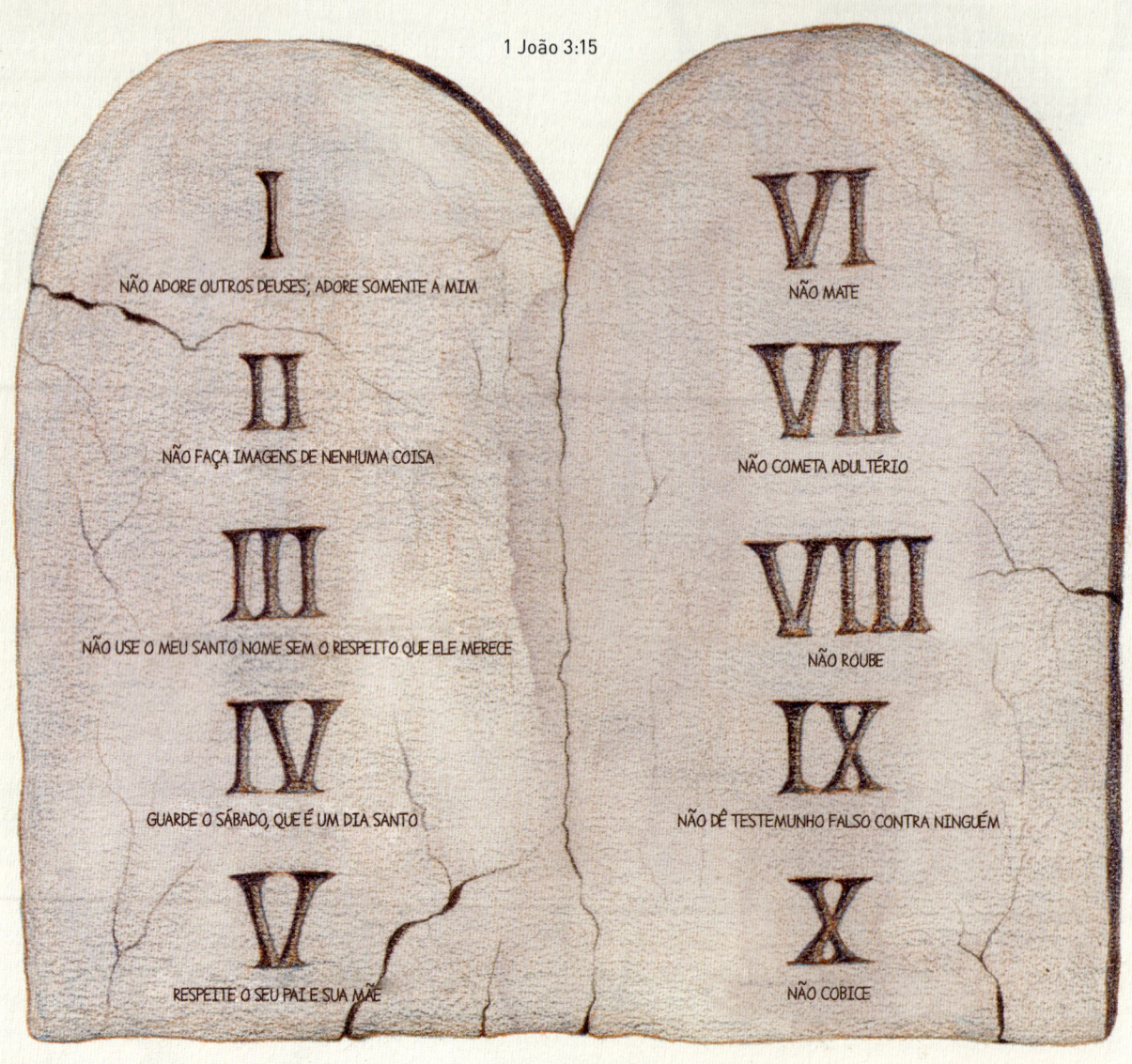

I — NÃO ADORE OUTROS DEUSES; ADORE SOMENTE A MIM

II — NÃO FAÇA IMAGENS DE NENHUMA COISA

III — NÃO USE O MEU SANTO NOME SEM O RESPEITO QUE ELE MERECE

IV — GUARDE O SÁBADO, QUE É UM DIA SANTO

V — RESPEITE O SEU PAI E SUA MÃE

VI — NÃO MATE

VII — NÃO COMETA ADULTÉRIO

VIII — NÃO ROUBE

IX — NÃO DÊ TESTEMUNHO FALSO CONTRA NINGUÉM

X — NÃO COBICE

Mateus 5:22   Deuteronômio 6:5   Deuteronômio 5:7-22

Aqui estão os Dez Mandamentos, que o Senhor falou a Moisés (você pode lê-los em Êxodo 20):

1. "Não adore outros deuses; adore somente a mim" (versículo 3).
2. "Não faça imagens de nenhuma coisa que há lá em cima no céu, ou aqui embaixo na terra, ou nas águas debaixo da terra" (versículo 4).
3. "Não use o meu nome sem o respeito que ele merece" (versículo 7).
4. "Guarde o sábado, que é um dia santo. Faça todo o seu trabalho durante seis dias da semana; mas o sétimo dia da semana é o dia de descanso, dedicado a mim, o SENHOR, seu Deus" (versículos 8-10).
5. "Respeite o seu pai e a sua mãe, para que você viva muito tempo na terra que estou lhe dando" (versículo 12).
6. "Não mate" (versículo 13).
7. "Não cometa adultério" (versículo 14).
8. "Não roube" (versículo 15).
9. "Não dê testemunho falso contra ninguém" (versículo 16).
10. "Não cobice a casa de outro homem. Não cobice a sua mulher, os seus escravos, o seu gado, os seus jumentos ou qualquer outra coisa que seja dele" (versículo 17).

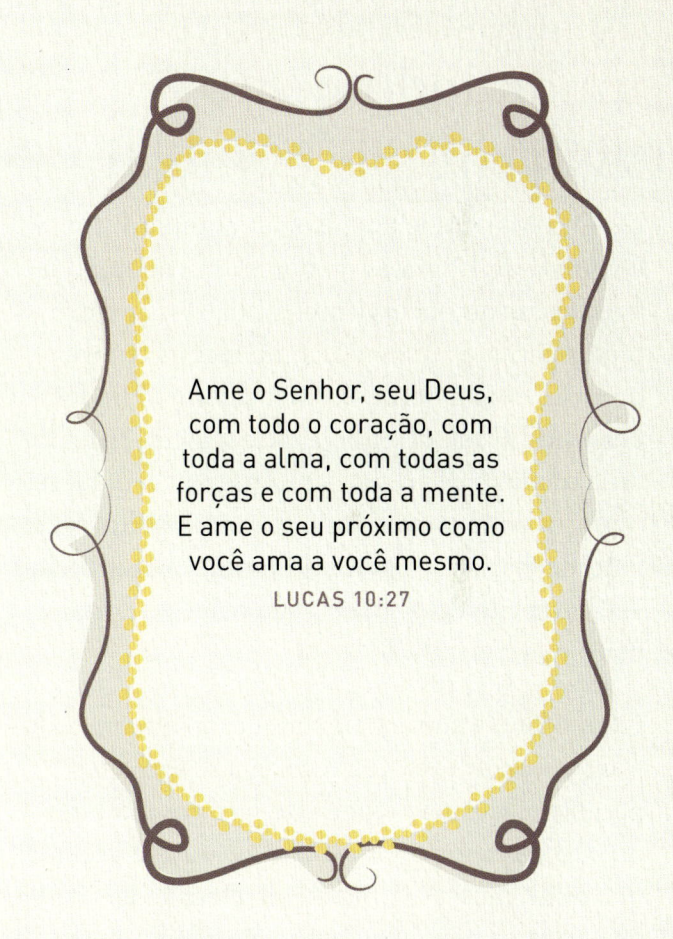

> Ame o Senhor, seu Deus, com todo o coração, com toda a alma, com todas as forças e com toda a mente. E ame o seu próximo como você ama a você mesmo.
>
> **LUCAS 10:27**

23. Desobedecer a um mandamento é desobedecer a toda a Lei

Os Dez Mandamentos não são como um conjunto de 10 pratos de porcelana, no qual, se você lascar ou quebrar um, ainda restam nove pratos perfeitos. Eles são como um prato sem defeitos, com a borda decorada com 10 lindos desenhos. Cada desenho ilustra a lei do amor de uma maneira diferente. Qualquer rachadura, não importa onde estiver, estraga todo o prato. Se o prato rachar nas palavras do quinto mandamento — "Respeite o seu pai e a sua mãe" — todo o prato estará danificado.

Com a lei é assim: qualquer pecado quebra toda a lei. Pecando uma vez e você já se torna um pecador. Deus não exige que sejamos tão bons quanto conseguirmos ou que façamos o melhor que pudermos. A santidade de Deus exige que sejamos perfeitos como é perfeito o nosso Pai Celestial.

> Porque quem quebra um só mandamento da lei é culpado de quebrar todos.
> **TIAGO 2:10**
>
> Portanto, sejam perfeitos, assim como é perfeito o Pai de vocês, que está no céu.
> **MATEUS 5:48**

Romanos 7:7

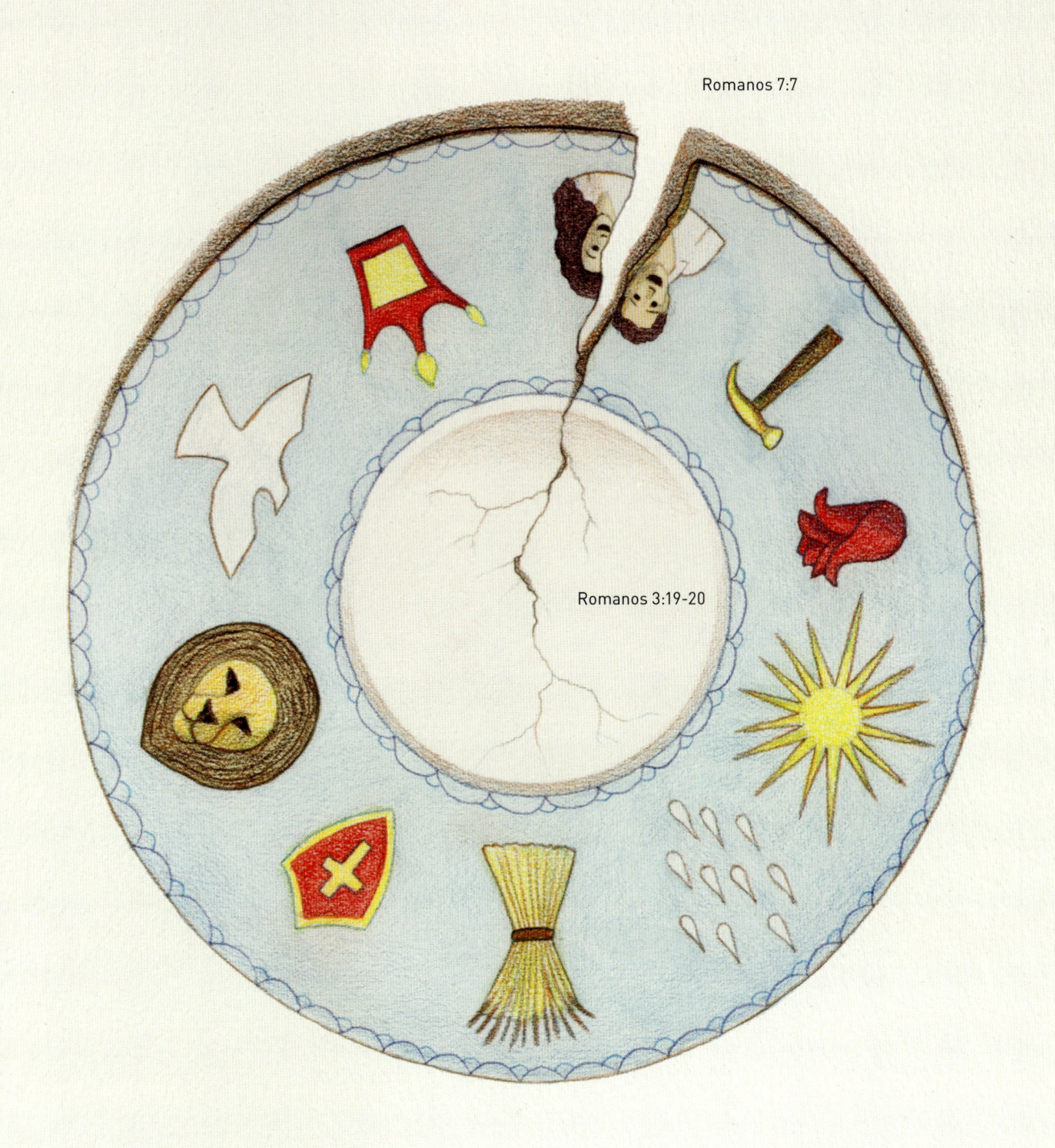

Romanos 3:19-20

Êxodo 33:20

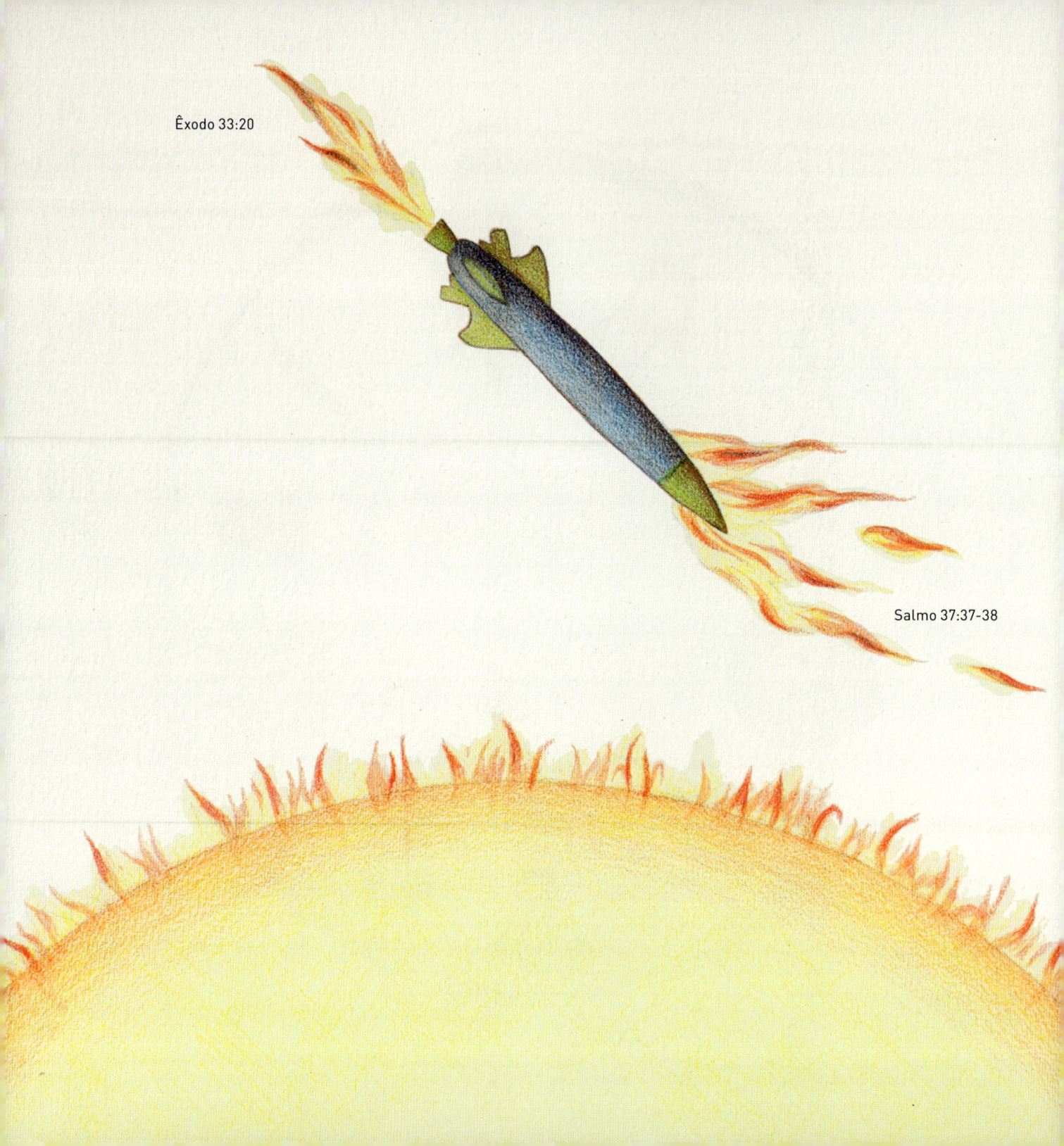

Salmo 37:37-38

24. A santidade de Deus não habita no mesmo lugar que o pecado

É possível chegar perto o suficiente do Sol a ponto de colher uma amostra num potinho e trazer para casa? É claro que não, a superfície do Sol é tão quente que queimaria você antes mesmo de chegar perto. Apesar de sabermos que não podemos tocar o Sol, muitas pessoas não entendem que a santa luz de Deus — Sua glória e santidade — brilha mais forte do que o Sol. Assim como não podemos tocar o Sol, os pecadores, ainda sob julgamento, não podem se aproximar do nosso santo Deus.

Deus é Todo-poderoso e perfeito de todas as formas. Quando os anjos o adoram, eles clamam: "Santo, santo, santo é o SENHOR Todo-Poderoso; a sua presença gloriosa enche o mundo inteiro" (Isaías 6:3). O pecado, por sua vez, é cheio de escuridão e maldade. A santidade pura de Deus, como uma chama solar gigante, consome o pecado e o atira para longe do Senhor. Quando Moisés esteve no monte Sinai para receber os Dez Mandamentos, Deus avisou o povo para ficar distante. Moisés e um grupo de anciãos tinham permissão especial para se aproximar de Deus, mas o Senhor disse que qualquer outra pessoa que sequer tocasse a base da montanha morreria (Êxodo 19:12). É por isso que os pecadores não podem se aproximar de Deus até que seus pecados sejam lavados.

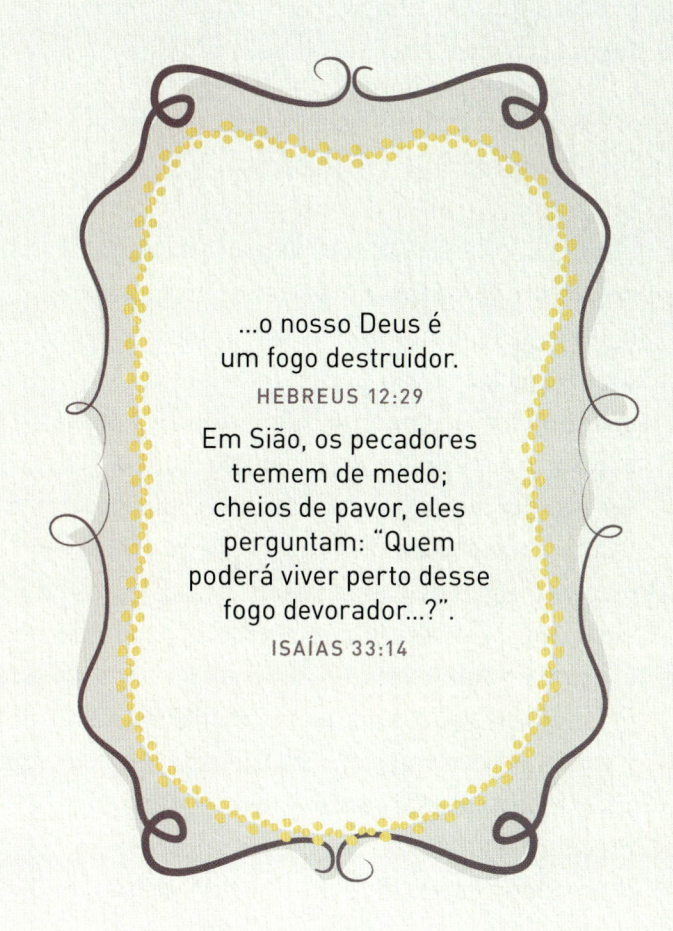

> ...o nosso Deus é um fogo destruidor.
> HEBREUS 12:29
>
> Em Sião, os pecadores tremem de medo; cheios de pavor, eles perguntam: "Quem poderá viver perto desse fogo devorador...?".
> ISAÍAS 33:14

Algumas pessoas pensam que Deus não se importará com seus pecados porque se esforçaram muito para serem boas. Mas o que elas não entendem é que a santidade de Deus e o pecado não podem ficar juntos um do outro. Assim como uma lâmpada desfaz a escuridão em um cômodo à noite, a luz da santidade de Deus expulsa qualquer um que tenha desobedecido à Sua Lei. O pecado e a santidade de Deus não podem estar no mesmo lugar ao mesmo tempo. Infelizmente, não somos capazes de nos livrar dos nossos pecados sozinhos.

A Lei faz um ótimo trabalho em nos mostrar a maneira certa de viver, mas ela não pode nos transformar — ela não pode tirar nem um pecado. A Lei apenas segue indicando os nossos erros, como um professor apontando o dedo para o aluno desobediente. Deus sempre soube que a Lei não poderia nos salvar. Mas, ao nos mostrar exatamente o que significa amar a Deus e amar as pessoas, a Lei nos ajuda a ver o quanto precisamos de salvação e o quanto somos insuficientes. Quando Jesus explicou a Lei, Ele elevou o nível dela ainda mais, pois Ele disse que devemos ser perfeitos não apenas no que fazemos, mas até no que pensamos! Isso torna óbvio que precisamos de uma ajuda que está além de nós mesmos. Precisamos de um Salvador que cumpra a Lei *e* nos salve da morte que o pecado traz. Precisamos de Jesus, o Cordeiro de Deus, que tira o pecado do mundo.

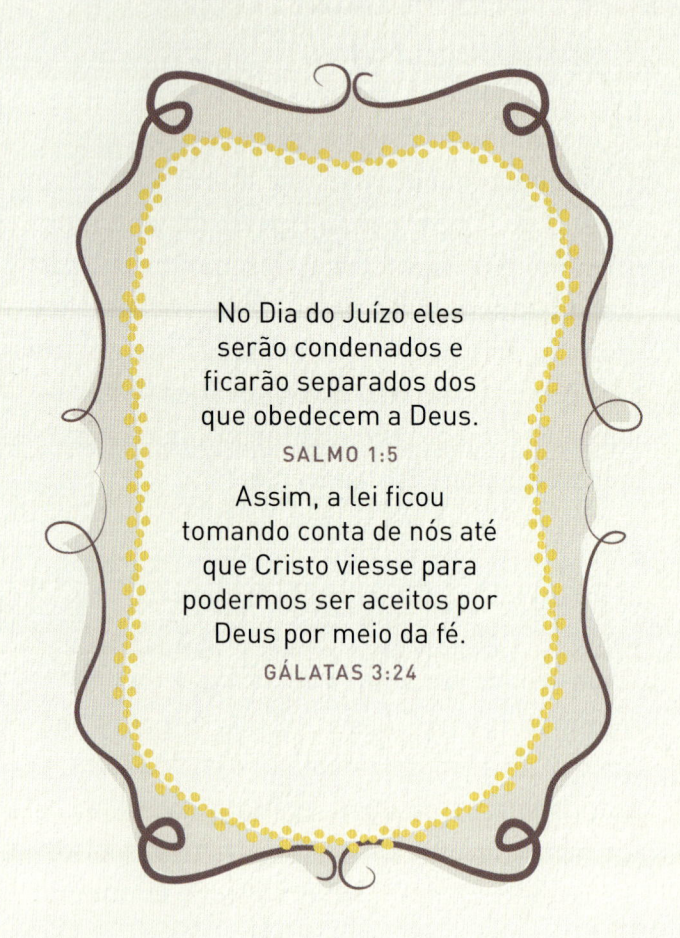

> No Dia do Juízo eles serão condenados e ficarão separados dos que obedecem a Deus.
> **SALMO 1:5**
>
> Assim, a lei ficou tomando conta de nós até que Cristo viesse para podermos ser aceitos por Deus por meio da fé.
> **GÁLATAS 3:24**

Atos 3:19

Hebreus 9:27

Mateus 25:46

João 1:29

Levítico 4:32-35

Levítico 4:4

Levítico 3:2

Levítico 1:4

Levítico 17:11

25. Deus tem a solução para o perdão do pecado

Enquanto Moisés estava no monte Sinai recebendo a Lei divina do próprio Deus, os israelitas, acampados no pé do monte, já estavam desobedecendo à Lei ao adorar um ídolo. Em vez de destruir o Seu povo naquele momento, o Senhor proveu uma maneira para que as pessoas se livrassem do seu pecado. Deus chamou o Seu plano de expiação, que significa cobrir, e que consistia em matar um animal em vez da pessoa que tinha pecado.

Sacrificar animais pode parecer uma forma agressiva de lidar com o pecado, mas o Senhor queria transmitir uma mensagem importante: cada pessoa que peca deve uma vida a Deus. Lembra-se da lei clara e definida do Senhor de que o pecado gera a morte? Bem, alguém tem de pagar pelo pecado. Ou pagamos com a nossa vida, ou outro alguém toma o nosso lugar. Não há outra maneira.

> De fato, de acordo com a lei, quase tudo é purificado com sangue. E, não havendo derramamento de sangue, não há perdão de pecados.
> HEBREUS 9:22

26. Jesus é o sacrifício do qual precisamos

A morte de um animal pode realmente pagar o preço pelo pecado de alguém? Os animais de maneira nenhuma são como nós; além disso, quantos animais você precisaria sacrificar para cobrir os seus pecados? No passado, cada vez que você mentia para a sua mãe ou batia no seu irmão ou irmã, um animal teria de morrer. Mas hoje não é mais necessário sacrificar animais pelos nossos pecados, pois Deus cumpriu a Sua promessa e enviou Seu Filho, Jesus, para cumprir a Lei por completo e morrer como o Cordeiro de Deus perfeito e sem culpa.

O sacrifício de Jesus na cruz é muito diferente do sacrifício de animais. Os sacrifícios encobriam o pecado, mas não o levavam embora. De certa forma, o sacrifício de animais se assemelhava a limpar o quarto e varrer tudo para debaixo da cama. A cama esconde a bagunça, mas a bagunça ainda está lá. É por isso que o sacrifício de animais acontecia repetidamente. Porém, o sacrifício de Jesus na cruz foi bom e suficiente de uma vez por todas. Sua morte restaura a ordem no quarto bagunçado que é o nosso coração manchado pelo pecado.

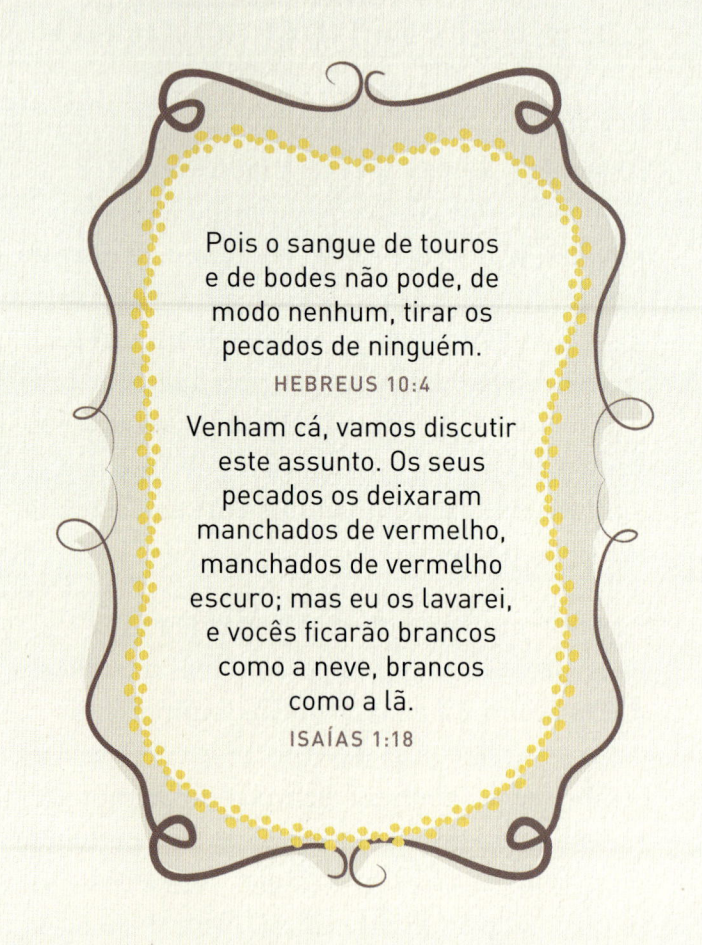

> Pois o sangue de touros e de bodes não pode, de modo nenhum, tirar os pecados de ninguém.
> **HEBREUS 10:4**
>
> Venham cá, vamos discutir este assunto. Os seus pecados os deixaram manchados de vermelho, manchados de vermelho escuro; mas eu os lavarei, e vocês ficarão brancos como a neve, brancos como a lã.
> **ISAÍAS 1:18**

Salmo 103:10-12

Isaías 53:5-6

1 Reis 8:63

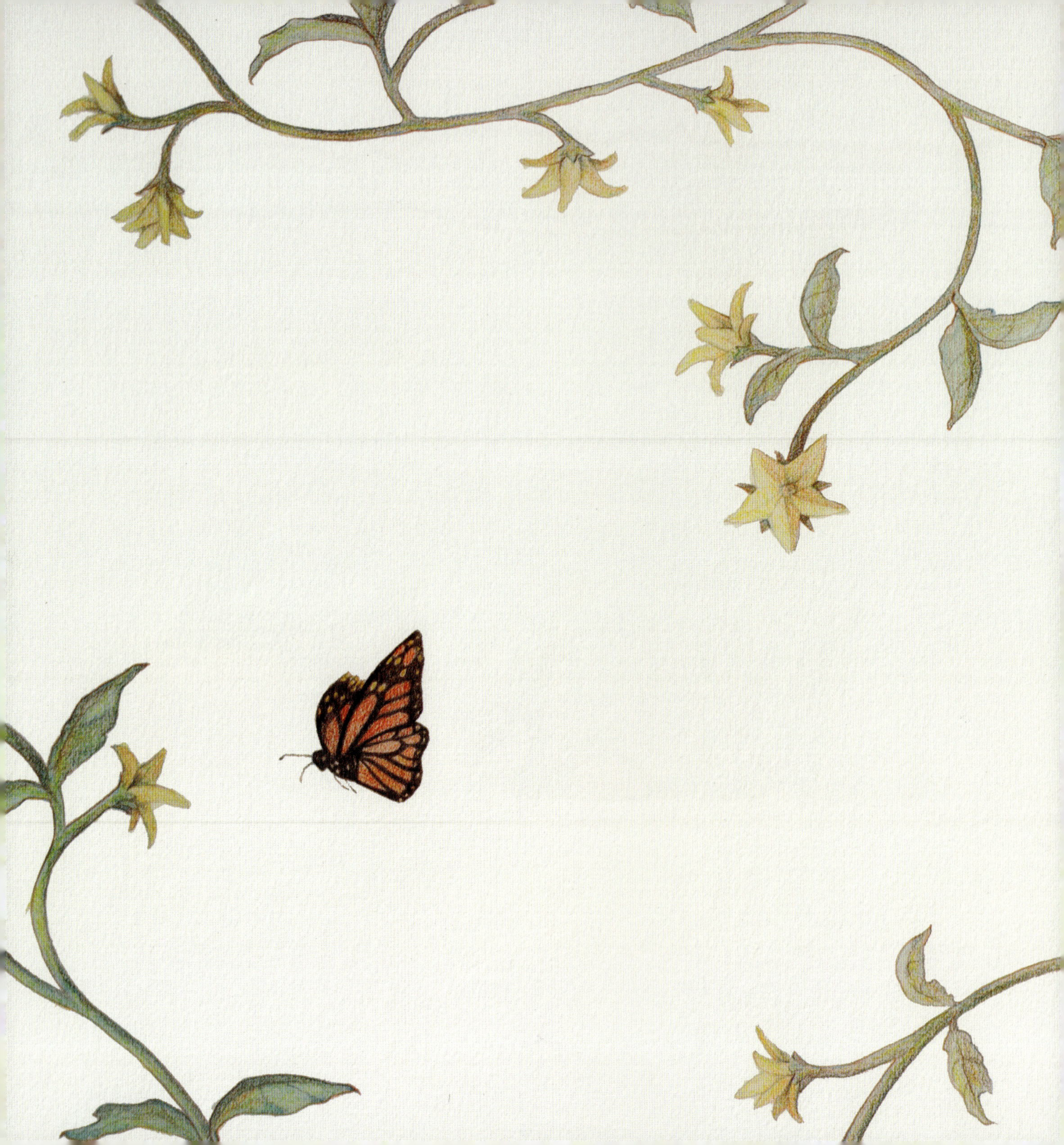

Quem é Cristo?

2 Crônicas 7:14

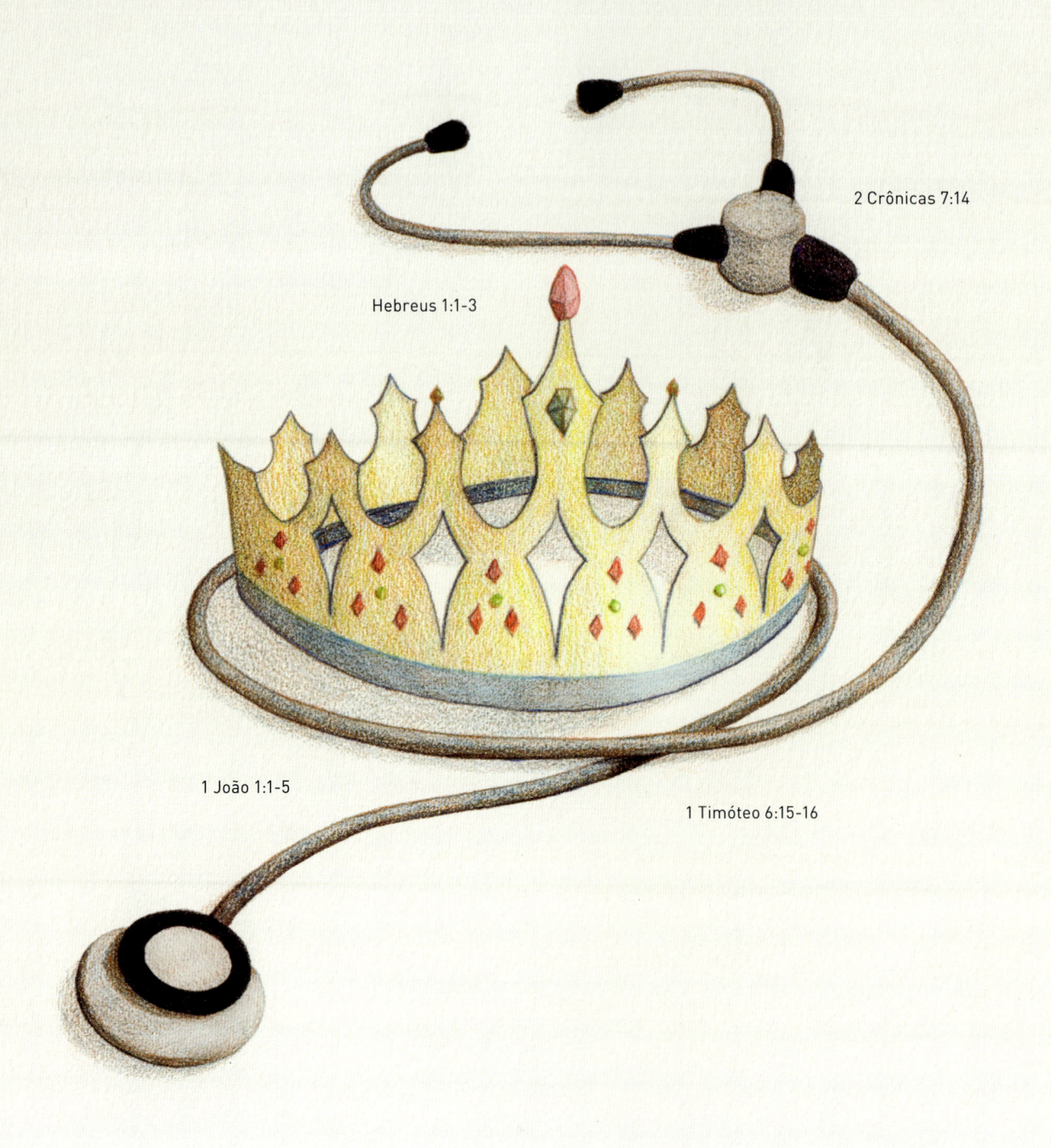

Hebreus 1:1-3

1 João 1:1-5

1 Timóteo 6:15-16

27. O Filho de Deus vem à Terra

Imagine um rei sábio, educado na lei, medicina e história, vestido com vestes reais e uma coroa, assentado em um trono. Todos que vêm até ele se prostam. Agora imagine um dia em que uma praga mortal infecta as pessoas de seu país. Os médicos não conseguem encontrar a cura para ela; na verdade, eles também estão morrendo. Por amor ao seu povo, o rei deixa o seu trono, tira a coroa, substitui suas vestes reais por um manto simples, pega a maleta do médico e sai para curar seus súditos. É isso o que o Rei Jesus fez por nós.

Para sempre, o Filho de Deus viveu em perfeito amor com o Pai e o Espírito Santo. Os anjos adoravam o Pai, o Filho e o Espírito Santo perante o trono de Deus, no Céu cheio de luz e alegria. Mas um dia, o pecado se espalhou como uma doença pela Terra, e o Filho glorioso de Deus desceu do Seu trono. Ele pôs Sua glória de lado em obediência ao pedido de Seu Pai para salvar Seu povo. Por amor a Seu Pai e Seu povo, o Filho de Deus humilhou-se a si mesmo, assumiu um corpo como o nosso e trouxe cura ao nosso mundo doente pelo pecado.

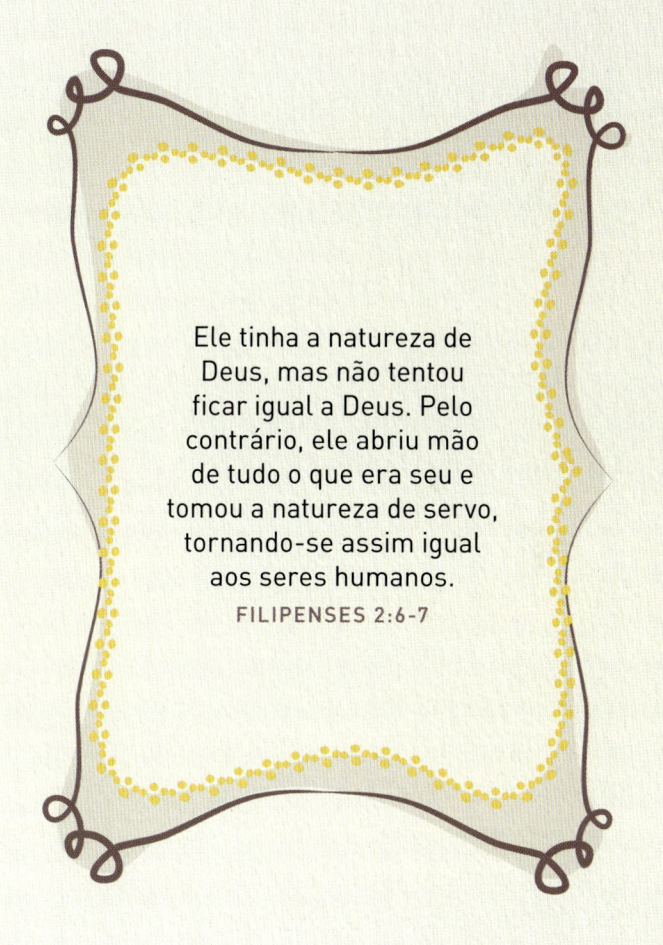

> Ele tinha a natureza de Deus, mas não tentou ficar igual a Deus. Pelo contrário, ele abriu mão de tudo o que era seu e tomou a natureza de servo, tornando-se assim igual aos seres humanos.
>
> **FILIPENSES 2:6-7**

Quando chegou o tempo certo, o Pai enviou o anjo Gabriel para anunciar a Maria, uma mulher especial, que ela seria a mãe do Seu Filho. Maria tinha como ancestral distante o maior rei de Israel, Davi. Desde a queda, o povo de Deus luta contra o pecado. Mas agora chegou a hora de vir o Salvador e resgatar o povo de Deus da maldição que começou pela primeira vez quando Adão e Eva desobedeceram.

Quando Gabriel apareceu para Maria e disse que ela teria um filho pelo poder do Espírito Santo, ela teve medo (qualquer um que encontre um anjo fica bem assustado!). Ela também ficou confusa. Como seria possível ter um filho sem ter um marido? Mas o anjo lhe disse que o poder de Deus viria sobre ela e que o filho que ela teria se chamaria Jesus.

Então o anjo lhe contou um pouco sobre o filho maravilhoso que ela teria: Ele seria o Filho do Altíssimo e o novo Rei de Israel. Embora isso parecesse muito para assimilar, Maria disse: "que aconteça comigo o que o senhor acabou de me dizer!" (veja Lucas 1:38). O que tornava Maria especial era a sua fé e confiança em Deus.

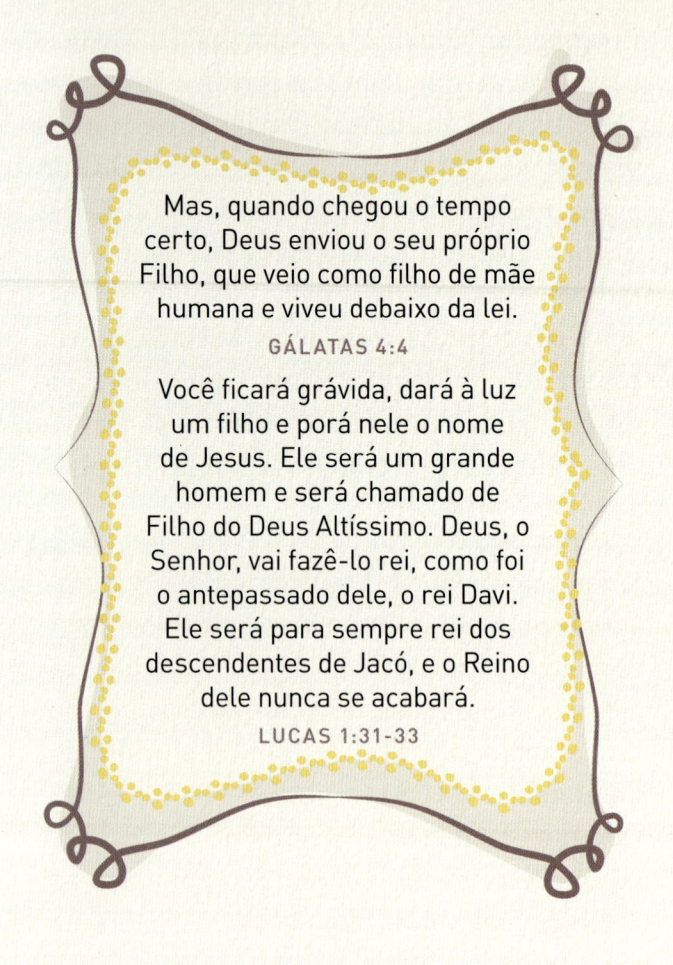

> Mas, quando chegou o tempo certo, Deus enviou o seu próprio Filho, que veio como filho de mãe humana e viveu debaixo da lei.
> **GÁLATAS 4:4**
>
> Você ficará grávida, dará à luz um filho e porá nele o nome de Jesus. Ele será um grande homem e será chamado de Filho do Deus Altíssimo. Deus, o Senhor, vai fazê-lo rei, como foi o antepassado dele, o rei Davi. Ele será para sempre rei dos descendentes de Jacó, e o Reino dele nunca se acabará.
> **LUCAS 1:31-33**

1 Crônicas 17:11-15

Isaías 7:14

Lucas 1:46-50

Isaías 33:22

Mateus 1:18-25

28. O Filho desceu do Seu trono

Os anjos do Céu assistiram com temor quando o Filho de Deus deixou Seu trono e veio à Terra como um bebê para crescer no ventre da jovem Maria.

Maria, porém, não teve de criar sozinha essa criança maravilhosa. Deus já tinha separado José, e a jovem Maria estava se preparando para casar-se com ele. Mas Maria preocupava-se sobre como explicaria a ele que estava grávida do filho de Deus. Assim aconteceu o que Maria temia, José ficou confuso quando ela contou que Deus tinha feito um bebê crescer no ventre dela.

Deus, porém, cuidou disso e enviou a José um anjo em sonho para explicar que o bebê no ventre de Maria fora de fato gerado pelo Espírito Santo. O anjo então instruiu José a dar à criança o nome de Jesus, pois Ele salvaria o Seu povo do pecado deles.

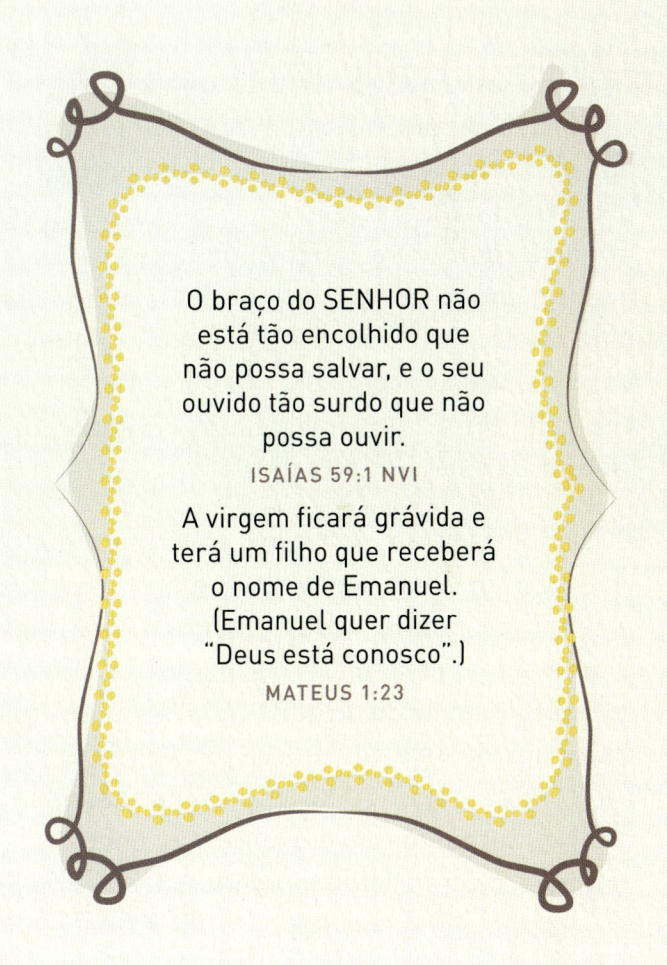

> O braço do SENHOR não está tão encolhido que não possa salvar, e o seu ouvido tão surdo que não possa ouvir.
> ISAÍAS 59:1 NVI
>
> A virgem ficará grávida e terá um filho que receberá o nome de Emanuel. (Emanuel quer dizer "Deus está conosco".)
> MATEUS 1:23

Nove meses depois da visita do anjo à Maria, o Filho de Deus nasceu em um humilde estábulo na cidade natal de José, Belém. Todos no Céu prenderam sua respiração, em expectativa, quando um anjo anunciou o nascimento de Cristo aos pastores que guardavam suas ovelhas naquela noite especial. Depois do anúncio, os anjos explodiram em um coro de alegria que ressoou pela gloriosa colina iluminada próxima a Belém: "Glória a Deus nas alturas e paz na terra".

Os pastores ficaram perplexos, pois num minuto eles vigiavam sonolentamente as suas ovelhas e, no seguinte, assistiam a um concerto Celestial! O que tudo isso significava? Eles mal podiam assimilar a novidade de que o Salvador prometido tinha nascido, mas sabiam que precisavam ir ver isso com os próprios olhos. Então, deixando suas ovelhas, correram para a manjedoura onde o Salvador recém-nascido estava deitado.

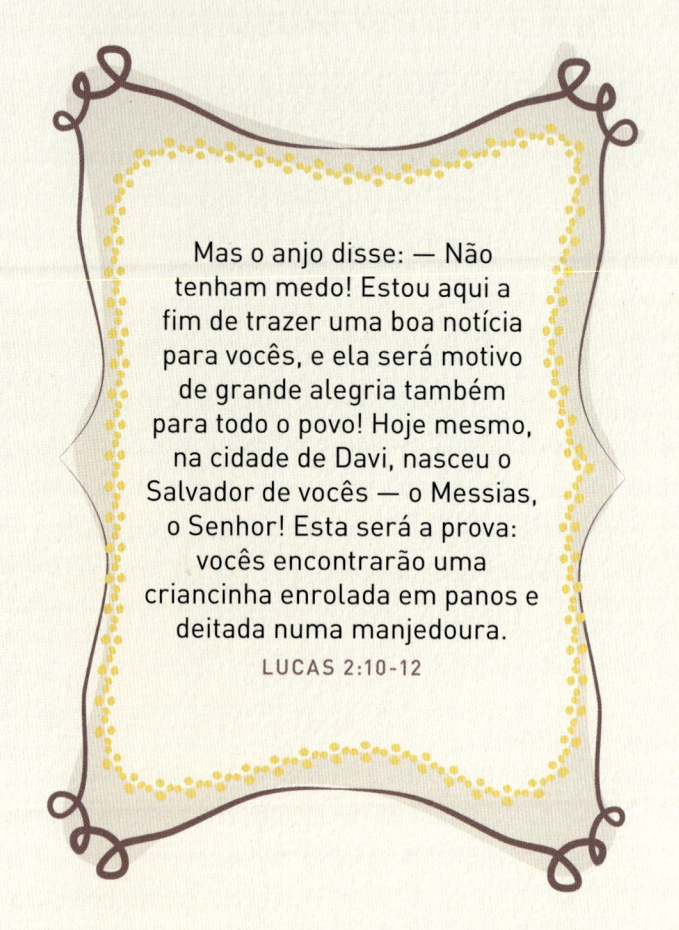

> Mas o anjo disse: — Não tenham medo! Estou aqui a fim de trazer uma boa notícia para vocês, e ela será motivo de grande alegria também para todo o povo! Hoje mesmo, na cidade de Davi, nasceu o Salvador de vocês — o Messias, o Senhor! Esta será a prova: vocês encontrarão uma criancinha enrolada em panos e deitada numa manjedoura.
>
> LUCAS 2:10-12

Isaías 9:6

Lucas 1:46-50

Lucas 2:13-14

Lucas 2:7

Miqueias 5:2

Isaías 49:6

Lucas 1:68-78

Nós celebramos o nascimento de Jesus em 25 de dezembro dando e recebendo presentes de Natal. À medida que a data se aproxima, esperamos animados pelo que vamos ganhar. Quando o dia finalmente chega, divertimo-nos abrindo os nossos presentes. Essa tradição natalina é uma prática divertida, mas você sabia que foi Deus quem começou a presentear no Natal? Na verdade, o Natal tem tudo a ver com o ato de dar.

Há mais de 2000 anos, com o nascimento de Jesus, Deus Pai deu o primeiro e melhor presente de Natal de todos os tempos. Ele deu a nós Seu único Filho. Os anjos sabiam que o dia estava se aproximando e mal podiam esperar para proclamar e cantar louvores a Deus. Os profetas sabiam e transmitiram pistas de modo que Israel também pudesse aguardar o dia em que seu Salvador nasceria. Os magos sabiam e viajaram uma grande distância com seus próprios presentes para o bebê Rei. Então, a cada ano, quando você fica empolgado com o Natal e os presentes, lembre-se de Jesus, o presente de Deus, onde toda a emoção do Natal e dos presentes começou.

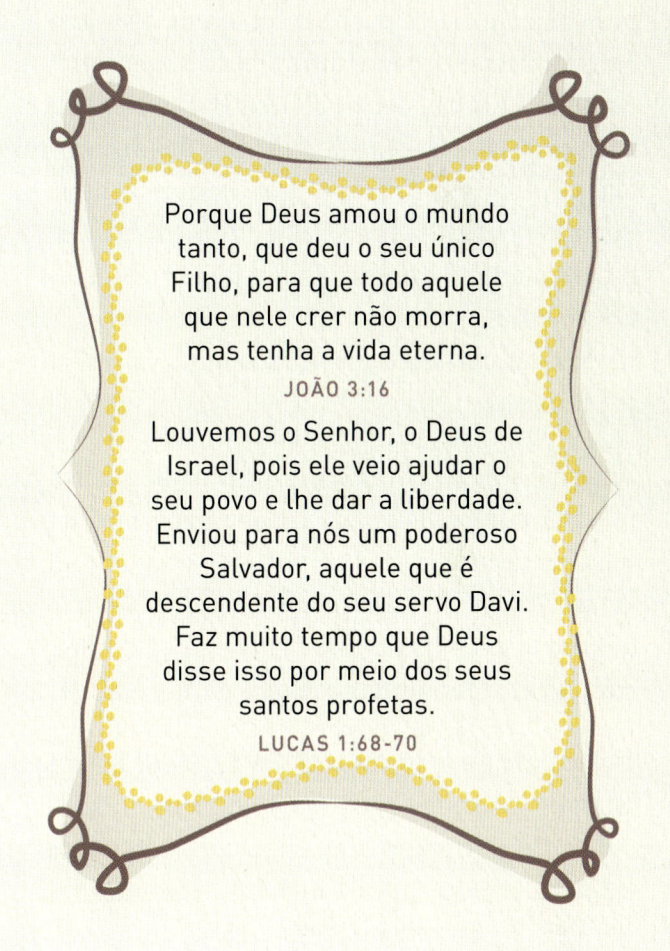

> Porque Deus amou o mundo tanto, que deu o seu único Filho, para que todo aquele que nele crer não morra, mas tenha a vida eterna.
> **JOÃO 3:16**
>
> Louvemos o Senhor, o Deus de Israel, pois ele veio ajudar o seu povo e lhe dar a liberdade. Enviou para nós um poderoso Salvador, aquele que é descendente do seu servo Davi. Faz muito tempo que Deus disse isso por meio dos seus santos profetas.
> **LUCAS 1:68-70**

29. Jesus sempre amou a Deus e as pessoas

O Filho de Deus sempre amou Seu Pai e as pessoas que Ele criou à Sua imagem. Desde o Seu nascimento, Jesus nunca pecou, nem mesmo uma vez. Ele obedeceu a Deus Pai ao obedecer aos seus pais e fazer tudo que eles lhe diziam para fazer. Ele nunca choramingou nem reclamou quando chegava a hora de dormir. Ele não pegava o brinquedo das outras crianças nem mentia. Ele se esforçava muito nos estudos e ajudava nas tarefas em casa e na carpintaria ajudava José, o seu pai terreno.

Imagine se Jesus tivesse um quadro de tarefas para mostrar como Ele se saía na obediência ou fazendo suas tarefas. Ele teria um visto ao lado de cada uma delas! Mas ainda mais incrível é que Jesus não era bom apenas por fora. Ele era bom por completo. Até os Seus pensamentos eram gentis e amorosos.

Certa vez, quando Jesus tinha 12 anos, Seus pais ficaram chateados porque não sabiam onde Ele estava. Mas, mesmo naquela ocasião, Jesus não fez nada errado e, por fim, eles o encontraram no Templo aprendendo sobre Deus em meios aos mestres. Jesus ouvia os Seus pais; e a Bíblia nos diz que, à medida que ficava mais velho, Ele crescia em sabedoria, estatura e favor diante de Deus e dos homens. Jesus sabia que, para nos salvar de nossos pecados, Ele teria de obedecer perfeitamente a Deus em todas as coisas, e foi exatamente isso o que Ele fez.

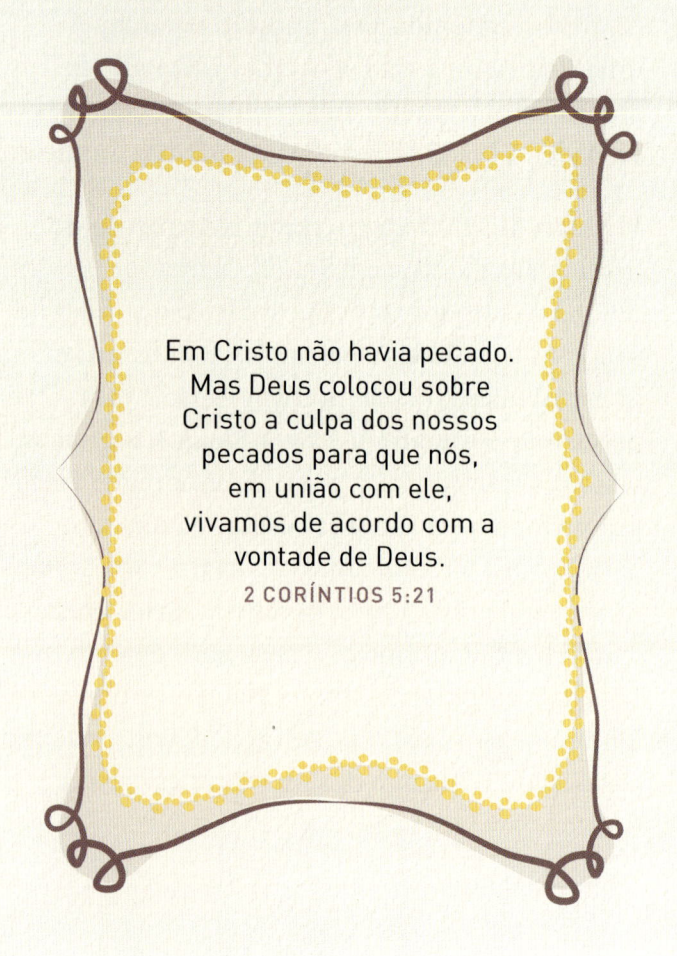

> Em Cristo não havia pecado. Mas Deus colocou sobre Cristo a culpa dos nossos pecados para que nós, em união com ele, vivamos de acordo com a vontade de Deus.
> **2 CORÍNTIOS 5:21**

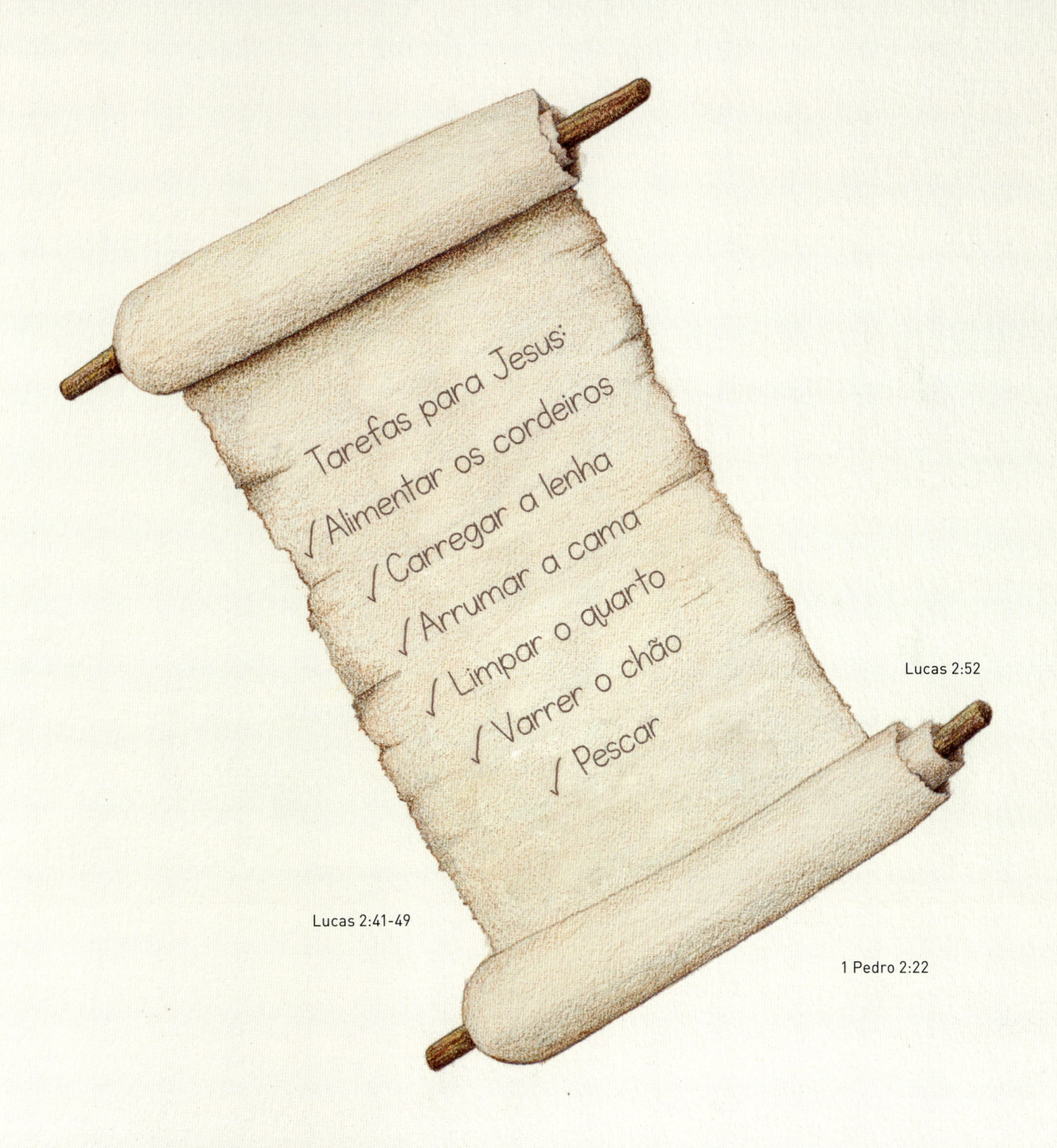

Tarefas para Jesus:
- ✓ Alimentar os cordeiros
- ✓ Carregar a lenha
- ✓ Arrumar a cama
- ✓ Limpar o quarto
- ✓ Varrer o chão
- ✓ Pescar

Lucas 2:52

Lucas 2:41-49

1 Pedro 2:22

Lucas 11:1-4

Hebreus 2:18

Tiago 4:7

1 Coríntios 10:13

Mateus 4:1-11

Quando Jesus já era adulto, pouco antes do começo de Sua missão para Deus, Satanás (assim como ele fizera com Adão e Eva) tentou fazer Jesus pecar — parar de ouvir a Deus e, em vez disso, dar ouvidos a ele. Se Jesus desse ouvidos a Satanás, Sua missão terrena que era a de salvar as pessoas do pecado delas terminaria antes mesmo de começar.

Satanás encontrou Jesus quando Ele estava fraco e com fome, pois não tinha comido durante 40 dias. Diferentemente de Adão e Eva, a quem Satanás tentou enquanto eles viviam em um lindo jardim cheio de coisas boas para comer, Jesus estava faminto e num deserto quando Satanás apareceu para Ele.

Em vez de tentar Jesus uma vez, como ele fez com Adão e Eva, Satanás tentou Jesus três vezes. Primeiro, ele tentou fazer Jesus usar o Seu poder para satisfazer Sua fome ao transformar pedras em pães. Em seguida, Satanás disse a Jesus para se jogar do alto do Templo para provar que Deus o salvaria. E, finalmente, Satanás ofereceu a Jesus o governo do mundo se Ele o adorasse. Ao contrário de Adão, que cedeu à tentação de Satanás, Jesus resistiu às mentiras do inimigo ao falar a verdade da Palavra de Deus. Depois da terceira tentativa, Satanás fugiu quando Jesus o mandou embora. Então os anjos vieram e cuidaram de Jesus.

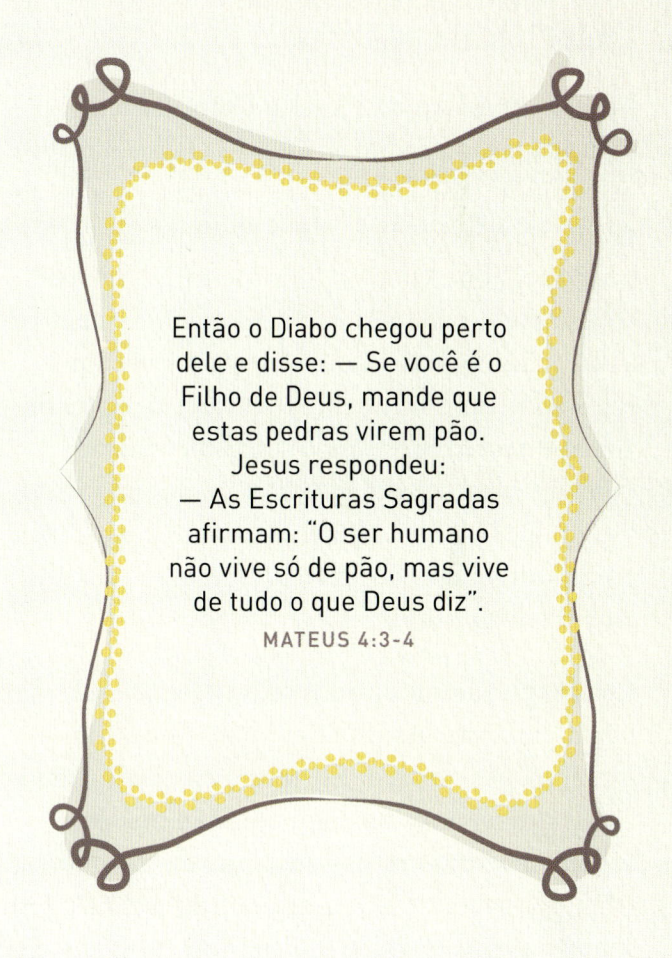

> Então o Diabo chegou perto dele e disse: — Se você é o Filho de Deus, mande que estas pedras virem pão.
> Jesus respondeu:
> — As Escrituras Sagradas afirmam: "O ser humano não vive só de pão, mas vive de tudo o que Deus diz".
> MATEUS 4:3-4

30. Jesus é completamente humano

Você já aprendeu que Jesus é Deus. Ele é a segunda pessoa da Trindade — o Filho de Deus que deixou o Seu trono no Céu para vir à Terra salvar o Seu povo. Mas Jesus também era uma pessoa real que você podia ver e tocar. Se você tivesse vivido naquela época, poderia ter apertado a Sua mão ou se juntado a Ele para fazer uma refeição. Como um bebê, Jesus teve de aprender a falar e andar, precisando ser alimentado e cuidado como qualquer outra criança pequena. Como Deus, Jesus conhecia todas as coisas, mas como um jovem, Ele teve de aprender e estudar a Palavra do Senhor.

Jesus experimentou todos os problemas e desafios que a vida traz. Assim como nós, Ele sentiu fome, sede e cansaço. Ele sentiu tristeza quando coisas difíceis aconteceram e passou por dor e sofrimento terríveis na cruz antes de Sua morte. Mas, por causa de Seu grande amor por nós, Jesus suportou essas provações e confiou em Deus, Seu Pai, durante todas elas.

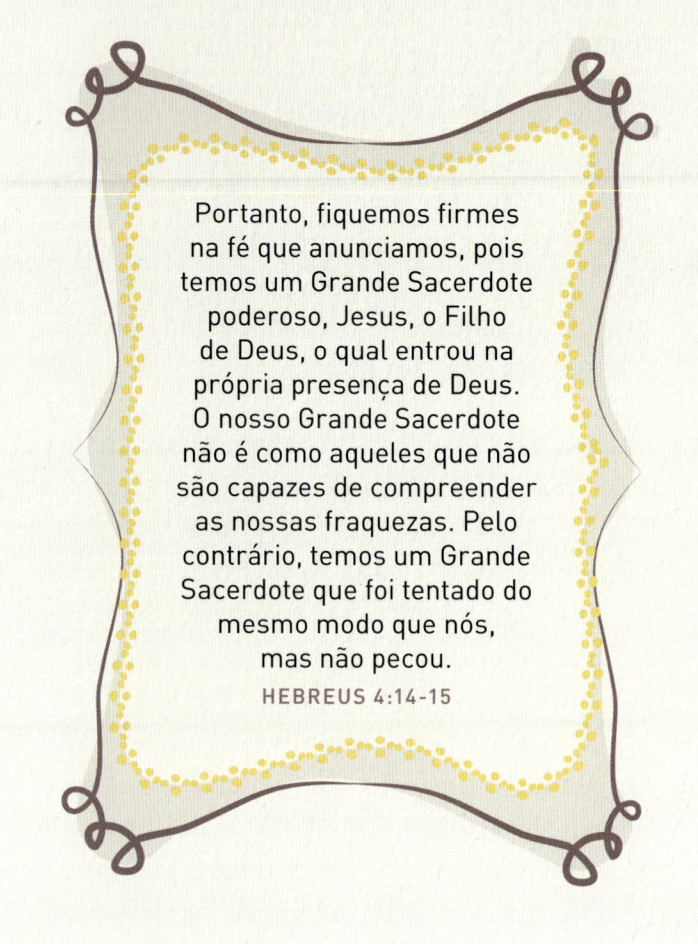

> Portanto, fiquemos firmes na fé que anunciamos, pois temos um Grande Sacerdote poderoso, Jesus, o Filho de Deus, o qual entrou na própria presença de Deus. O nosso Grande Sacerdote não é como aqueles que não são capazes de compreender as nossas fraquezas. Pelo contrário, temos um Grande Sacerdote que foi tentado do mesmo modo que nós, mas não pecou.
> **HEBREUS 4:14-15**

João 11:35-36

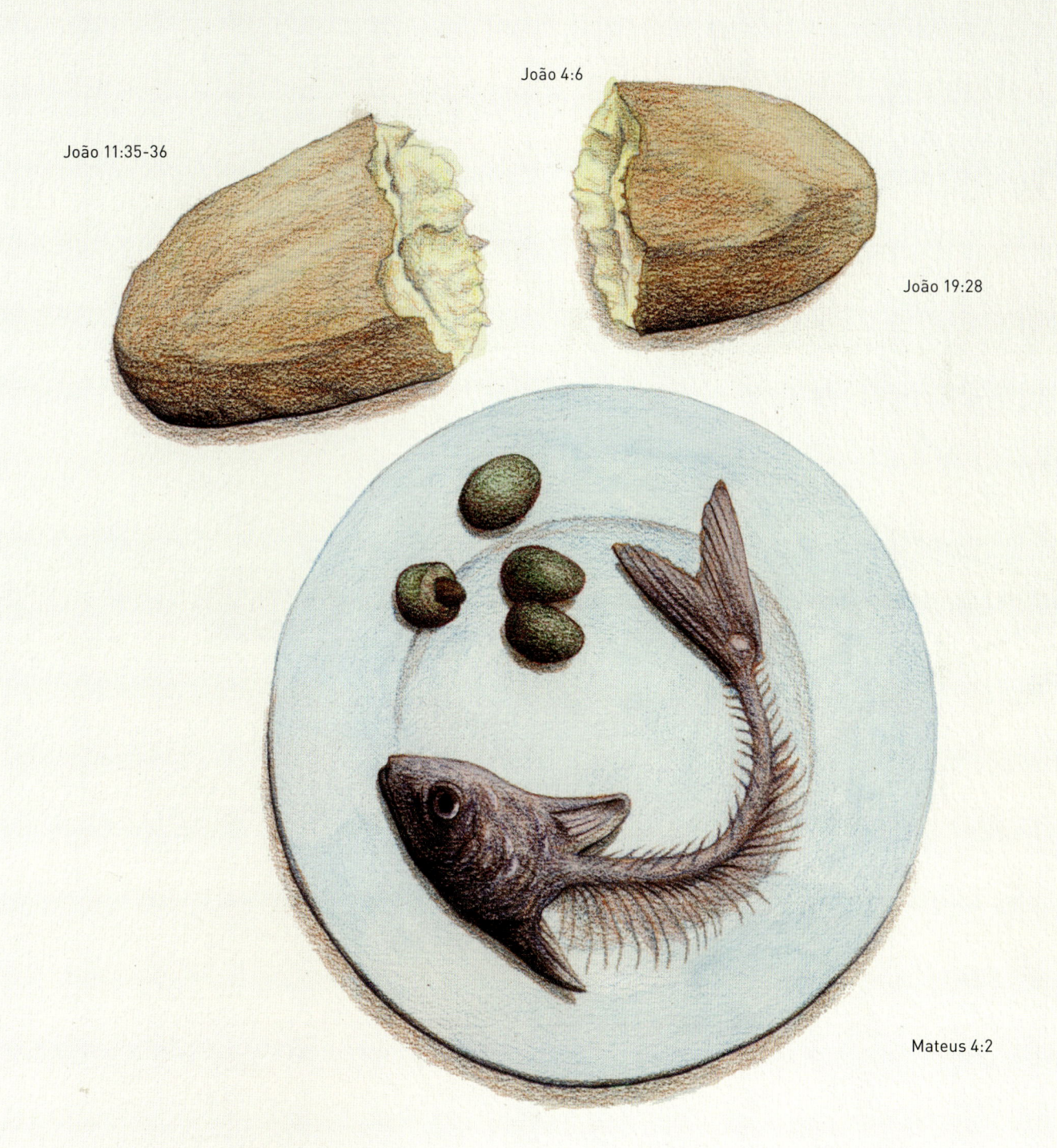

João 4:6

João 19:28

Mateus 4:2

Atos 15:11

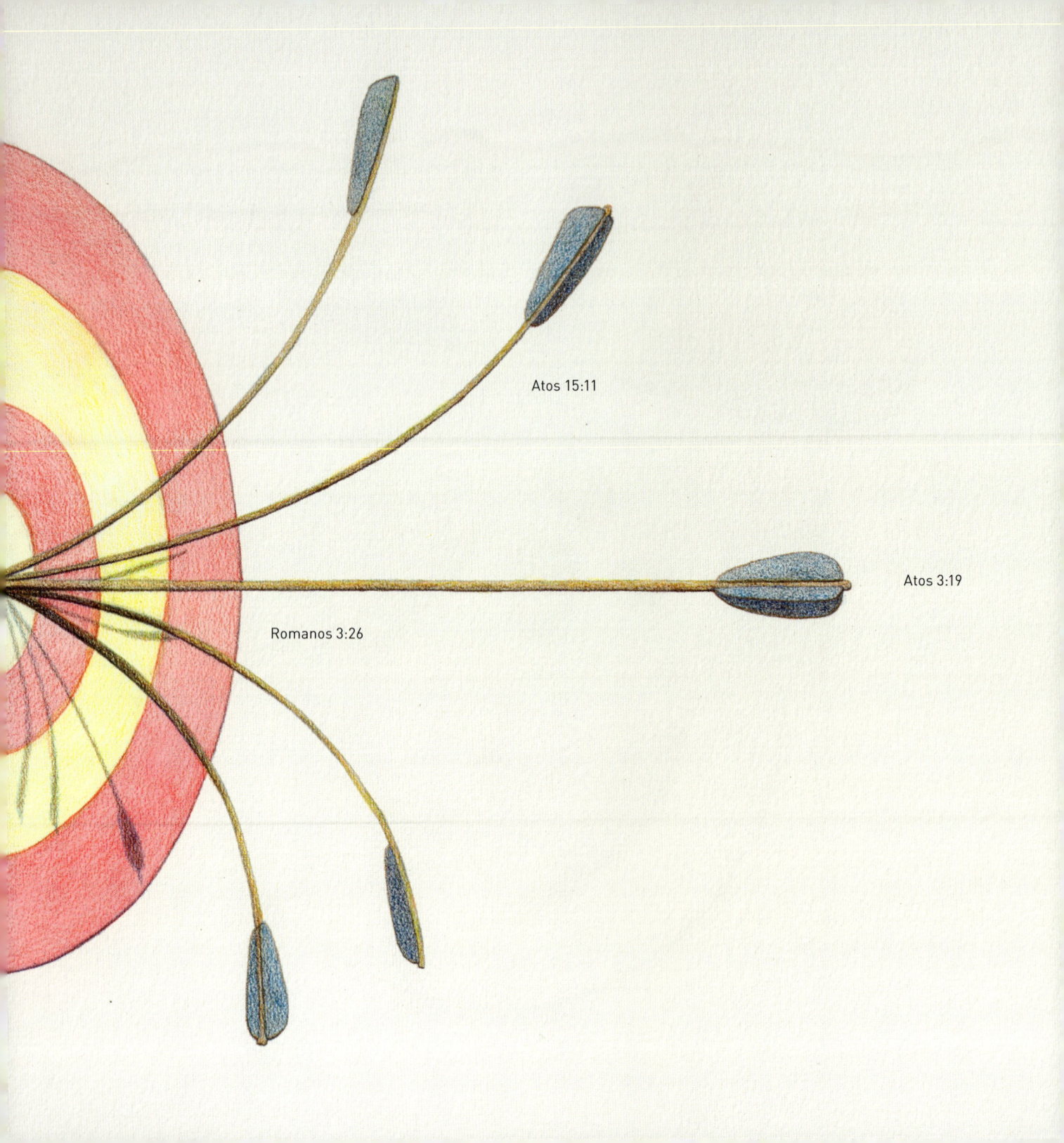

Atos 3:19

Romanos 3:26

Para uma pessoa ser perfeita, ela não pode cometer nem um errinho sequer, como um arqueiro que acerta o centro exato do alvo toda vez. Apesar das provas e tentações, Jesus obedeceu à lei de amor de Deus em cada minuto de toda a sua vida. A Bíblia chama essa obediência perfeita de "justiça". Jesus fazia o que era perfeitamente correto, todas as vezes, e era amoroso o tempo todo e isso o tornava diferente de cada pessoa que já viveu, incluindo você e eu. Jesus não somente enfrentou as tentações de Satanás com perfeição, como também amou perfeitamente — Ele amou a Deus de todo o Seu coração, mente e alma, e amou aos outros como amava a Si mesmo.

A Bíblia chama Jesus de "o segundo Adão". O primeiro Adão falhou em amar a Deus e trouxe pecado e sofrimento para o nosso mundo. Mas, por Jesus ter a vida de obediência que Adão não conseguiu, Ele foi capaz de oferecer Sua vida perfeita pelos nossos pecados. Por Ele ser justo, Ele pôde oferecer Sua vida sem pecado por nossa vida pecadora. Essa troca custou a Jesus a Sua vida, mas Ele a ofertou a nós gratuitamente pela Sua graça. Essa oferta incrível está disponível a qualquer um que esteja disposto a se voltar para Jesus e colocar sua confiança nele.

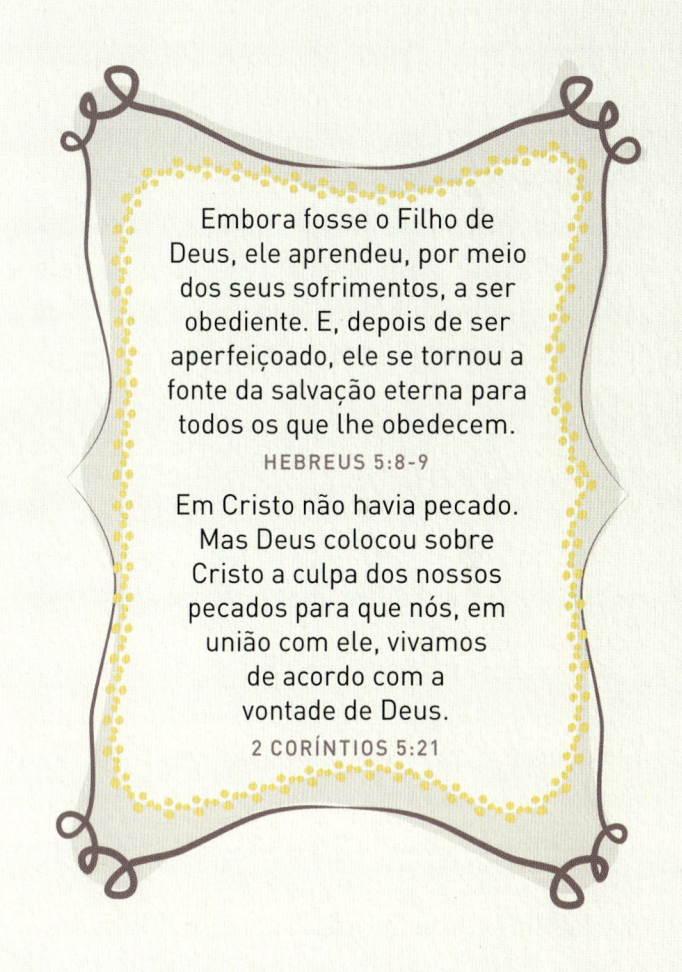

> Embora fosse o Filho de Deus, ele aprendeu, por meio dos seus sofrimentos, a ser obediente. E, depois de ser aperfeiçoado, ele se tornou a fonte da salvação eterna para todos os que lhe obedecem.
> **HEBREUS 5:8-9**
>
> Em Cristo não havia pecado. Mas Deus colocou sobre Cristo a culpa dos nossos pecados para que nós, em união com ele, vivamos de acordo com a vontade de Deus.
> **2 CORÍNTIOS 5:21**

31. Jesus é completamente Deus

Embora Jesus fosse 100% humano, Ele também era 100% Deus e Todo-poderoso. Isso significa que Ele podia fazer coisas que só Deus pode fazer. Ele podia transformar água em vinho e multiplicar uns poucos peixes e pães para alimentar uma multidão de mais de 5.000 pessoas. Jesus podia até mesmo andar sobre a água. Se você já se perguntou se Jesus é verdadeiramente Deus, tente andar sobre a água da próxima vez que você for nadar!

Jesus curou todos os tipos de doenças: cegueira, lepra, febres, mãos ressequidas e epilepsia. Ele fez o coxo andar e o surdo ouvir. Jesus parou o vento e acalmou o mar, e Ele libertou as pessoas dos espíritos maus.

Mas o Seu milagre mais maravilhoso foi quando Ele demonstrou o Seu poder sobre a morte. Jesus trouxe de volta à vida o filho de uma viúva, uma menininha e Seu amigo Lázaro, que estava morto há quatro dias. E por fim, é claro, no terceiro dia da Sua própria morte, Jesus ressuscitou dos mortos. Todos esses milagres eram sinais de que Deus realmente tinha vindo à Terra para salvar o Seu povo. E a ressurreição de Jesus era o sinal de que Ele tinha concluído a obra de salvação.

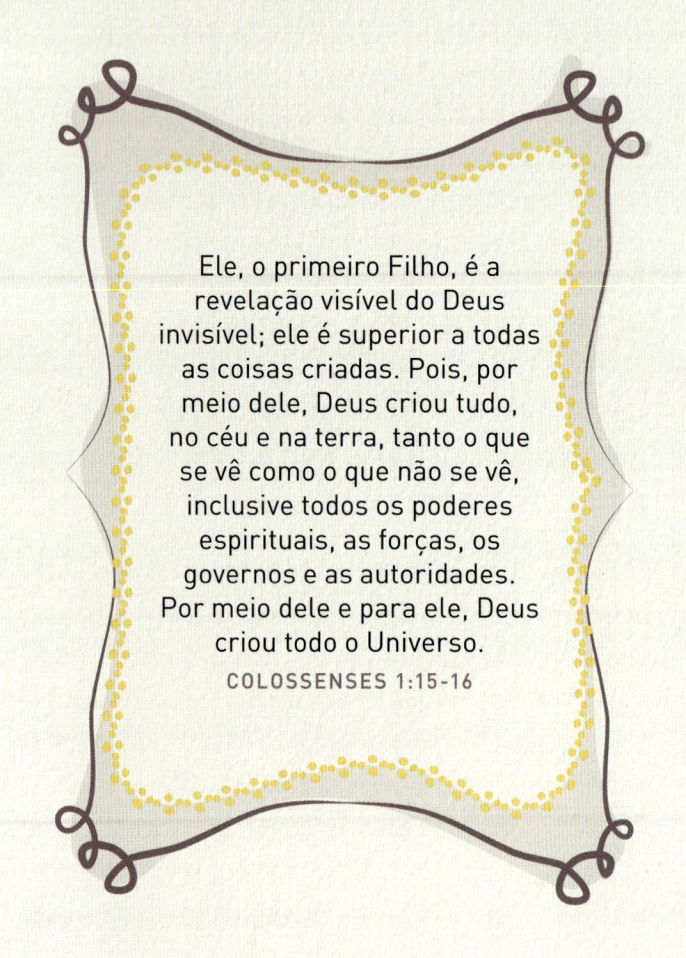

> Ele, o primeiro Filho, é a revelação visível do Deus invisível; ele é superior a todas as coisas criadas. Pois, por meio dele, Deus criou tudo, no céu e na terra, tanto o que se vê como o que não se vê, inclusive todos os poderes espirituais, as forças, os governos e as autoridades. Por meio dele e para ele, Deus criou todo o Universo.
>
> **COLOSSENSES 1:15-16**

Lucas 9:16-17

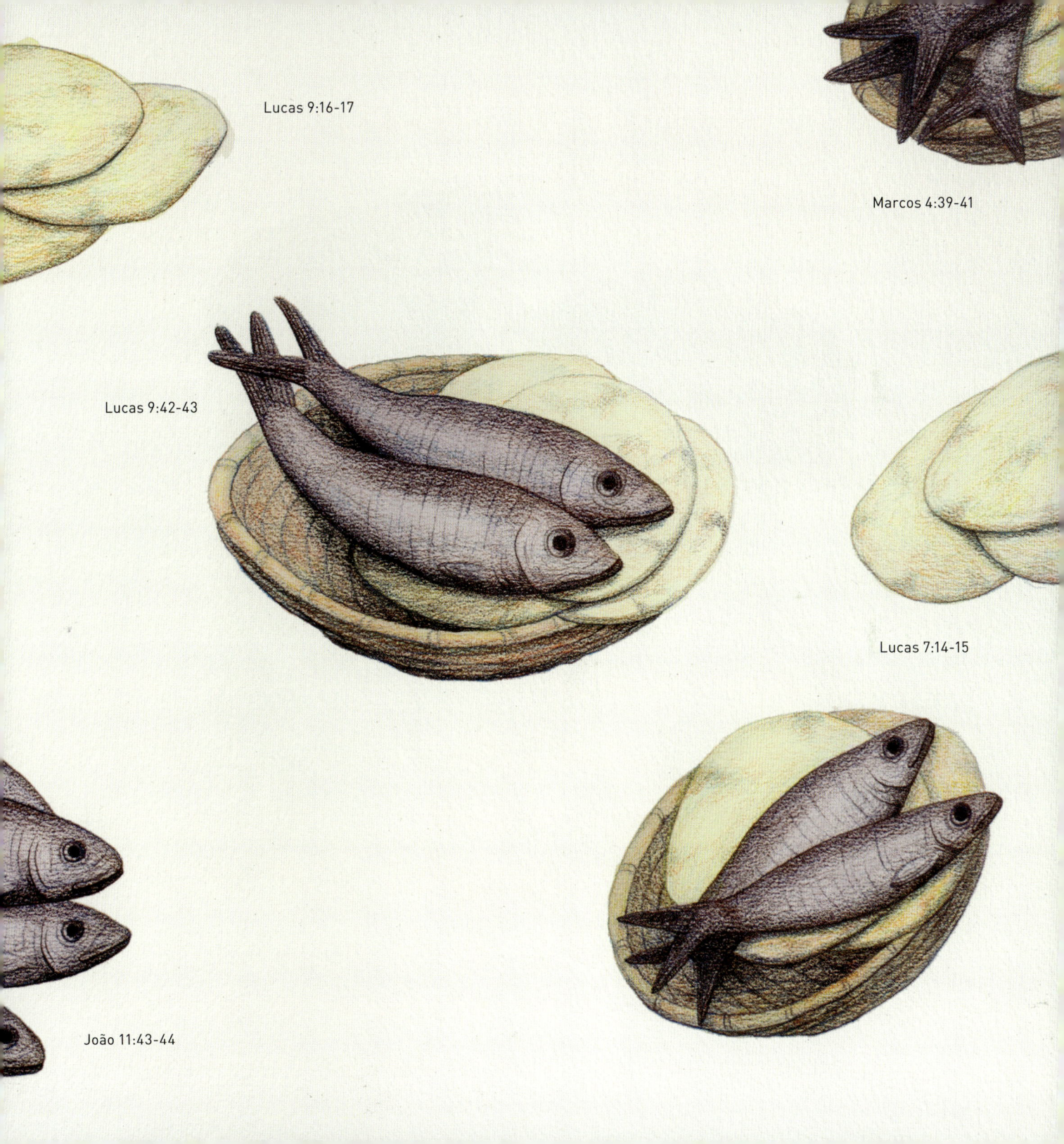

Marcos 4:39-41

Lucas 9:42-43

Lucas 7:14-15

João 11:43-44

João 20:26-29

Marcos 2:8

Mateus 8:29

Mateus 14:33

João 10:33

Jesus sabia o que os fariseus estavam pensando sobre Ele mesmo quando eles não diziam nada. E Jesus sabia que Judas o trairia muito antes de ele fazê-lo. Hoje, pelo Seu Espírito, Jesus está presente em todo lugar, pois Ele disse que onde quer que duas ou mais pessoas se reunissem para orar em Seu nome, Ele estaria no meio delas.

Quando uma pessoa liga por engano para o seu telefone, geralmente ela pede para falar com alguém que você não conhece. Quando isso acontece, as pessoas normalmente respondem: "Sinto muito. Não há ninguém aqui com esse nome. Número errado". Imagine alguém, pensando que você é um encanador, pedindo que você vá consertar um cano que está vazando. Se você não é encanador, você deve dizer: "Sinto muito, mas você está falando com a pessoa errada".

Porém, quando os demônios chamaram Jesus de o Filho de Deus, Ele não lhes disse que estavam falando com a pessoa errada. Quando os discípulos adoraram a Jesus depois que Ele andou sobre as águas, Ele não recusou a adoração deles. Depois que Jesus ressurgiu dos mortos, quando Tomé viu as marcas de prego nas mãos de Jesus e o chamou de seu Senhor e seu Deus, Jesus disse que toda pessoa que acreditasse nele, assim como Tomé acreditou, seria abençoada. Isso significa que, se crermos que Jesus é Deus, nós também seremos abençoados.

> Então Tomé exclamou:
> — Meu Senhor e meu Deus! — Você creu porque me viu? — disse Jesus.
> — Felizes são os que não viram, mas assim mesmo creram!
> **JOÃO 20:28-29**

32. Jesus morreu em nosso lugar

As barragens retêm inundações durante chuvas muito fortes. Mas, se uma barragem romper e a água armazenada escoar toda de uma vez, ela pode destruir uma cidade em minutos. Desde o período do primeiro pecado de Adão e Eva, o julgamento de Deus — Sua punição — pelo pecado de todos foi retido, assim como uma barragem detém as inundações.

Por causa de Sua bondade amorosa e misericórdia, Deus reteve Seu julgamento pelo pecado até o dia em que Seu único Filho, Jesus, tomou o lugar dos pecadores na cruz. Jesus voluntariamente recebeu a nossa punição — Ele sofreu toda a ira de Deus armazenada pelo nosso pecado — ao se tornar pecado por nós. Quando Jesus foi pendurado na cruz, Deus permitiu que a barragem rompesse e que a Sua ira fosse derramada em Seu Filho amado. O plano do Senhor, desde o primeiro sacrifício pelo pecado, era oferecer Seu Filho em nosso lugar, para Jesus receber a punição que devia pertencer a nós mesmos.

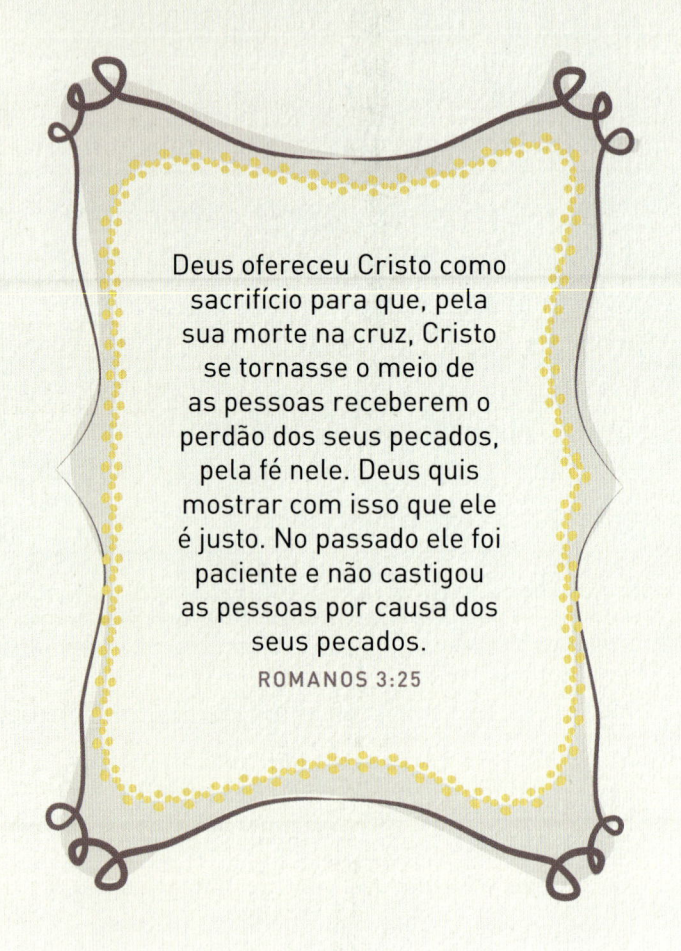

> Deus ofereceu Cristo como sacrifício para que, pela sua morte na cruz, Cristo se tornasse o meio de as pessoas receberem o perdão dos seus pecados, pela fé nele. Deus quis mostrar com isso que ele é justo. No passado ele foi paciente e não castigou as pessoas por causa dos seus pecados.
>
> **ROMANOS 3:25**

1 João 4:10

1 Pedro 3:18

2 Coríntios 5:21

João 19:30

Levítico 17:11

Isaías 53:5-6

Assumir o nosso lugar na cruz significou que Jesus sofreu de todas as maneiras possíveis. Ele foi traído por Judas, um de Seus amigos mais próximos, por 30 moedas de prata. Os líderes de Sua própria comunidade judaica foram os que tramaram para matá-lo. Quando Jesus foi preso, Seus amigos mais próximos fugiram. Um deles, Pedro, até mentiu e disse que não conhecia Jesus.

Zombaram de Jesus, puseram uma coroa de espinhos dolorosos sobre Sua cabeça e o espancaram terrivelmente. Ele foi forçado a subir uma montanha rochosa carregando uma cruz. No topo da montanha, pregaram as mãos e os pés de Jesus na cruz, e depois levantaram a cruz para que todos pudessem ver.

Mas a zombaria da multidão e a dor dos pregos não poderiam se comparar ao sofrimento de Jesus quando a ira de Deus — a raiva de Deus pelo nosso pecado — transbordou como uma represa gigante e veio sobre Jesus. Não podemos imaginar o sofrimento terrível que isso deve ter significado para Ele. Com a ira de Deus completamente derramada — com cada pecado pago — Jesus disse: "Está consumado". Então Ele baixou a cabeça e morreu. Jesus, o Cordeiro de Deus, pagou a pena pelos nossos pecados.

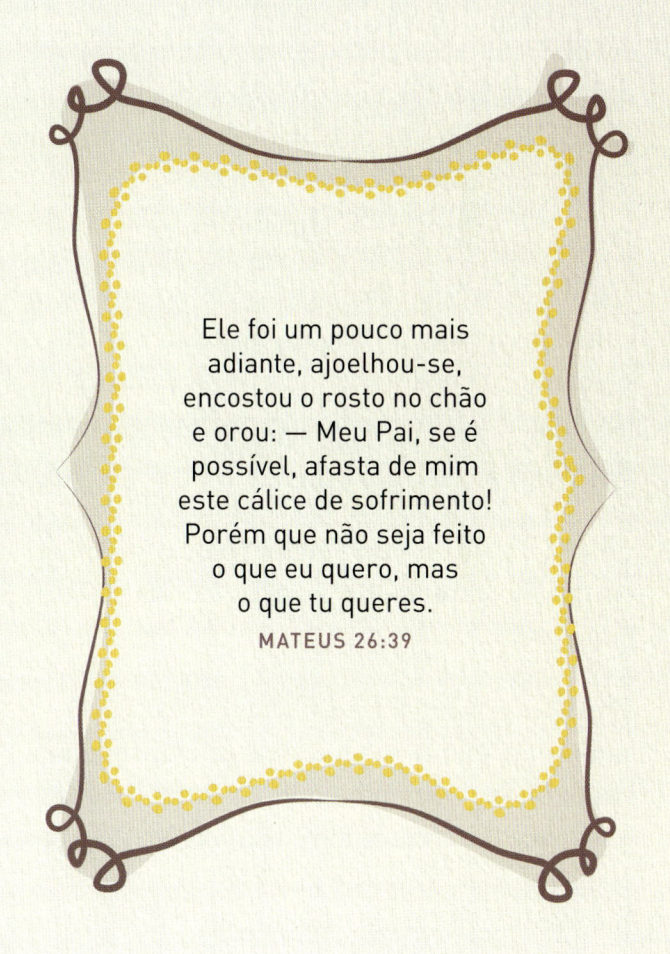

> Ele foi um pouco mais adiante, ajoelhou-se, encostou o rosto no chão e orou: — Meu Pai, se é possível, afasta de mim este cálice de sofrimento! Porém que não seja feito o que eu quero, mas o que tu queres.
> **MATEUS 26:39**

33. A ressurreição de Jesus derrotou a morte

Depois que Jesus morreu, Seu corpo foi tirado da cruz por José de Arimateia e Nicodemos. Eles envolveram o Seu corpo em um lençol novo de linho com aromas, colocaram-no em um túmulo cavado numa rocha e rolaram uma grande pedra para fechar a entrada desse túmulo.

Com receio de que os discípulos de Jesus roubassem o Seu corpo, os líderes do povo judeu, com a permissão de Pilatos, puseram um selo de segurança na pedra e colocaram os soldados ali para vigiar o túmulo. Mas guarda algum poderia impedir o poder de Deus. Na manhã do terceiro dia, um grande terremoto atingiu a Terra quando um anjo brilhante do Senhor rolou a pedra da entrada do túmulo. Os guardas caíram ao chão de tanto medo.

Quando as primeiras mulheres chegaram ao túmulo, o anjo as saudou com uma mensagem maravilhosa. "Sei que vocês estão procurando Jesus, que foi crucificado", o anjo disse. "Ele não está aqui; já foi ressuscitado, como tinha dito". Então o anjo instruiu as mulheres a ir rapidamente e contar aos discípulos: "Ele foi ressuscitado e vai adiante de vocês para a Galileia". As mulheres correram para os seus amigos com grande alegria para contar as boas-novas.

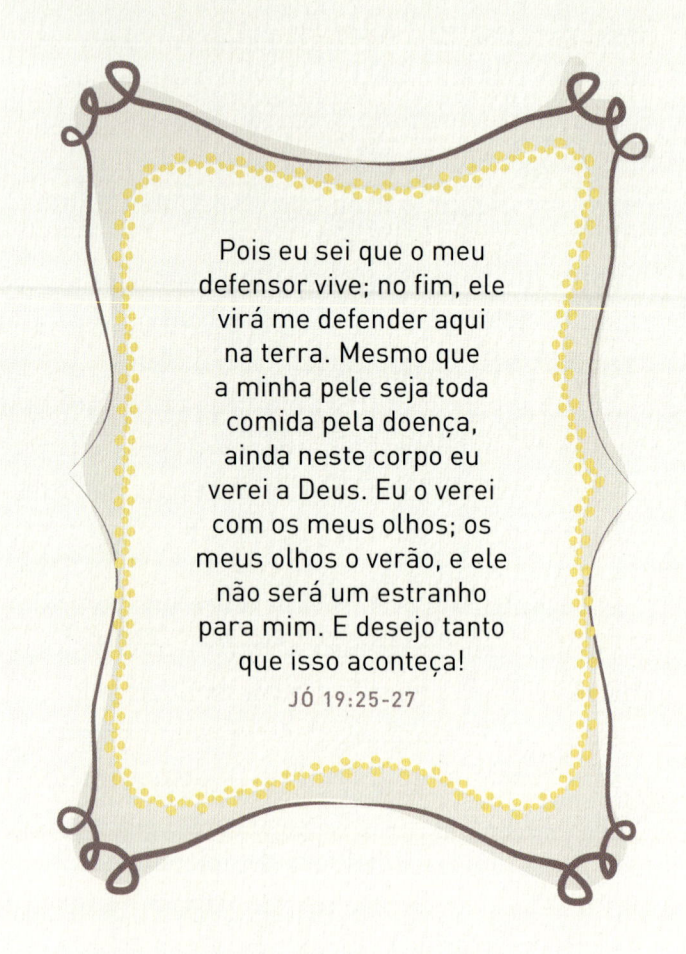

> Pois eu sei que o meu defensor vive; no fim, ele virá me defender aqui na terra. Mesmo que a minha pele seja toda comida pela doença, ainda neste corpo eu verei a Deus. Eu o verei com os meus olhos; os meus olhos o verão, e ele não será um estranho para mim. E desejo tanto que isso aconteça!
>
> JÓ 19:25-27

João 19:38-42

Mateus 28:2

Lucas 24:6

Marcos 16:6

Mateus 28:6

Atos 2:24-28

Romanos 8:11

1 Coríntios 6:14

João 10:18

João 5:21

Romanos 14:9

Para uma semente de maçã brotar, ela precisa primeiro ser enterrada (plantada). Uma vez que a casca externa e dura da semente se parte, um broto pode encontrar seu caminho para a superfície empurrando o solo. A vida da macieira começa com a morte da semente. Leva vários anos para uma planta jovem dar frutos. Ano após ano, o jardineiro trata da árvore esperando pela primeira florada. Com frequência, a primeira colheita de uma árvore jovem é de apenas uma maçã. Imagine como o jardineiro apreciaria a primeira mordida nesse fruto.

Jesus foi como a semente que teve de morrer para dar vida à árvore. No terceiro dia após a Sua morte, o Filho de Deus abandonou o túmulo; Ele se tornou o primeiro e único "fruto" para nossa salvação. Assim como o fazendeiro espera por mais frutos nas colheitas seguintes, nós também que confiamos em Cristo podemos crer que um dia ressuscitaremos também. A ressurreição significa que Deus aceitou o sacrifício de Jesus pelos nossos pecados. O pecado traz morte, mas Aquele que nunca pecou assumiu o lugar dos pecadores na cruz e ao ressuscitar destruiu a morte para sempre. A promessa de Deus para Adão e Eva foi cumprida, e Satanás foi derrotado. É por isso que a ressurreição enche de esperança e alegria aqueles que confiam em Jesus.

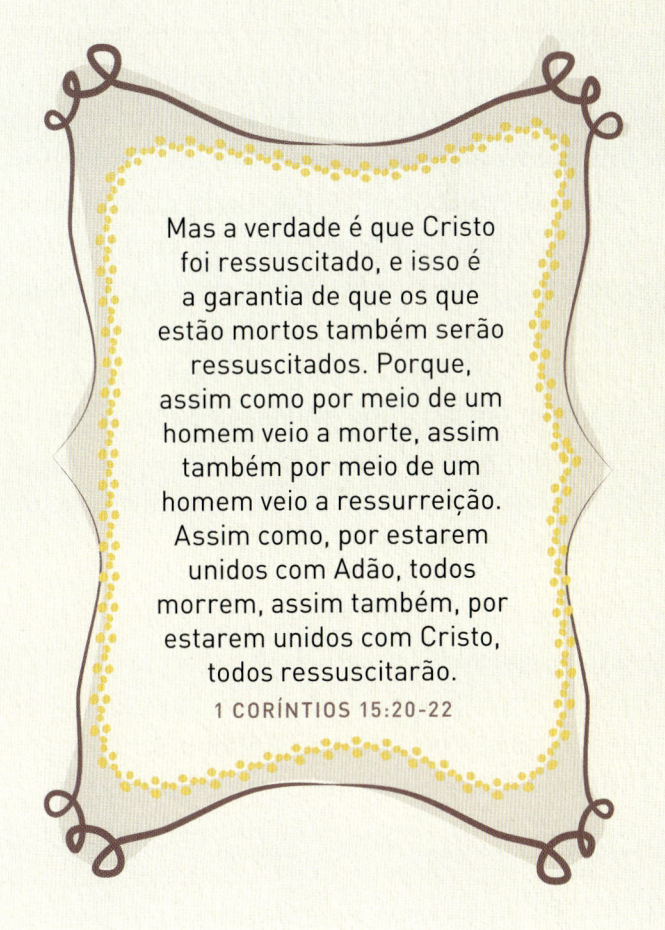

> Mas a verdade é que Cristo foi ressuscitado, e isso é a garantia de que os que estão mortos também serão ressuscitados. Porque, assim como por meio de um homem veio a morte, assim também por meio de um homem veio a ressurreição. Assim como, por estarem unidos com Adão, todos morrem, assim também, por estarem unidos com Cristo, todos ressuscitarão.
> **1 CORÍNTIOS 15:20-22**

34. Em Cristo, estamos escondidos com segurança

A salvo na arca, Noé e sua família sobreviveram ao dilúvio enviado por Deus. Essa é uma representação de como nós escapamos do juízo divino quando estamos escondidos em Cristo. Segundo a vontade do Senhor, uma vez que Jesus viveu uma vida sem pecado, nós que confiamos em Cristo também vivemos uma vida sem pecado nele. Quando Jesus levou a punição pelo pecado, e morreu, e ressuscitou no terceiro dia, nós fomos escondidos nele assim como Noé e sua família na arca. A Bíblia é cheia de passagens que nos mostram que estamos em Cristo e com Cristo. Cada vez que você vê *em* Cristo ou *com* Cristo, pense na arca e como Noé e sua família ficaram a salvo da tempestade *dentro* dela.

Mas, quando a Bíblia nos diz que estamos *em* Cristo, isso significa ainda mais do que estar a salvo. Significa que tudo o que Jesus tem é agora nosso! Porque Jesus é o Filho de Deus e nós estamos *nele*, nós somos também filhos e filhas de Deus. Porque Jesus morreu pelos nossos pecados, *em* Cristo somos perdoados. Porque Jesus foi ressuscitado dos mortos para uma nova vida, *em* Cristo nós temos uma nova vida por completo como filhos queridos de Deus. Porque Jesus conquistou a morte quando ressuscitou dos mortos, nós não temos que temer a morte. *Em* Cristo, viveremos para sempre com Ele no Céu. Eu poderia falar muito mais! Apenas lembre-se de que aquele que abandona os seus pecados e crê em Jesus está *em* Cristo, e todas as coisas boas que Jesus fez lhe pertencem.

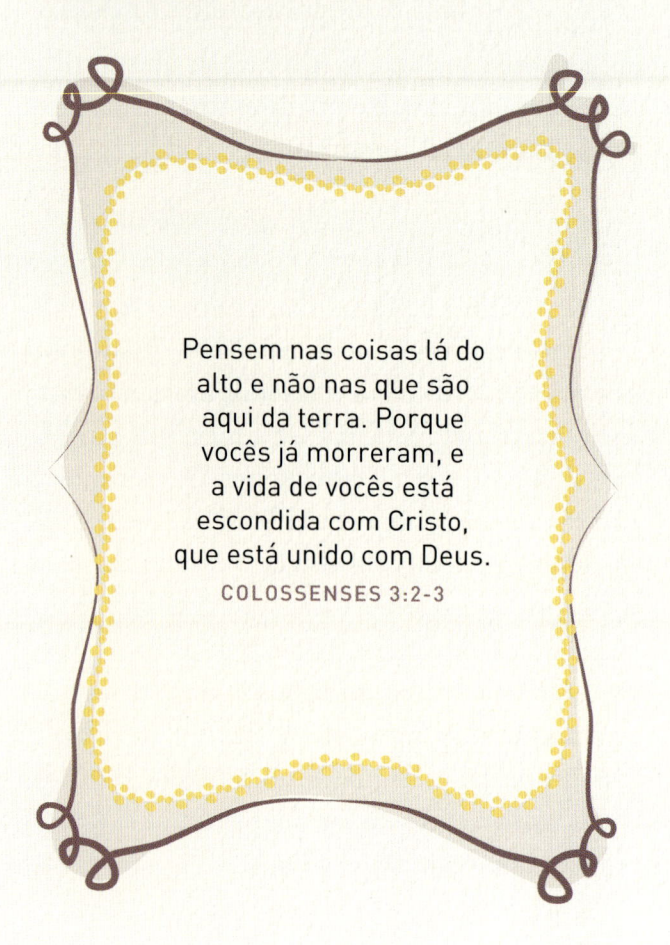

> Pensem nas coisas lá do alto e não nas que são aqui da terra. Porque vocês já morreram, e a vida de vocês está escondida com Cristo, que está unido com Deus.
> **COLOSSENSES 3:2-3**

Romanos 6:23

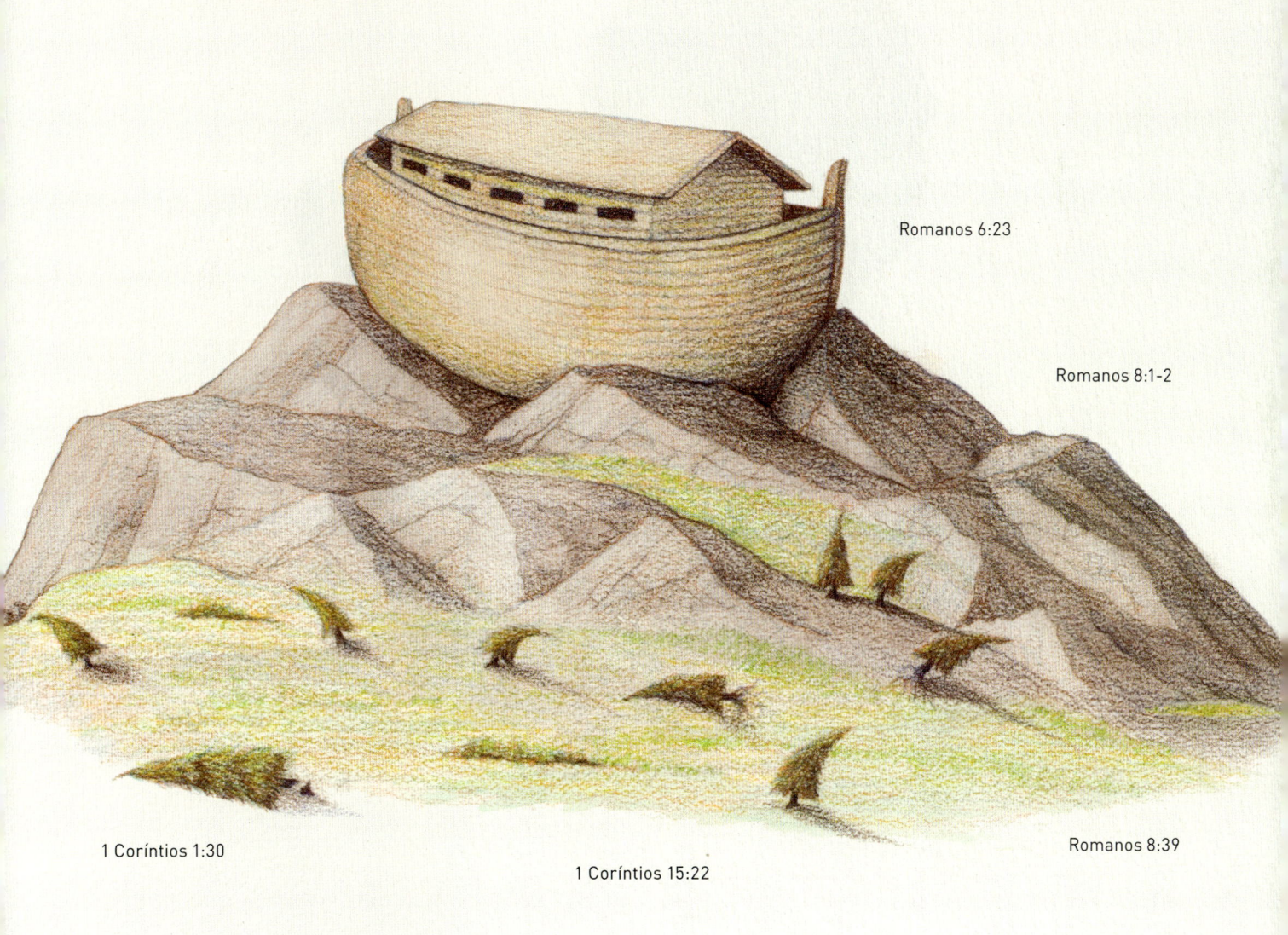

Romanos 8:1-2

1 Coríntios 1:30

1 Coríntios 15:22

Romanos 8:39

1 Coríntios 15:3-5

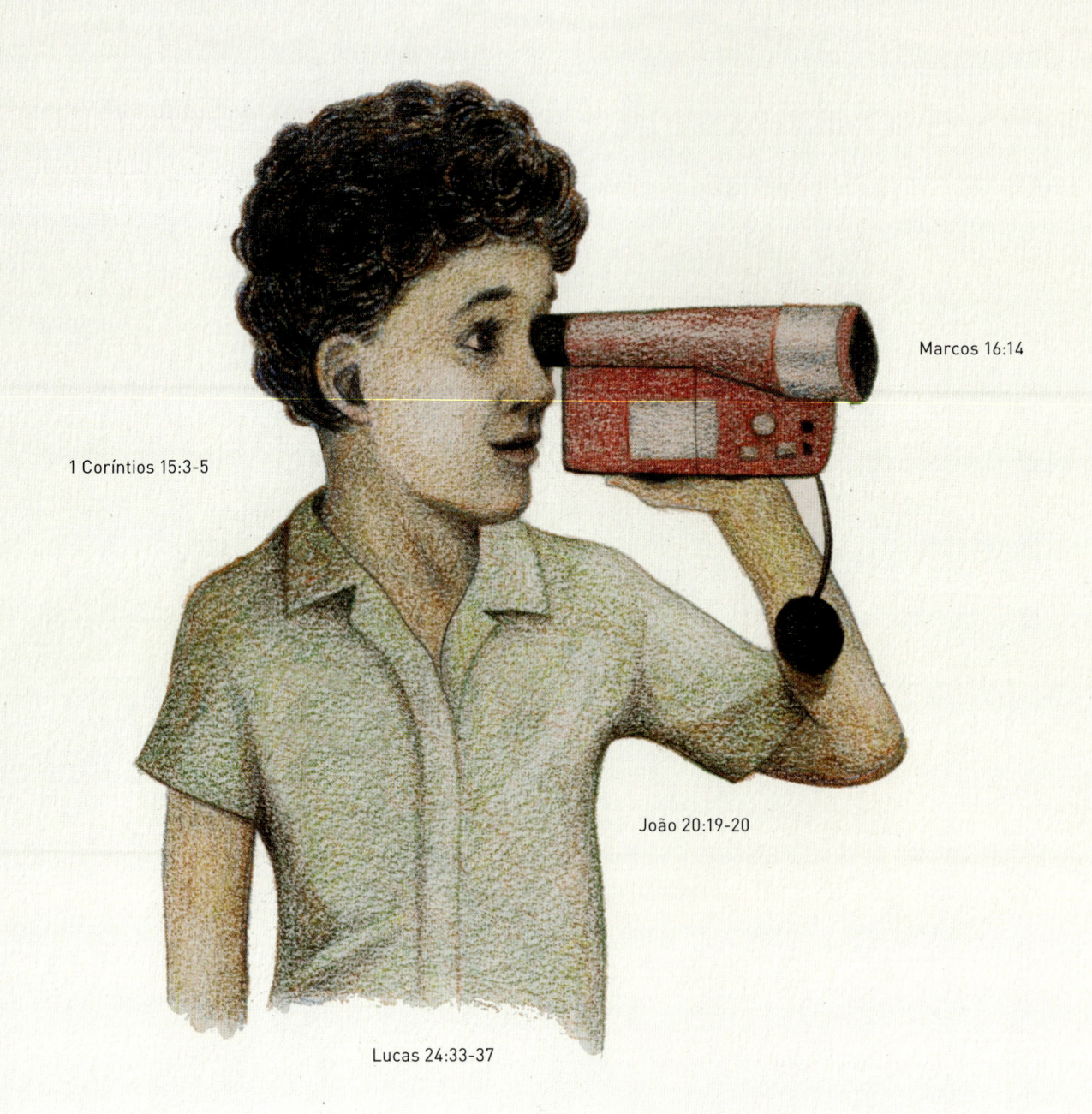

Marcos 16:14

João 20:19-20

Lucas 24:33-37

35. Jesus envia Seus discípulos em uma missão

Nos bancos, as câmeras de segurança gravam tudo que acontece. Se um ladrão entra para roubar o banco, tudo o que ele faz é gravado pelas câmeras e depois isso pode ser exibido para todos verem. Os caixas do banco também se tornam testemunhas do crime e podem relatar o roubo para a polícia. Uma testemunha é uma pessoa que viu o que aconteceu com seus próprios olhos.

Não seria ótimo se houvesse câmeras de vídeo nos dias de Jesus para gravar tudo o que Ele fez? Então poderíamos reproduzir as gravações e assistir Jesus curando os enfermos, ensinando as pessoas e ressuscitando dos mortos.

Embora as câmeras de vídeo não tivessem sido inventadas ainda, Jesus se certificou de que houvesse testemunhas para nos contar o que elas viram com os próprios olhos. Jesus escolheu os Doze discípulos para segui-lo por onde quer que Ele fosse, ouvir tudo o que Ele dissesse e ver tudo o que Ele fizesse. Depois da Sua ressurreição, Jesus apareceu para outras 500 pessoas de modo que todos pudessem ter certeza de que Ele realmente havia ressuscitado.

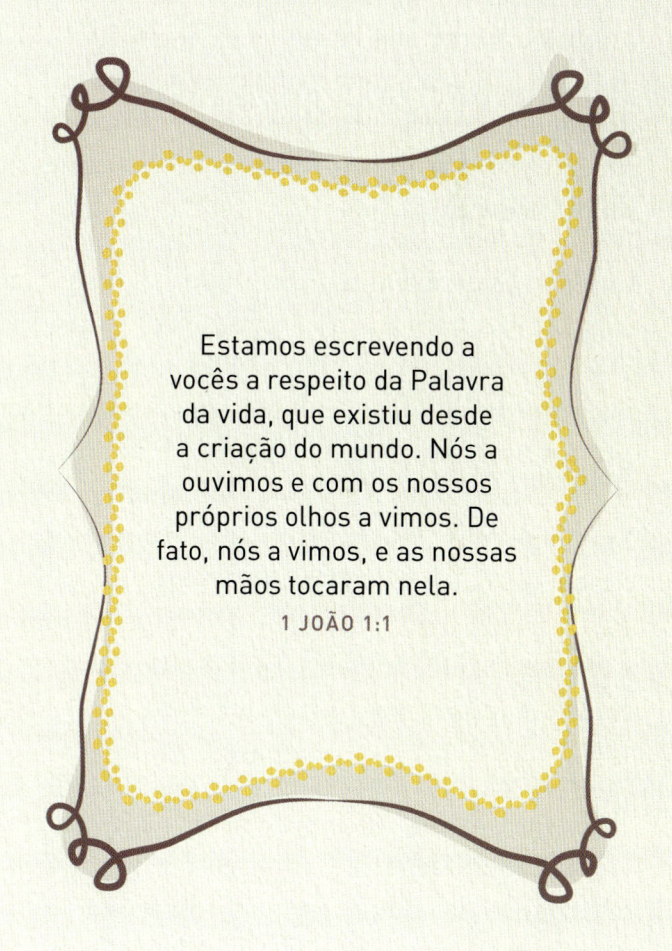

> Estamos escrevendo a vocês a respeito da Palavra da vida, que existiu desde a criação do mundo. Nós a ouvimos e com os nossos próprios olhos a vimos. De fato, nós a vimos, e as nossas mãos tocaram nela.
> **1 JOÃO 1:1**

Um dia após Sua ressurreição, Jesus apareceu para os Seus discípulos e se assentou para compartilhar de uma refeição com eles. Jesus os ajudou a entender como a Lei, os profetas e os Salmos (o que agora chamamos de Antigo Testamento) relatavam sobre o Seu sofrimento e ressurreição dos mortos centenas de anos antes de tudo acontecer.

Então Jesus explicou aos Doze que eles eram Suas testemunhas porque tinham visto com os próprios olhos tudo o que havia acontecido, em especial Sua ressurreição. Jesus ordenou que eles contassem a todos a respeito dele; Ele queria que todos abandonassem seus pecados e confiassem nele. Mas, antes que eles pudessem ir a outros lugares e contar tais coisas para as pessoas, Jesus lhes pediu para esperarem em Jerusalém até que recebessem o Espírito Santo, que lhes daria o poder para realizar a missão que tinham recebido.

Você sabia que Jesus enviou você em uma missão também? Quando você pede perdão a Jesus pelos seus pecados e segue a Cristo, você se torna uma testemunha de como Jesus pode salvar Seu povo do pecado. Agora, como testemunha de Jesus, você precisa ir e contar aos outros que o Filho de Deus pode salvá-los dos seus pecados também.

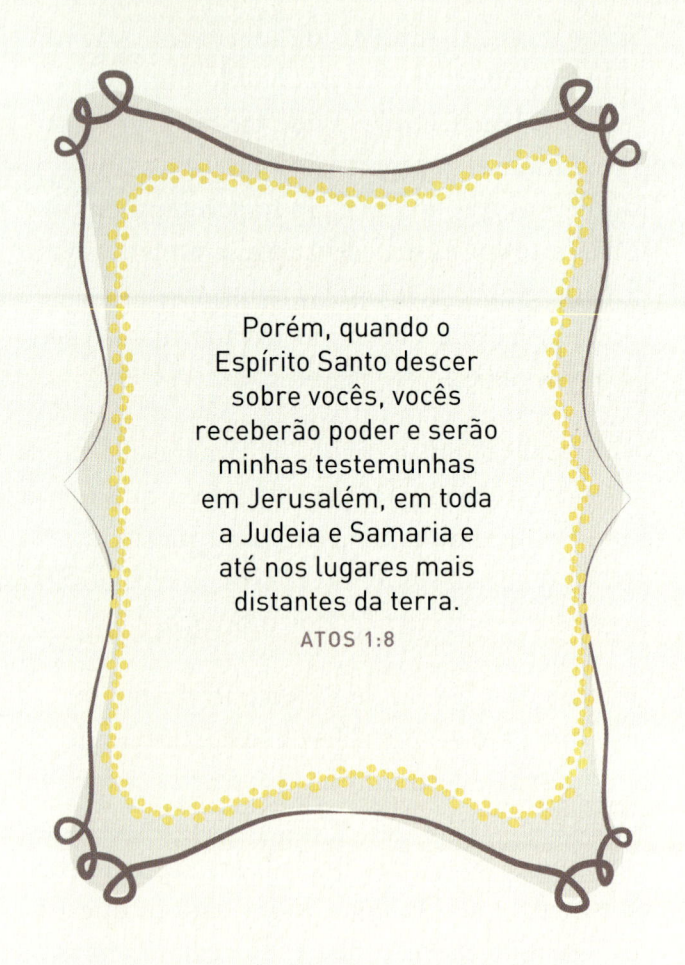

> Porém, quando o Espírito Santo descer sobre vocês, vocês receberão poder e serão minhas testemunhas em Jerusalém, em toda a Judeia e Samaria e até nos lugares mais distantes da terra.
>
> ATOS 1:8

João 15:26

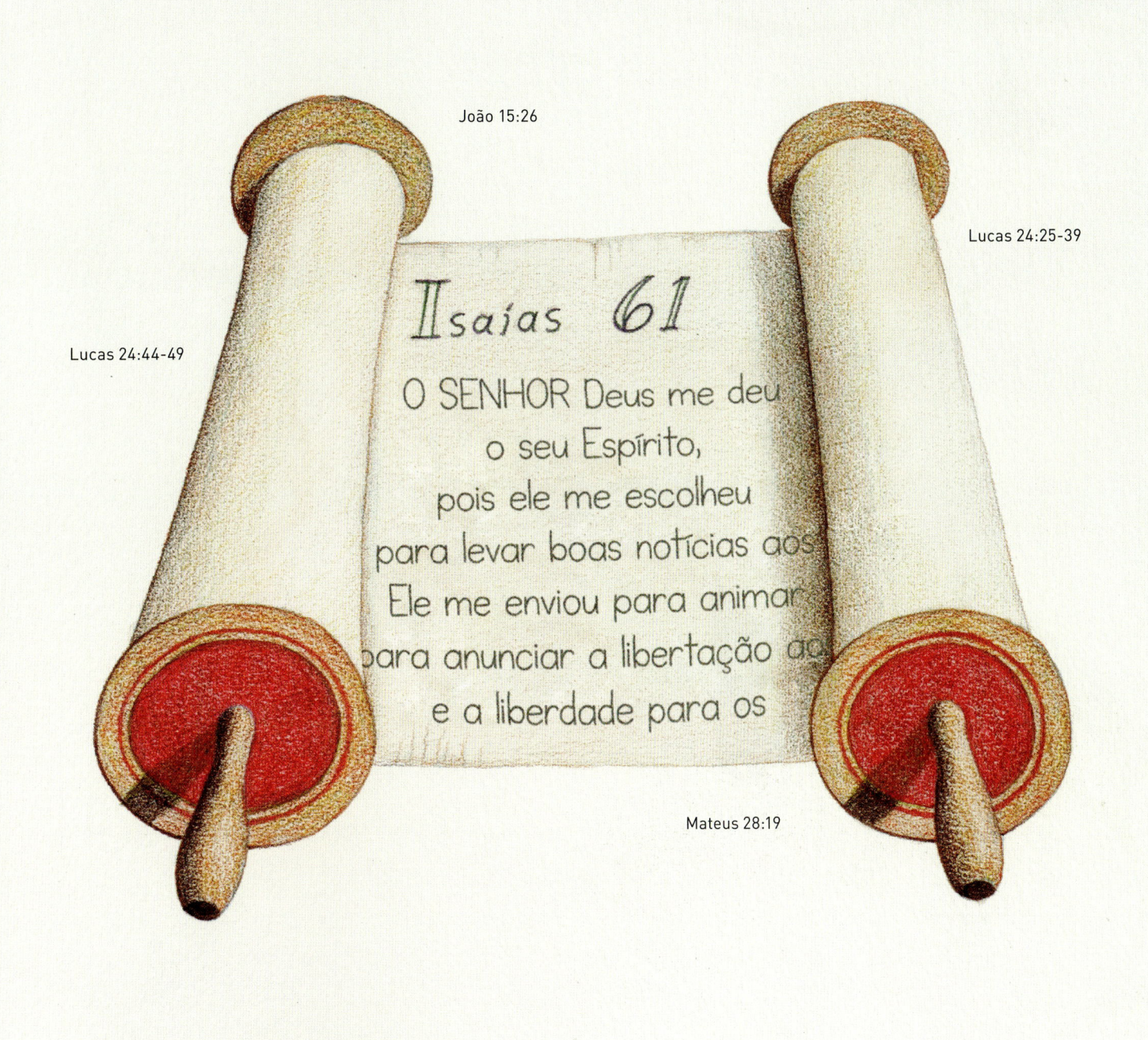

Lucas 24:25-39

Lucas 24:44-49

Isaías 61

O SENHOR Deus me deu
o seu Espírito,
pois ele me escolheu
para levar boas notícias aos
Ele me enviou para animar
para anunciar a libertação ao
e a liberdade para os

Mateus 28:19

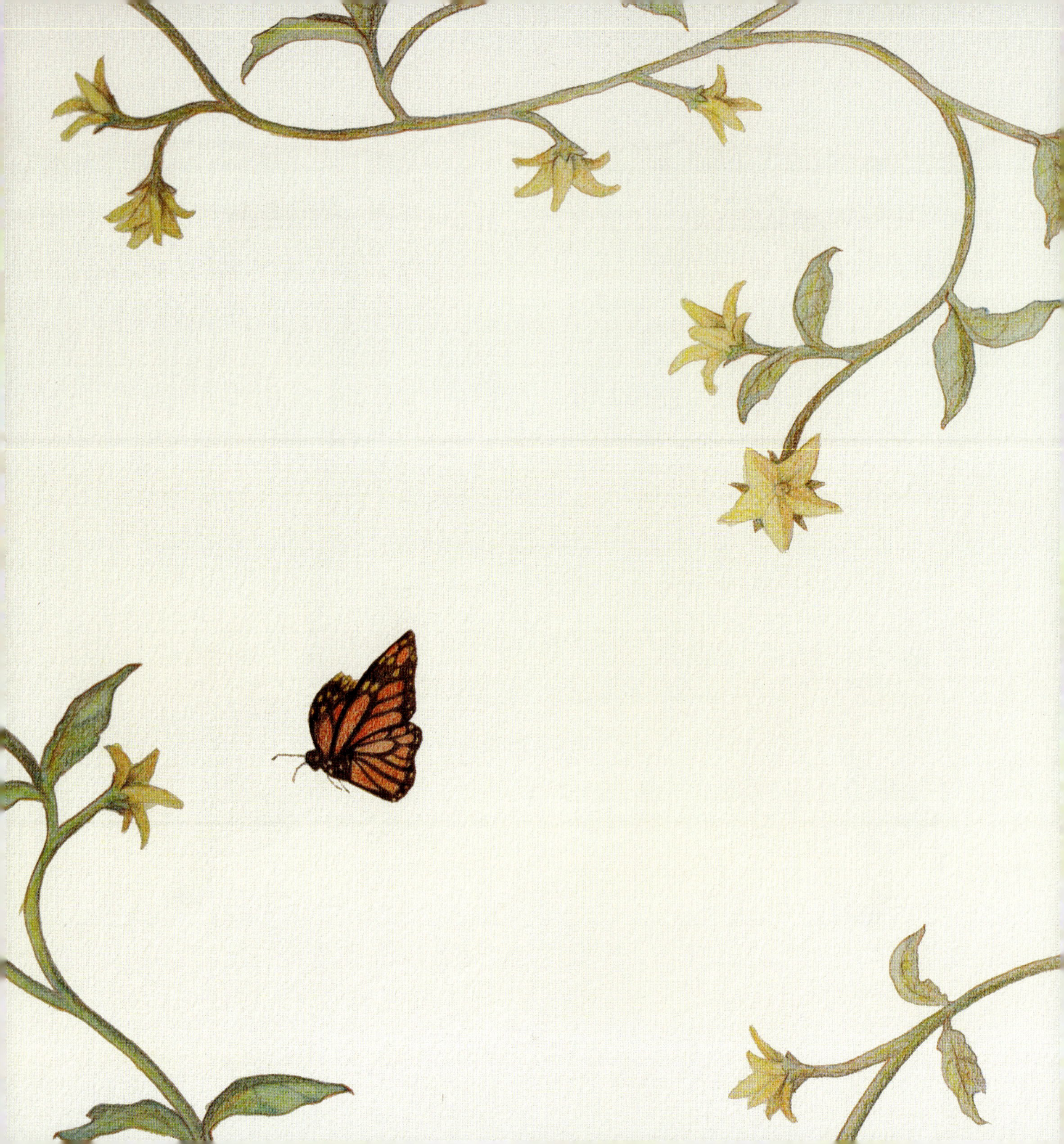

Quem é o Espírito Santo?

Atos 1:4-8

João 14:26

João 15:26

João 14:17

36. Jesus prometeu enviar o Espírito Santo

Você já precisou que alguém o ajudasse a mudar de lugar algo que era muito grande para você carregar sozinho, como uma escada longa? É tão melhor pedir ajuda do que tentar fazer sozinho.

De igual forma, seguir a Jesus é uma tarefa grande demais para realizarmos sozinhos; é por isso que Jesus enviou o Espírito Santo. Na noite da Sua prisão, Jesus disse aos Seus discípulos que Ele logo os deixaria. Os discípulos ficaram tristes quando ouviram isso, mas Jesus disse algo surpreendente: Ele lhes disse que, na verdade, seria melhor que Ele partisse, porque então poderia enviar-lhes o Espírito Santo para ser o ajudador deles. O Espírito Santo vive dentro de cada um dos seguidores de Jesus, ajudando-os a lembrar-se do que Jesus ensinou e dando-lhes o poder de amar aos outros e dizer não para o pecado. Assim como os discípulos, precisamos do Espírito para nos ajudar também!

Quando Jesus viveu na Terra, Ele só podia estar em um lugar de cada vez. Mas, depois que Ele foi para o Céu, pelo Seu Espírito, Jesus vive em cada pessoa que pertence ao Seu povo, ajudando-nos a lembrar de tudo o que Jesus disse e nos dando o poder de viver como Jesus! Depois que o Filho de Deus ressuscitou dos mortos, pouco antes de voltar para o Céu, Jesus disse aos Seus discípulos que o Espírito Santo viria para eles em breve, e eles seriam Suas testemunhas para contar ao mundo inteiro sobre Ele.

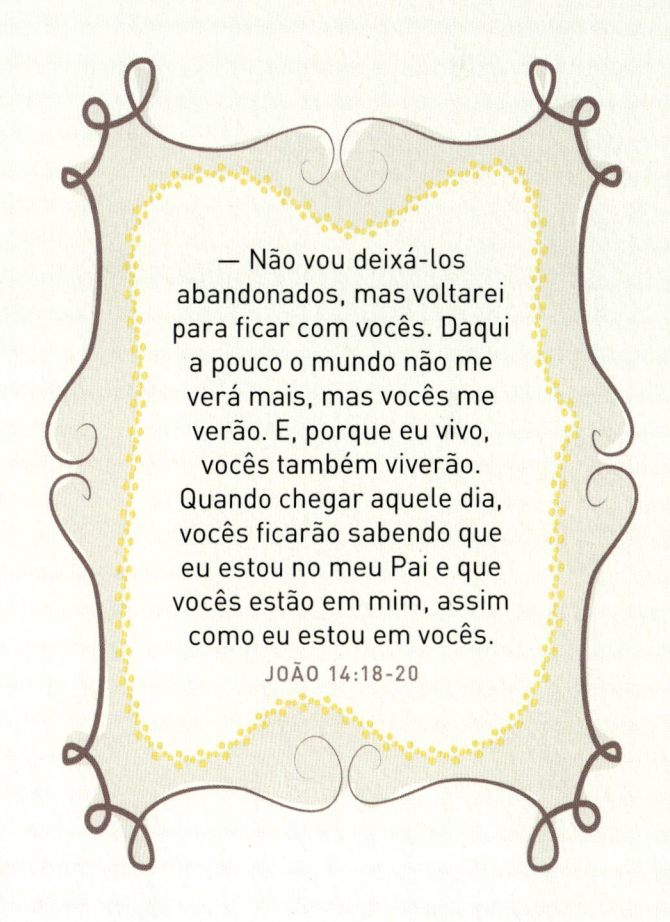

> — Não vou deixá-los abandonados, mas voltarei para ficar com vocês. Daqui a pouco o mundo não me verá mais, mas vocês me verão. E, porque eu vivo, vocês também viverão. Quando chegar aquele dia, vocês ficarão sabendo que eu estou no meu Pai e que vocês estão em mim, assim como eu estou em vocês.
>
> JOÃO 14:18-20

37. O Espírito chega no Pentecostes

Quando alguém diz que lhe enviou um presente, você geralmente se pergunta quando ele chegará. Você já esperou na janela pela chegada de uma entrega? Às vezes, quando tem que esperar por muito tempo, você até mesmo se pergunta se o presente realmente virá. Imagine como foi difícil para os amigos de Jesus esperarem pelo Espírito Santo. Jesus disse que logo o enviaria, mas eles não sabiam pelo que esperar.

Mas, quando o Espírito Santo veio, todos sabiam que algo maravilhoso estava acontecendo. Um vento estrondoso e poderoso soprou pelo cômodo, e línguas como de fogo apareceram sobre as cabeças dos seguidores de Jesus à medida que cada um deles era cheio do Espírito Santo e eles começaram a louvar a Deus em outras línguas. Havia uma grande multidão de muitos países diferentes reunida em Jerusalém para a festa do Pentecostes. De maneira incrível, cada pessoa ouvia os seguidores de Jesus louvando a Deus em sua própria língua. Pela primeira vez, desde a torre de Babel, quando, por causa do pecado, Deus tinha separado as pessoas dando a elas línguas diferentes, pessoas que não falavam a mesma língua foram reunidas novamente. Esse foi o começo da ação do Espírito de Deus trazendo pessoas de todo o mundo para a família de Deus, cumprindo a promessa do Senhor de abençoar todas as nações da Terra por intermédio dele.

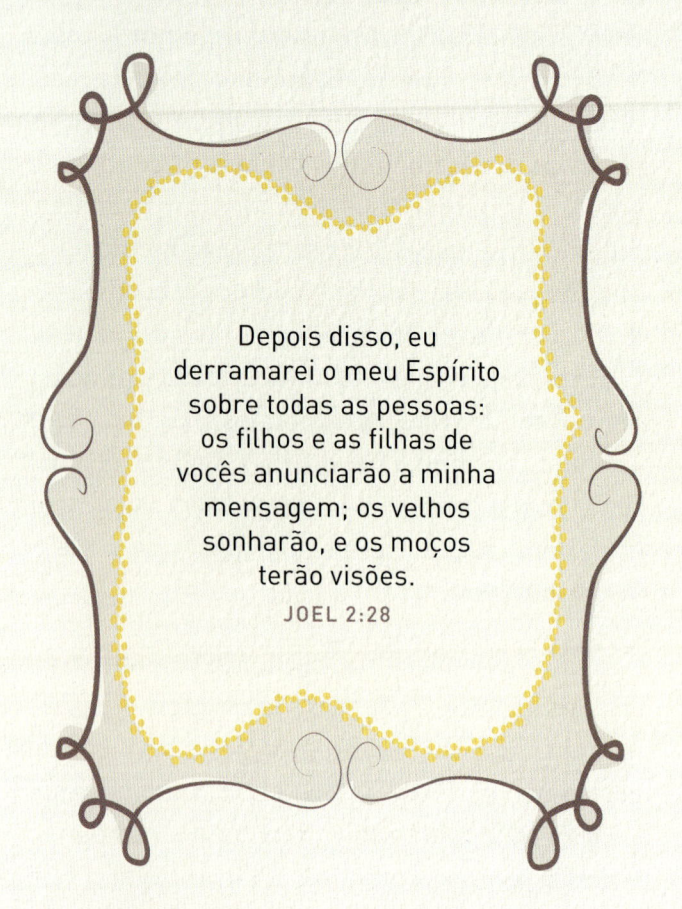

> Depois disso, eu derramarei o meu Espírito sobre todas as pessoas: os filhos e as filhas de vocês anunciarão a minha mensagem; os velhos sonharão, e os moços terão visões.
> **JOEL 2:28**

Isaías 44:3

Atos 2:1-4

Atos 2:14-17

João 16:7

Efésios 2:18

1 Coríntios 6:19

João 16:12-14

38. O Espírito Santo: o melhor presente de Deus

Para surpresa da multidão, Pedro, cheio do Espírito Santo, proclamou as boas-novas de que Jesus não estava morto, mas vivo para sempre e pronto para perdoar os pecados de todos os que confiavam em Cristo. Que diferença o Espírito Santo fez em Pedro! Você se lembra de que ele disse que nem conhecia Jesus na noite em que o Filho de Deus foi preso? Agora ele pregava corajosamente para uma grande multidão.

A princípio, as pessoas que estavam ouvindo pensaram que talvez os discípulos de Jesus estivessem bêbados! Mas Pedro explicou que eles estavam cheios do Espírito Santo e disse àquelas pessoas que, se elas abandonassem seus pecados e cressem em Jesus, também poderiam ser cheias do Espírito Santo! Pedro disse que a promessa do Espírito Santo era para eles, para os filhos deles e para todos os que o Senhor chamar para a Sua família. Quando Pedro terminou de falar, seus ouvintes estavam "com o coração aflito" — lá no fundo eles entenderam que eram pecadores e precisavam do Salvador. É isso que Jesus prometeu que o Espírito Santo faria — Ele viria para aqueles a quem Deus estava chamando, mostraria a eles o seu pecado e o quanto eles precisavam de Jesus. Naquele dia, 3.000 pessoas creram e foram acrescentadas à Igreja Primitiva.

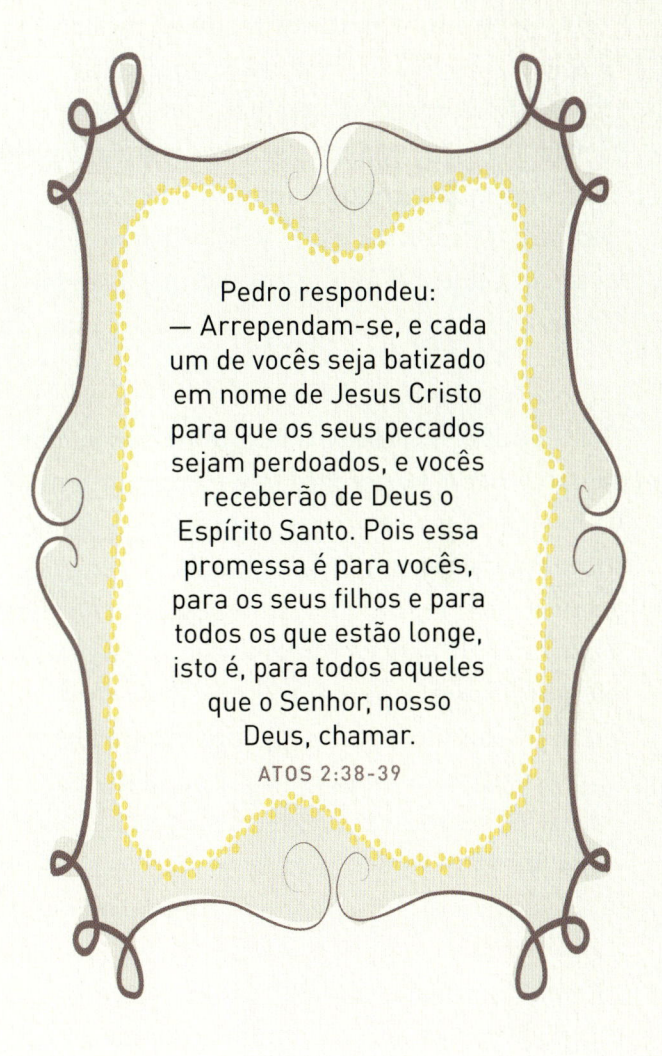

> Pedro respondeu:
> — Arrependam-se, e cada um de vocês seja batizado em nome de Jesus Cristo para que os seus pecados sejam perdoados, e vocês receberão de Deus o Espírito Santo. Pois essa promessa é para vocês, para os seus filhos e para todos os que estão longe, isto é, para todos aqueles que o Senhor, nosso Deus, chamar.
> ATOS 2:38-39

Imagine que seus pais lhe prometeram uma bicicleta de Natal. Mas eles não apenas prometeram para você, eles o levaram à loja, o deixaram escolher a bicicleta que você queria e deixaram parte do pagamento em dinheiro, como depósito, para reservar aquela mesma bicicleta até o Natal. Feito isso, você teria realmente a certeza de que ganharia aquela bicicleta! Da mesma maneira, o dom do Espírito Santo vivendo em nosso interior é o nosso depósito e garantia de que iremos para o Céu estar com Jesus. A Bíblia nos diz que podemos sentir a Sua presença e saber que Ele está conosco.

Como sabemos que o Espírito vive em nós? Bem, apenas o Espírito Santo pode nos ajudar a abandonar o nosso pecado e a crer em Jesus. O Espírito Santo é aquele que nos mostra que somos pecadores e que precisamos de Jesus. A partir do momento que vamos a Jesus, o Espírito Santo nos torna mais parecidos com Cristo. Por causa do Espírito, temos o poder de Jesus para amar até mesmo aqueles que nos aborrecem e compartilhar as boas-novas sobre Jesus com outros. Sabemos que o Espírito Santo mora em nosso interior porque pensamos e agimos de modo diferente. E melhor de tudo, bem lá no fundo, embora ainda pequemos, queremos seguir a Deus e conhecê-lo melhor. Uma vez que temos o Espírito Santo em nós, ninguém pode tirá-lo de nossa vida.

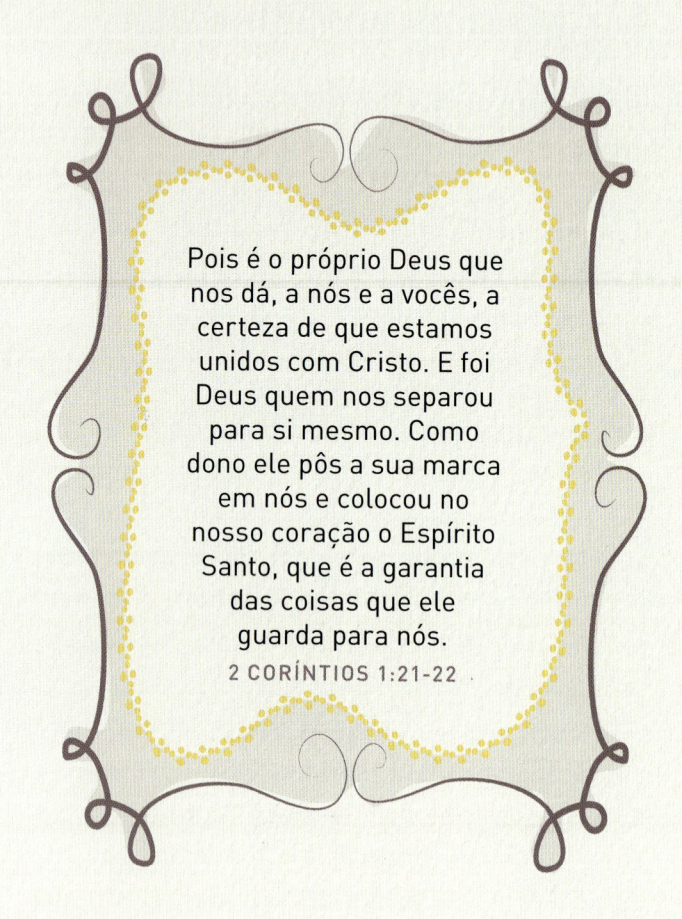

> Pois é o próprio Deus que nos dá, a nós e a vocês, a certeza de que estamos unidos com Cristo. E foi Deus quem nos separou para si mesmo. Como dono ele pôs a sua marca em nós e colocou no nosso coração o Espírito Santo, que é a garantia das coisas que ele guarda para nós.
> **2 CORÍNTIOS 1:21-22**

Atos 2:16-18

João 16:8-11

João 14:16

Efésios 1:14

Lucas 11:12-13

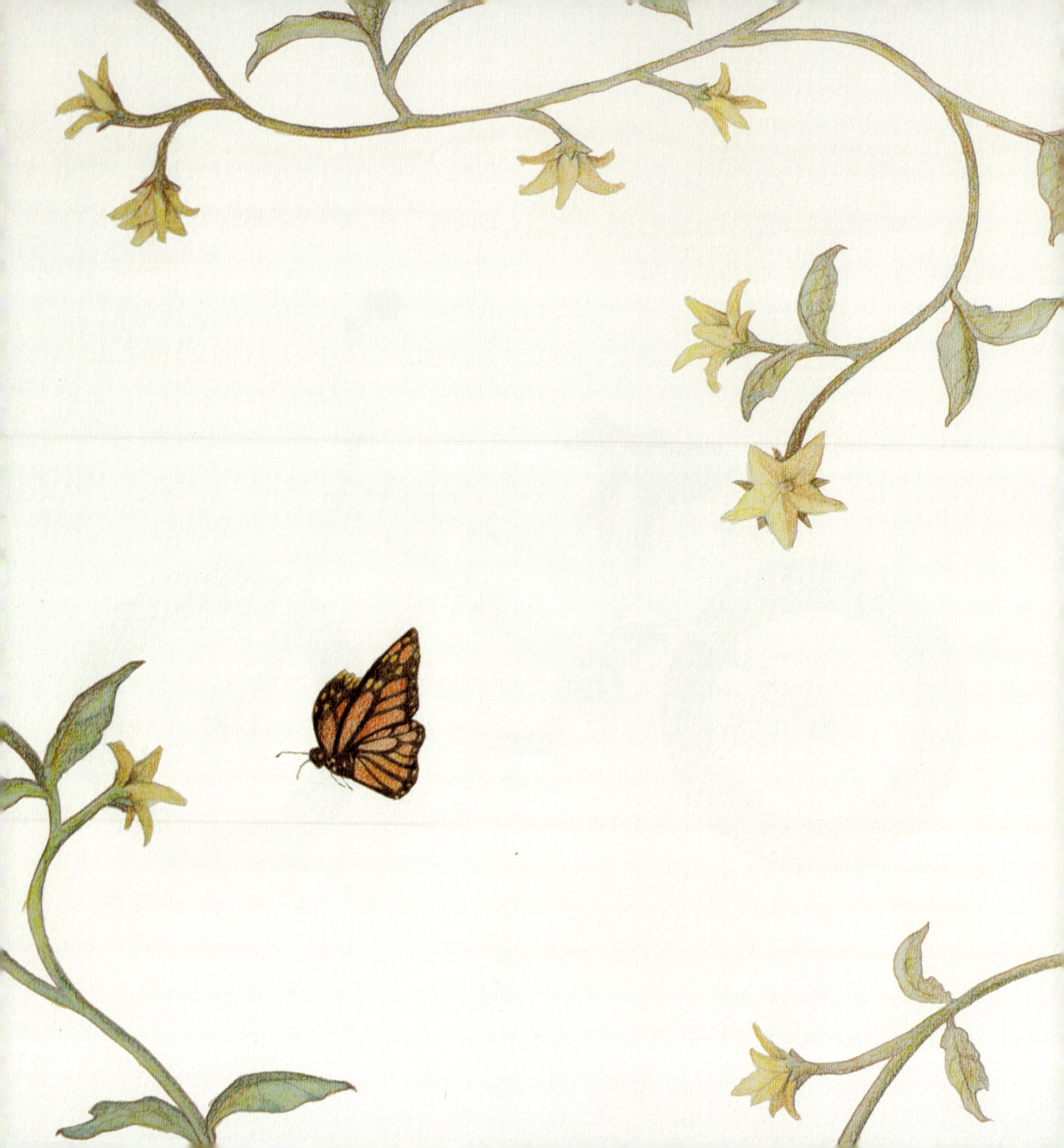

Como é fazer parte da família de Deus?

Romanos 8:29-30

Efésios 1:5

1 Pedro 2:9

39. Escolhidos

Imagine-se indo a uma sorveteria em um dia quente para comprar uma casquinha e a parte mais difícil é tentar decidir que sabor tomar.

Algumas pessoas amam chocolate e escolhem apenas sabores que tenham esse ingrediente. Outros gostam de acrescentar no sorvete pedaços grandes de doces que são difíceis de mastigar. E se você fosse a uma sorveteria e nenhum dos sabores o atraísse? Imagine opções de sabores com cheiro de tênis fedorento, mofo batido e pedaços de minhoca? É mais provável que você saísse da loja sem comprar nada.

Nós escolhemos os sorvetes que são gostosos, mas, quando Deus nos escolheu para fazer parte da Sua família, nós éramos pecadores sujos e estragados — nenhum de nós era bom. O Senhor não nos escolheu porque precisava de nós ou porque tínhamos alguma qualidade especial; Ele nos escolheu quando ainda éramos pecadores, apenas porque decidiu nos amar.

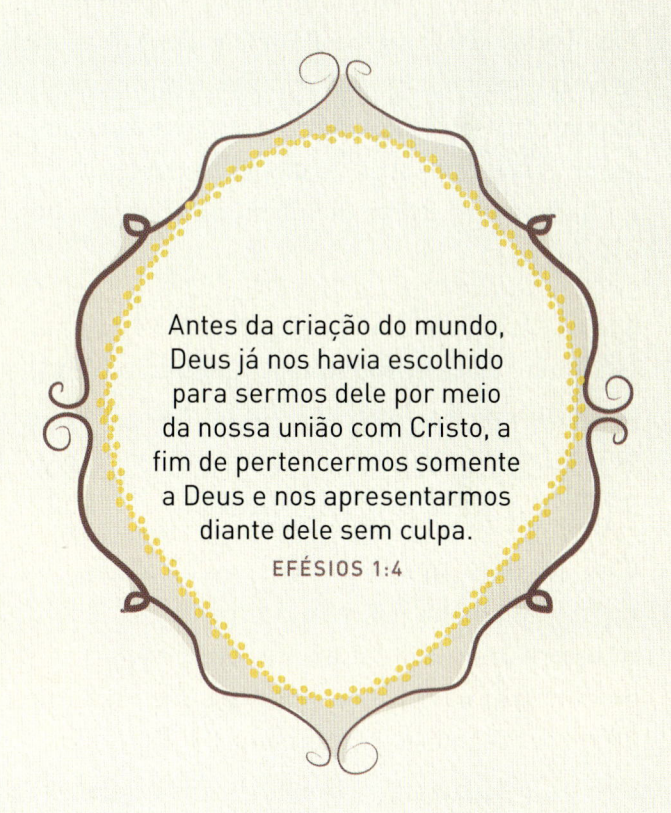

> Antes da criação do mundo, Deus já nos havia escolhido para sermos dele por meio da nossa união com Cristo, a fim de pertencermos somente a Deus e nos apresentarmos diante dele sem culpa.
> **EFÉSIOS 1:4**

Depois que Adão e Eva pecaram, eles se esconderam de Deus. Nós agimos da mesma forma quando pecamos — tentamos nos esconder do Senhor e ficar o mais longe que pudermos. Sem a ajuda de Deus, ninguém se voltaria para Ele. Todos nós somos como trens desgovernados, fugindo velozmente do Altíssimo em direção a uma terrível colisão. Mas, por causa do Seu amor, e não por causa de qualquer coisa que tenhamos feito, Deus escolheu salvar alguns dos que fugiram.

Mesmo antes de criar o mundo, o Senhor escolheu Seus filhos. Ele sabia que Adão e Eva pecariam, então, antes da criação, Ele planejou enviar Seu único Filho para resgatar Seu povo do pecado e da morte.

Como é bom saber que Deus nos escolheu, porque, infelizmente, sem o Espírito transformando a nossa mente, nós jamais o escolheríamos! A Bíblia ainda diz que estávamos "mortos" em nosso pecado e que o Espírito precisa nos vivificar antes de crermos! Separados de Deus, não há esperança de o escolhermos. Nós nem mesmo gostamos de Deus, até Ele soprar a vida dentro de nós, abrindo os nossos olhos para vê-lo. Apenas então, vivos em Cristo, escolhemos seguir o Altíssimo e viver para Ele.

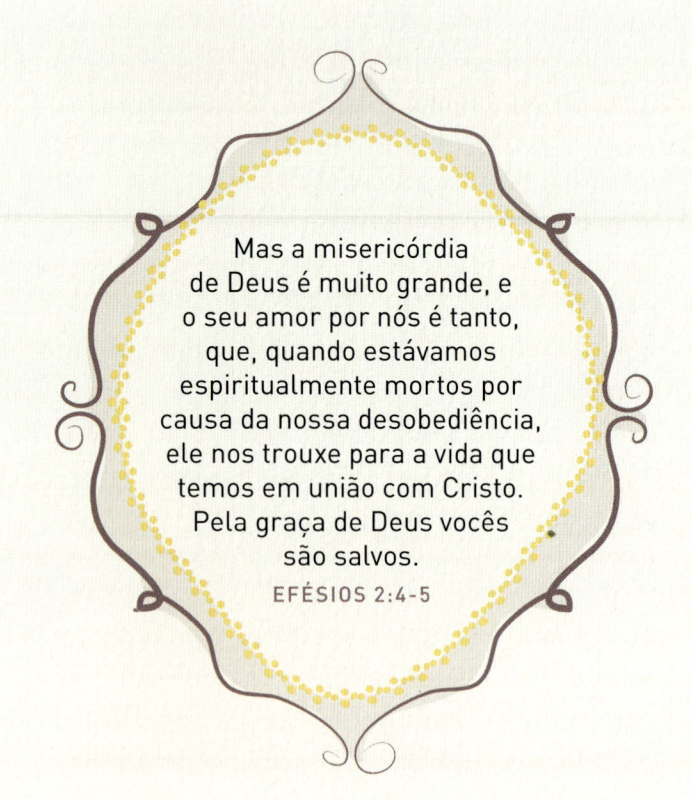

> Mas a misericórdia de Deus é muito grande, e o seu amor por nós é tanto, que, quando estávamos espiritualmente mortos por causa da nossa desobediência, ele nos trouxe para a vida que temos em união com Cristo. Pela graça de Deus vocês são salvos.
> **EFÉSIOS 2:4-5**

Colossenses 2:13

João 15:16a

1 João 1:10

Efésios 2:1-3

Atos 13:48

1 Coríntios 1:9

Romanos 1:6

2 Tessalonicenses 2:13-14

40. Chamados

Os ímãs atraem objetos que contêm ferro e os mantém agregados com poder invisível. Se você colocar um objeto de metal próximo ao ímã, é possível sentir a força do ímã puxando.

O poder de Deus para salvar Seus filhos e trazê-los para a Sua família é como um ímã espiritual. Ninguém pode resistir ao Seu chamado. Se sua mãe chamar você para voltar para casa depois de brincar lá fora, você pode decidir ignorar e continuar brincando; mas, quando Deus chama Seus filhos, eles sempre vêm.

Ímãs têm um poder limitado; é por isso que você pode remover um objeto de metal, como um clip de papel, do ímã. Porém o poder de Deus não tem limites, e uma vez que Ele o chama para si, você pertence a Ele para sempre. Você já sentiu o chamado do Senhor?

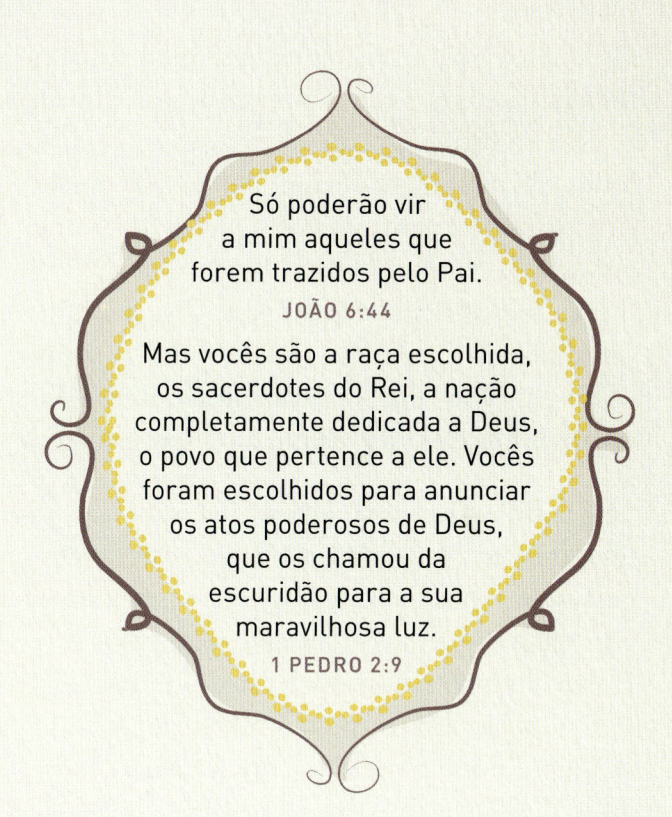

> Só poderão vir a mim aqueles que forem trazidos pelo Pai.
> **JOÃO 6:44**
>
> Mas vocês são a raça escolhida, os sacerdotes do Rei, a nação completamente dedicada a Deus, o povo que pertence a ele. Vocês foram escolhidos para anunciar os atos poderosos de Deus, que os chamou da escuridão para a sua maravilhosa luz.
> **1 PEDRO 2:9**

Deus fez o Sol, a Lua, as estrelas e o céu para mostrar o quanto Ele é maravilhoso. A Lua e as estrelas brilhando no céu escuro mostram a todos o Seu maravilhoso poder. O Senhor se certificou de que ninguém pudesse dizer que não teve a chance de crer. Ainda assim, porque o pecado nos deixa cegos, as pessoas não querem acreditar em Deus. Mas, quando o Senhor abre os nossos olhos e nos chama pelo nome, nós vamos até Ele — seu chamado é irresistível.

Se 1 milhão de pessoas cegas tivessem sua visão restaurada, nenhuma delas gostaria de deixar os olhos fechados pelo resto da vida para continuarem cegas, recusando-se a enxergar. É assim também com o chamado de Deus. Quando Ele abre os nossos olhos para vê-lo, ninguém pode resistir ao convite para vê-lo, conhecê-lo e viver por Ele.

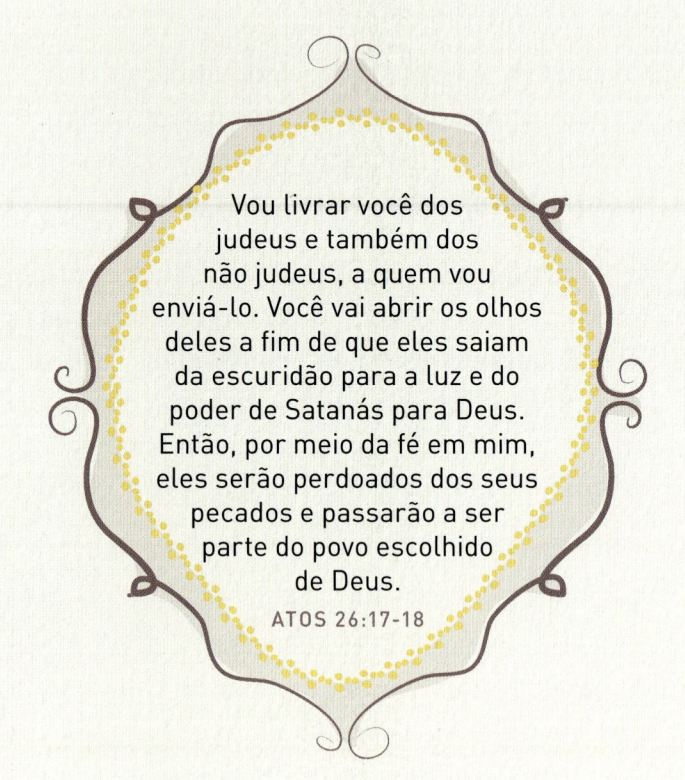

> Vou livrar você dos judeus e também dos não judeus, a quem vou enviá-lo. Você vai abrir os olhos deles a fim de que eles saiam da escuridão para a luz e do poder de Satanás para Deus. Então, por meio da fé em mim, eles serão perdoados dos seus pecados e passarão a ser parte do povo escolhido de Deus.
> ATOS 26:17-18

Isaías 43:1

1 Pedro 5:10

1 Tessalonicenses 2:12

Atos 2:39

2 Coríntios 5:17

Efésios 2:5

Ezequiel 36:26

João 3:1-3

Efésios 2:1-2

41. Nascidos de novo

Você sabia que quando Deus abre os nossos olhos para vê-lo e crer nele, Ele também muda o nosso coração de uma pedra dura — que nem mesmo quer conhecer a Deus — para um coração macio, de carne que ama a Deus? Então Ele diz que somos uma criação novinha em folha. Quando um bebê nasce, ele respira pela primeira vez e começa a sua jornada pela vida. Quando nos tornamos cristãos, o Espírito Santo sopra nova vida no nosso espírito e nos vivifica por dentro de modo que possamos crer e começar uma nova jornada de viver para Deus. Jesus disse que isso é como nascer de novo!

Um homem chamado Nicodemos queria aprender mais sobre Jesus. Quando foi até Ele à noite, Jesus lhe contou esta importante mensagem: a menos que uma pessoa nasça de novo, ela não pode ver o reino de Deus. Nascer de novo não significa sair do corpo de sua mãe novamente; significa que alguém que está morto em seu pecado é trazido à vida pelo poder do Espírito Santo.

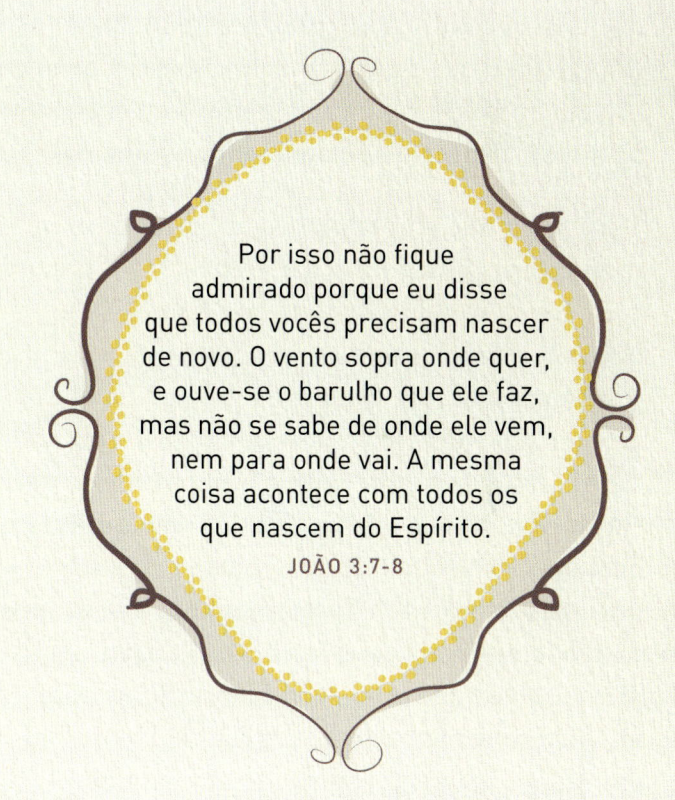

> Por isso não fique admirado porque eu disse que todos vocês precisam nascer de novo. O vento sopra onde quer, e ouve-se o barulho que ele faz, mas não se sabe de onde ele vem, nem para onde vai. A mesma coisa acontece com todos os que nascem do Espírito.
>
> JOÃO 3:7-8

42. Fé

Vaca-preta, podendo também ser chamada de sorvete flutuante, é uma bebida gelada que tem apenas dois ingredientes principais: um refrigerante escuro de cola e sorvete de baunilha. Esses dois componentes se combinam para formar uma sobremesa maravilhosa.

Você sabia que a fé em Jesus tem dois ingredientes? Para se tornar cristão, você precisa crer, o que significa confiar que Jesus é Deus, que morreu pelos nossos pecados e que foi ressuscitado dentre os mortos. E você precisa se arrepender, quer dizer, abandonar o seu pecado, assim como deixar de seguir o seu próprio caminho e seguir a Jesus. É isso o que a Bíblia chama de fé — crer e se arrepender. É claro que até mesmo a fé é um presente de Deus. Nós não fazemos nada para recebê-la. A partir da primeira vez que você se volta para Jesus com fé, você se torna parte da família de Deus. Daí em diante, temos o Espírito Santo para que continuemos crendo e nos arrependendo sempre que pecarmos. É isso o que significa seguir a Jesus. Você já se voltou para Jesus e pediu a Ele que o perdoasse?

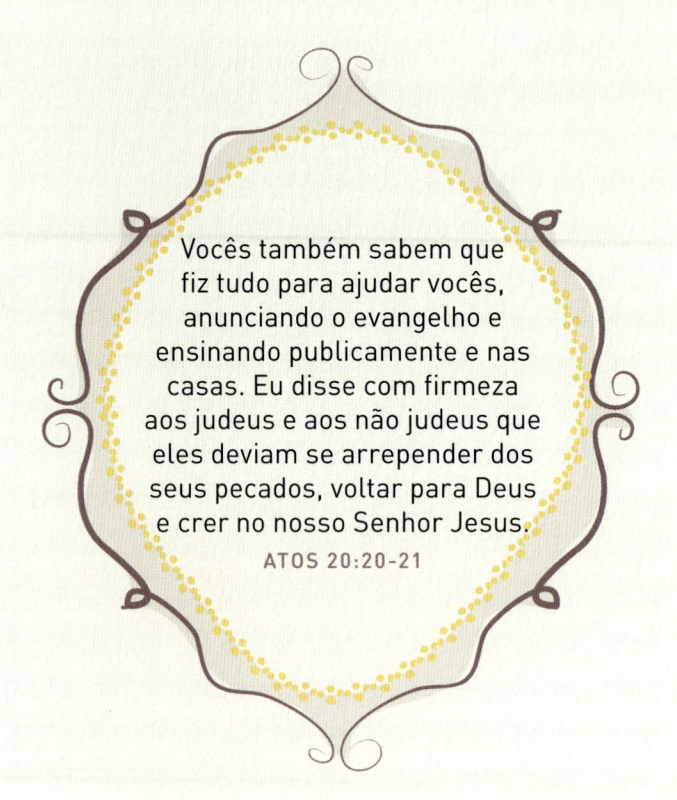

> Vocês também sabem que fiz tudo para ajudar vocês, anunciando o evangelho e ensinando publicamente e nas casas. Eu disse com firmeza aos judeus e aos não judeus que eles deviam se arrepender dos seus pecados, voltar para Deus e crer no nosso Senhor Jesus.
> ATOS 20:20-21

2 Crônicas 7:14

Atos 17:30

Hebreus 6:1

Atos 2:38

Gálatas 5:6

Romanos 10:9

Atos 26:19-20

1 João 3:9-10

Romanos 10:17

Os aviões precisam de duas coisas importantes para voar: asas que os levantem e motores que lhes deem força para subir. Se você tem asas, mas não tem motor, seu avião não pode se mover. Se você tem um motor, mas não tem as asas, você pode trafegar pela pista, mas nunca decolará. Você precisa de ambos para voar.

Colocar a sua fé em Jesus sempre significa crescer no amor por Deus e pelas pessoas à sua volta (Gálatas 5:6). É sobre isso que Jesus falava quando disse para obedecer aos Seus mandamentos. Se você pensa que confia em Jesus, mas não ama as pessoas, você é como um avião sem asas. Jesus foi claro ao dizer que amá-lo significa que precisamos amar os outros. Por outro lado, às vezes, as pessoas acham que podem ser boas sem crer em Jesus. Elas confiam que suas próprias boas obras as salvarão. Elas são como aviões sem motor. Não conseguem nem mesmo sair do chão. Mas Jesus disse que a fé nele era o único caminho para Deus. Os verdadeiros cristãos expressam a sua fé em amor. Você não pode ter um sem o outro. Mas não se esqueça de que quando você fracassar, você pode recorrer a Jesus. Ele sempre o perdoará quando você pedir.

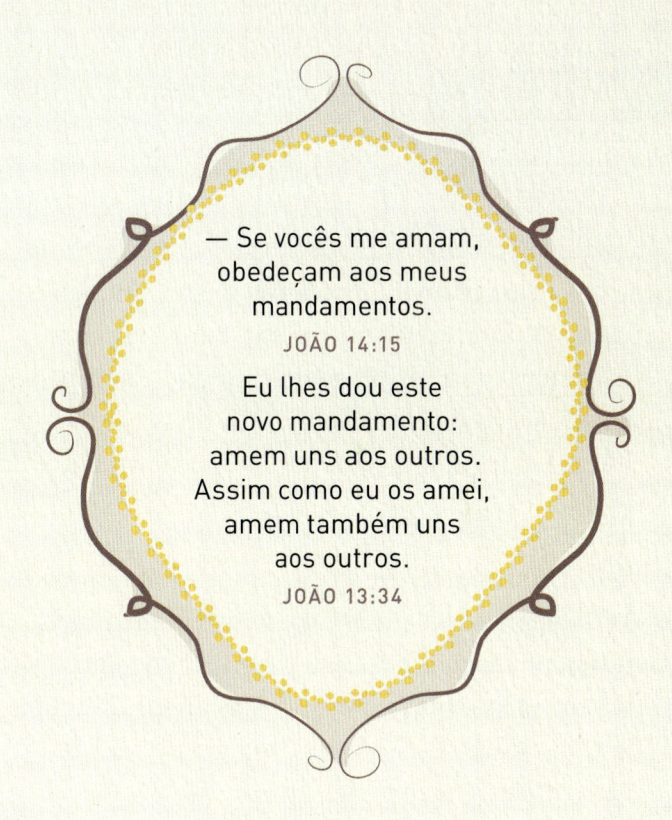

> — Se vocês me amam, obedeçam aos meus mandamentos.
> JOÃO 14:15
>
> Eu lhes dou este novo mandamento: amem uns aos outros. Assim como eu os amei, amem também uns aos outros.
> JOÃO 13:34

43. Jesus pagou tudo

Quando você pega dinheiro emprestado para comprar algo, você passa a ter o que chamamos de dívida. As dívidas podem ser pequenas, como quando você pega cinco reais emprestado com seu irmão para comprar um doce, ou grandes, como quando seus pais pegam dinheiro emprestado no banco para comprar uma casa.

Cometer um erro também pode ser comparado a possuir uma dívida. Imagine descer uma colina íngreme num carrinho e então bater na cerca do vizinho. Adivinhe quem terá que pagar pela cerca? Acertou, você! Se o custo do reparo for de 300 reais, instantaneamente você tem uma dívida de 300 reais.

Assim como destruir a cerca de madeira, quando Adão desobedeceu a Deus, ele arruinou a vida perfeita e sem pecado que o Senhor lhe deu. Mas ele não devia a Deus apenas algum dinheiro para o conserto. Ele devia uma vida perfeita, e era impossível que ele pagasse essa dívida. Jesus amou ao Pai e as pessoas perfeitamente. Ele não arruinou Sua vida ou contraiu uma dívida com Deus. Portanto, Ele poderia pagar a dívida de Adão, assim como a nossa, com a Sua vida perfeita.

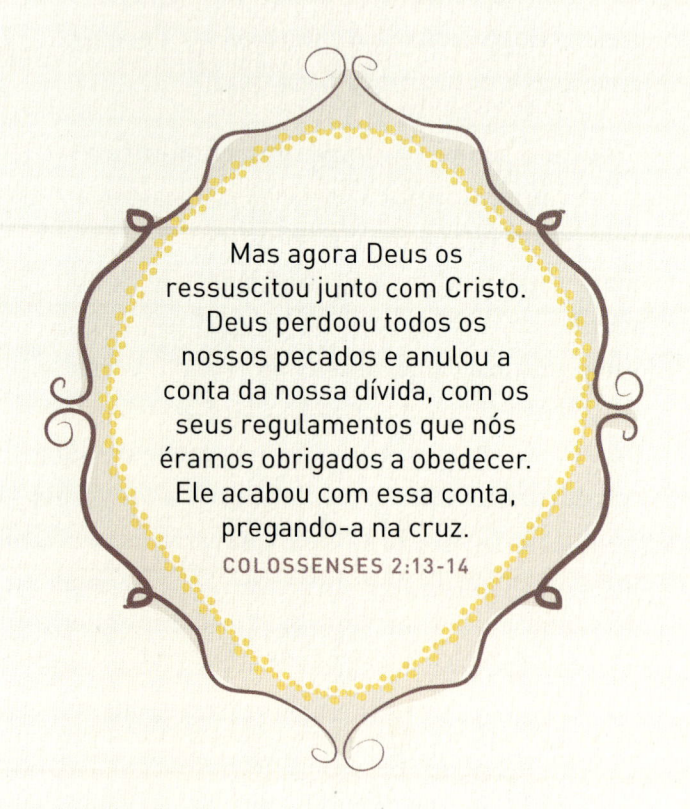

> Mas agora Deus os ressuscitou junto com Cristo. Deus perdoou todos os nossos pecados e anulou a conta da nossa dívida, com os seus regulamentos que nós éramos obrigados a obedecer. Ele acabou com essa conta, pregando-a na cruz.
> **COLOSSENSES 2:13-14**

Gálatas 2:16

João 5:24

Gálatas 5:4

Romanos 3:20

Romanos 5:9

Romanos 10:9-11

Romanos 5:1-2

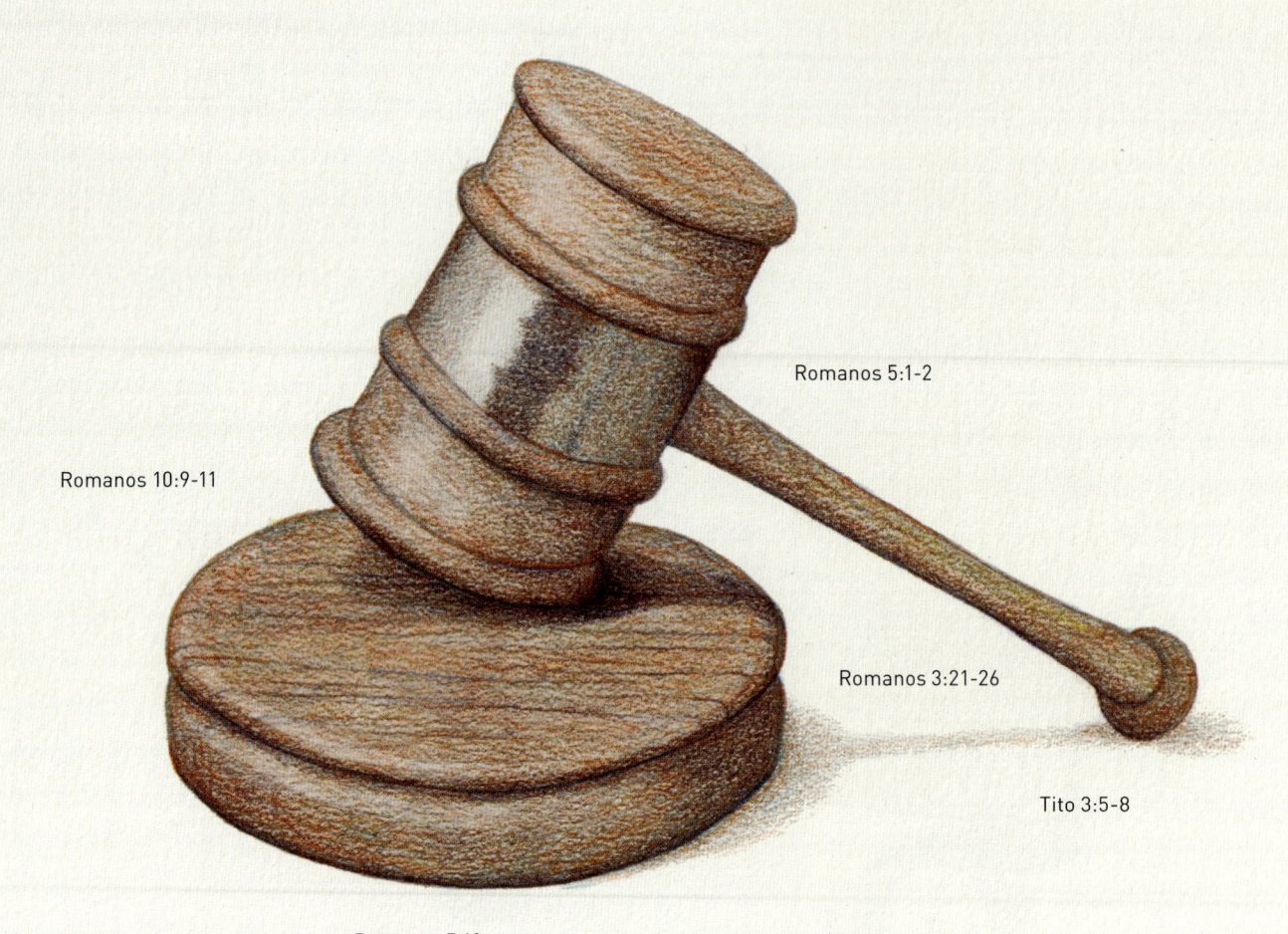

Romanos 3:21-26

Tito 3:5-8

Romanos 5:18

Imagine-se danificando a cerca da casa do vizinho, sem ter o dinheiro para fazer o reparo e precisando comparecer diante de um juiz, sabendo que poderia passar um ano na prisão e ainda assim não conseguiria o dinheiro. Mas então, surpreendentemente, seu pai entra no tribunal com uma parte de cerca novinha como pagamento pela sua dívida. Assim, uma vez que ele paga a sua dívida, você está livre.

Como Adão, todos nós somos culpados perante Deus, mas, em vez de nos deixar morrer para pagar a nossa própria dívida, Deus enviou Jesus para viver uma vida perfeita em nosso lugar e levar a nossa punição à cruz, para pagar a nossa dívida. Qualquer um que confie em Jesus não é declarado culpado pelo Altíssimo. Existe uma palavra que descreve a decisão de Deus — justificação. Aqueles por quem Jesus morreu são justificados — Deus Pai aceita o sacrifício de Cristo na cruz como pagamento pela dívida de pecado deles.

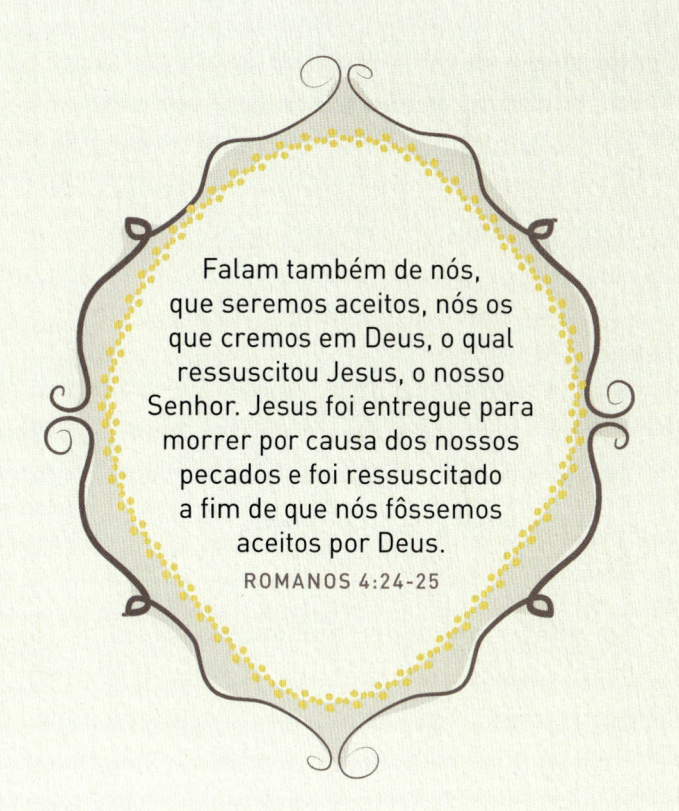

> Falam também de nós, que seremos aceitos, nós os que cremos em Deus, o qual ressuscitou Jesus, o nosso Senhor. Jesus foi entregue para morrer por causa dos nossos pecados e foi ressuscitado a fim de que nós fôssemos aceitos por Deus.
> **ROMANOS 4:24-25**

44. Adotados

Imagine como seria para um órfão, sem mãe, pai, irmãos ou irmãs, ser adotado por uma grande família. Pense no dia em que o seu novo pai o pega em seus braços e lhe dá um grande abraço querendo dizer: "Eu nunca o deixarei ou permitirei que você vá embora, eu nunca deixarei ninguém tirar você de mim".

No dia seguinte, o novo filho é apresentado ao restante da família. Há outras três crianças, todas adotadas como ele, prontas para recebê-lo com sorrisos, abraços e gargalhadas. Que diferença faz ser parte de uma família!

No momento em que uma pessoa crê em Jesus, Deus a adota em Sua grande família. É por isso que os cristãos são chamados de filhos de Deus. É por isso que chamamos o Senhor de "Pai nosso" quando oramos, e chamamos outros cristãos de irmãos e irmãs.

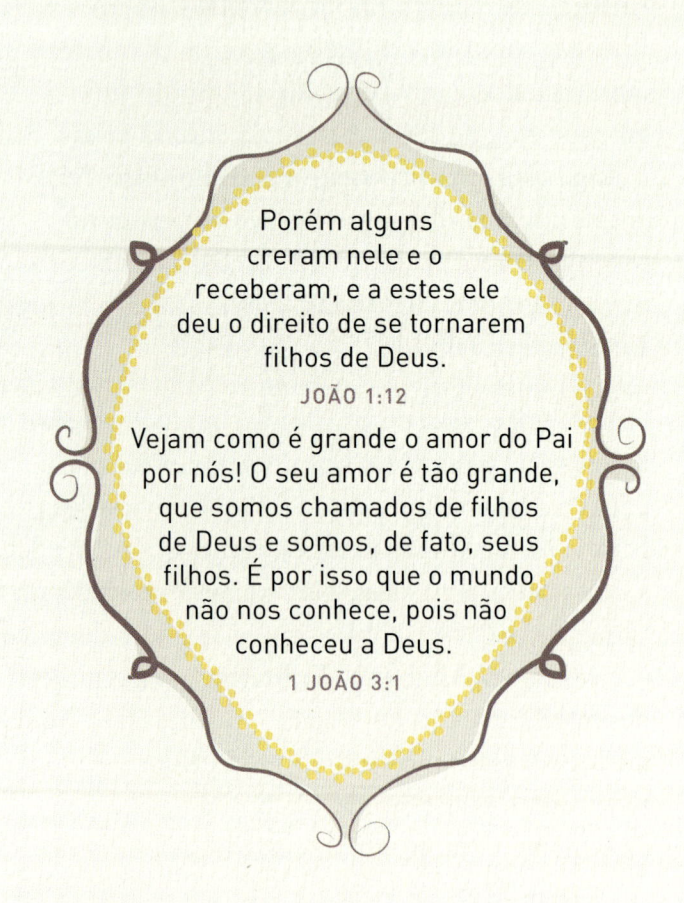

> Porém alguns creram nele e o receberam, e a estes ele deu o direito de se tornarem filhos de Deus.
> JOÃO 1:12
>
> Vejam como é grande o amor do Pai por nós! O seu amor é tão grande, que somos chamados de filhos de Deus e somos, de fato, seus filhos. É por isso que o mundo não nos conhece, pois não conheceu a Deus.
> 1 JOÃO 3:1

Mateus 6:9

Gálatas 3:23-26

2 Coríntios 6:16-18

Hebreus 12:6-11

1 Pedro 1:3-7

Efésios 5:1

Mateus 6:26-29

Quando você é adotado por uma família, você é tratado da mesma forma que as crianças que nasceram daqueles pais. O que quer que essas crianças herdem, você herda também. Então, quando somos adotados na família de Deus, somos tratados assim como Ele trata a Jesus. O Filho de Deus se torna nosso irmão e compartilhamos da Sua herança! Não apenas isso, mas Deus nos dá o poder de nos tornarmos como Jesus e crescer no amor por Ele e pelas pessoas. Em vez de sempre pensar em nós mesmos e tentar agir do nosso próprio jeito, Deus nos transforma em Seus próprios filhos e filhas que o amam de todo coração. Um dia, quando Jesus voltar, nós receberemos até mesmo corpos novos e perfeitos que nunca envelhecerão ou morrerão.

Até aquele dia, Deus, que agora é o nosso Pai de amor, está sempre conosco. Ele usa tudo, até mesmo as coisas difíceis e tristes na vida para nos tornar mais como Jesus. Assim, nem sempre Ele nos dá o que queremos, porque sabe o que é melhor para nós. Nossa fé é como o ouro, que precisa ser aquecido na fornalha para ser purificado. A nossa fé passa pela fornalha da vida nas dificuldades que enfrentamos para torná-la pura como o ouro.

Nossos problemas nos lembram de clamar a Deus por socorro. Assim como o Senhor provê o alimento para os pássaros e veste as flores de lindas cores, Ele suprirá tudo o que precisamos a cada dia.

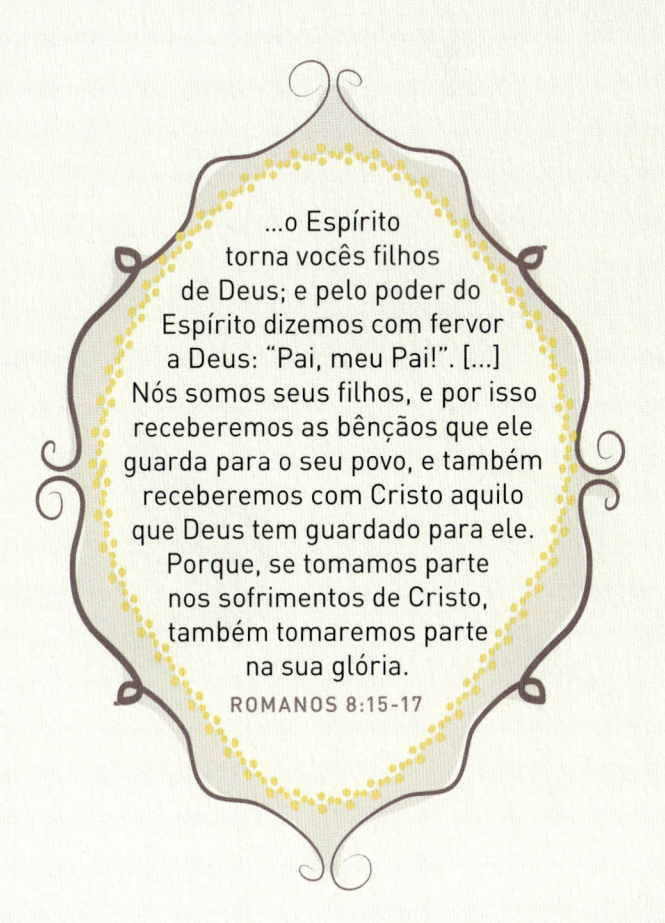

> ...o Espírito torna vocês filhos de Deus; e pelo poder do Espírito dizemos com fervor a Deus: "Pai, meu Pai!". [...] Nós somos seus filhos, e por isso receberemos as bênçãos que ele guarda para o seu povo, e também receberemos com Cristo aquilo que Deus tem guardado para ele. Porque, se tomamos parte nos sofrimentos de Cristo, também tomaremos parte na sua glória.
> **ROMANOS 8:15-17**

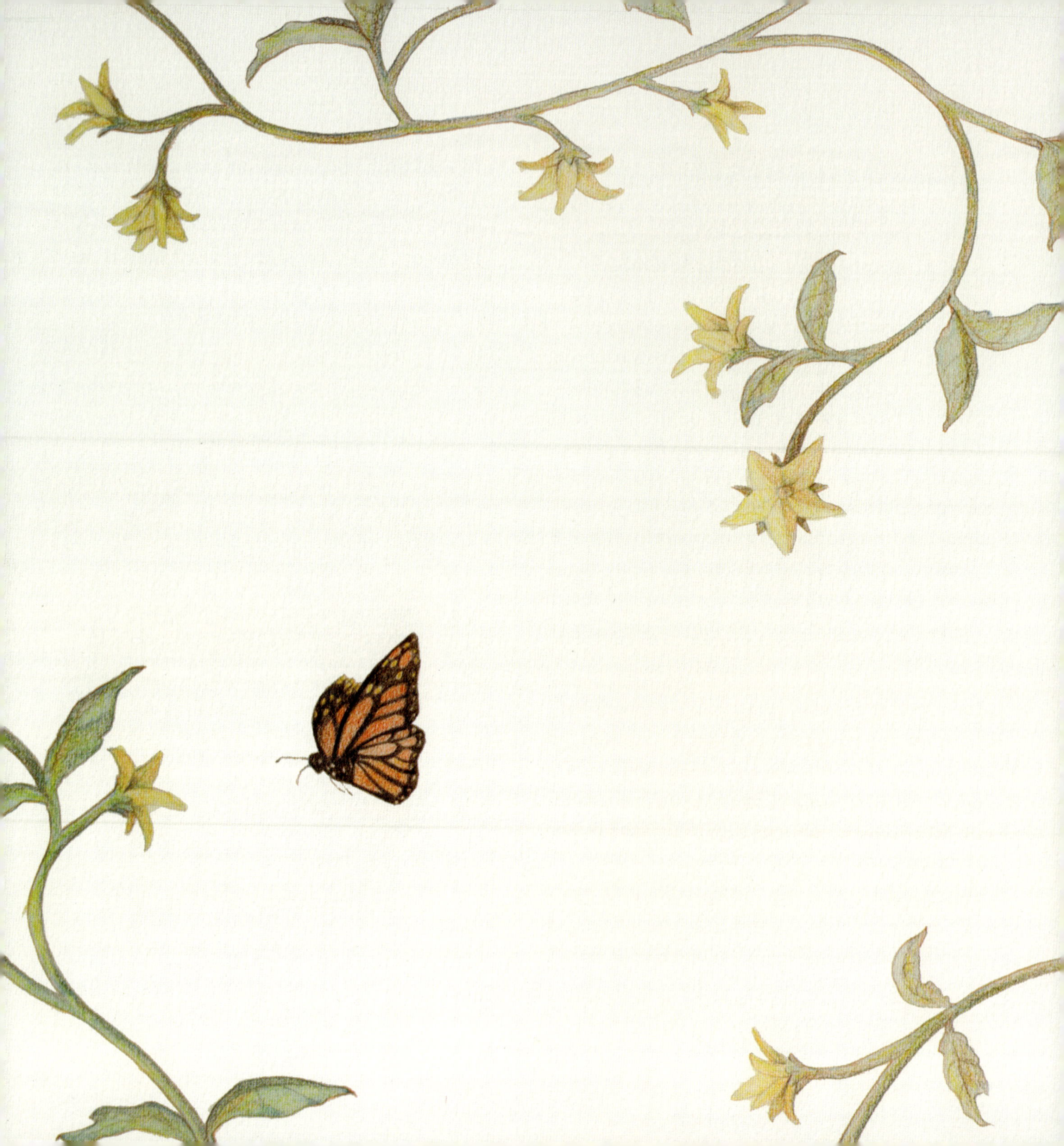

Como é a transformação que Deus realiza?

Romanos 8:15

Gálatas 5:1

2 Pedro 3:9

1 João 1:9-10

Romanos 6:17-19

45. O pecado não está mais no controle

A partir do dia em que Adão e Eva cederam à tentação de Satanás e desobedeceram a Deus, o pecado tomou conta da vida deles. Todos os seus filhos, inclusive nós, são como eles. Não conseguimos parar de pecar ainda que quiséssemos. Assim como o escravo não é livre para fazer as suas próprias escolhas, não somos livres para seguir a Deus enquanto o pecado está no controle. Ninguém pode escapar do pecado e da morte que vem com ele.

Mas Deus enviou o Seu filho, Jesus, para destruir o poder do pecado. Jesus não era escravo do pecado. Pelo contrário, Ele amou a Deus e ao próximo perfeitamente. Cristo não teve que morrer pelos Seus próprios pecados, então Sua morte pagou pela punição que nós merecíamos.

Agora, para aqueles que confiam em Jesus, o pecado não os controla mais, mas, por outro lado, o pecado ainda não está completamente destruído. Você provavelmente já percebeu como é difícil parar de desejar a própria vontade e seguir o caminho de Deus! Entretanto, um dia, Jesus retornará para dar fim ao pecado e à morte para sempre. O mundo inteiro será livre! Porém, até aquele dia, aqueles que confiam em Cristo são chamados para abandonar o erro e viver para Ele. Quando pedimos ao Espírito Santo que viva em nós, recebemos o poder para dizer "não" ao pecado e "sim" para amar a Deus e ao próximo. E quando fracassamos, sabemos que podemos buscar ajuda e perdão em Jesus. Ele está sempre ao nosso lado, perdoando-nos e ajudando.

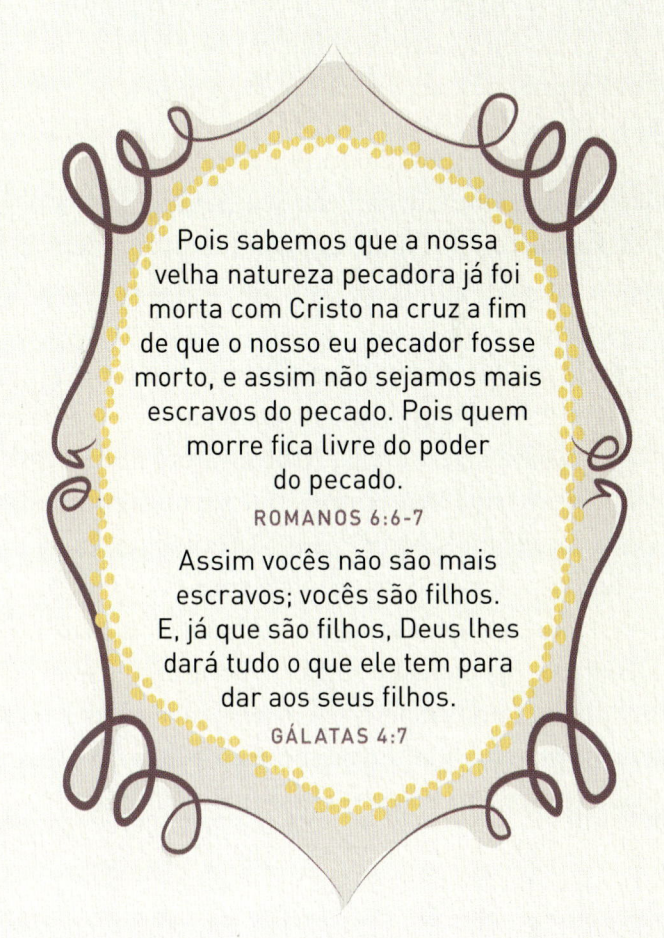

> Pois sabemos que a nossa velha natureza pecadora já foi morta com Cristo na cruz a fim de que o nosso eu pecador fosse morto, e assim não sejamos mais escravos do pecado. Pois quem morre fica livre do poder do pecado.
> ROMANOS 6:6-7
>
> Assim vocês não são mais escravos; vocês são filhos. E, já que são filhos, Deus lhes dará tudo o que ele tem para dar aos seus filhos.
> GÁLATAS 4:7

46. Separados, santos para Deus

Existe uma diferença entre os pratos do dia a dia e a porcelana fina, a qual nós usamos apenas em ocasiões especiais como feriados, aniversários e jantares chiques. A porcelana fica geralmente separada em uma cristaleira com portas de vidro onde todos podem vê-la, enquanto os pratos do dia a dia ficam empilhados onde ninguém consegue ver.

Quando Deus nos chamou da escuridão para a Sua luz e nos adotou em Sua família, Ele nos separou como uma porcelana fina para refletir a Sua imagem em nossa vida. Ele nos santificou, o que significa que nos separou para Seu uso especial. Quando nascemos de novo e nos unimos à família de Deus, somos santificados — separados como santos para Deus. Mas, embora tenhamos o Espírito de Deus em nós trabalhando para nos tornar mais como Jesus, comumente ainda queremos o nosso próprio caminho em vez do de Deus. Ainda que o pecado não esteja mais no controle, nossa luta contra ele continua. Então todo dia temos de crer em Jesus e abandonar o nosso pecado para viver como os filhos de Deus que somos. Ao nos voltarmos para o Senhor, o Espírito Santo abre os nossos olhos, trazendo-nos da escuridão para a luz e nos transforma em uma linda amostra para que todo o mundo veja como Jesus é e como Ele age.

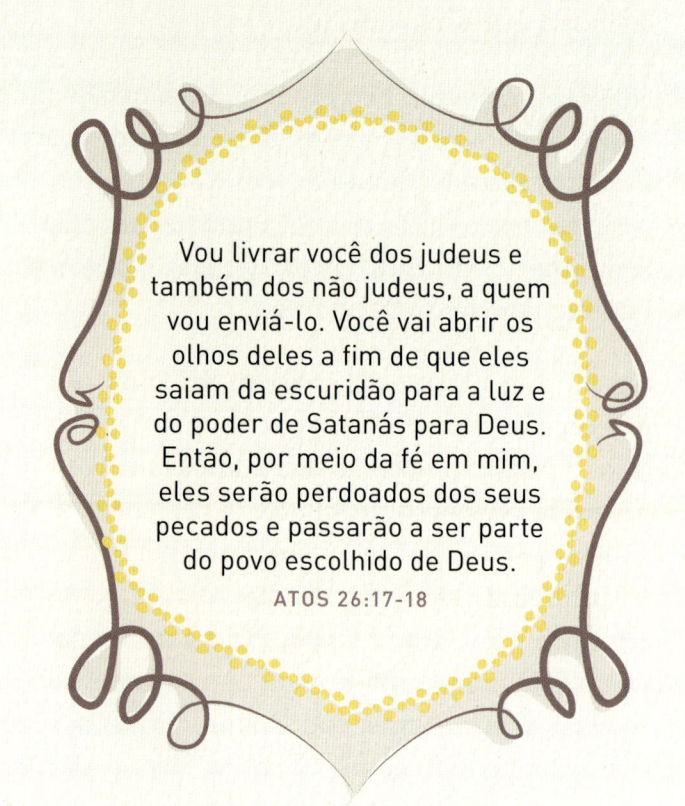

> Vou livrar você dos judeus e também dos não judeus, a quem vou enviá-lo. Você vai abrir os olhos deles a fim de que eles saiam da escuridão para a luz e do poder de Satanás para Deus. Então, por meio da fé em mim, eles serão perdoados dos seus pecados e passarão a ser parte do povo escolhido de Deus.
>
> **ATOS 26:17-18**

2 Tessalonicenses 2:13

Efésios 1:4

Atos 20:32

1 Coríntios 6:11

1 Pedro 1:1-2

2 Coríntios 3:18

1 Tessalonicenses 4:3-4

Efésios 5:25-27

47. Crescemos um pouco por vez

Deus nos separou e está nos tornando belos, mas ainda lutamos ao querer o nosso próprio caminho em vez do caminho de Deus — em outras palavras, nós ainda pecamos! Em nossa luta, entretanto, Deus está sempre trabalhando para nos tornar mais como Jesus.

Pense em uma pessoa que está aprendendo a patinar no gelo. Não importa o quanto se esforce, ela ainda sofrerá algumas quedas. Mas, com o passar do tempo, ela vai progredindo e aprende como patinar mais e mais tempo sem cair. Até mesmo um patinador profissional cai no gelo vez ou outra. Quando isso acontece, eles se levantam, se recompõem e continuam patinando. Quanto melhor um patinador fica, mais ele vê a necessidade de crescer e se aprimorar.

Viver para refletir a imagem de Deus é um pouco como a patinação. Alguns dias você é ótimo, noutros você cai no pecado novamente, mas, quando você cai, é importante lembrar que Jesus morreu na cruz por esse pecado também, e pedir a Ele que o perdoe, e então confiar no Senhor novamente para ajudar você a se tornar como Jesus. Quanto mais aprendemos sobre Jesus, mais vemos o quanto precisamos da ajuda dele para pensar, falar e agir como Ele. Só cresceremos parecidos com Jesus se dependermos dele para que nos ajude sempre. É por isso que Ele disse para pedirmos pelo Espírito todos os dias.

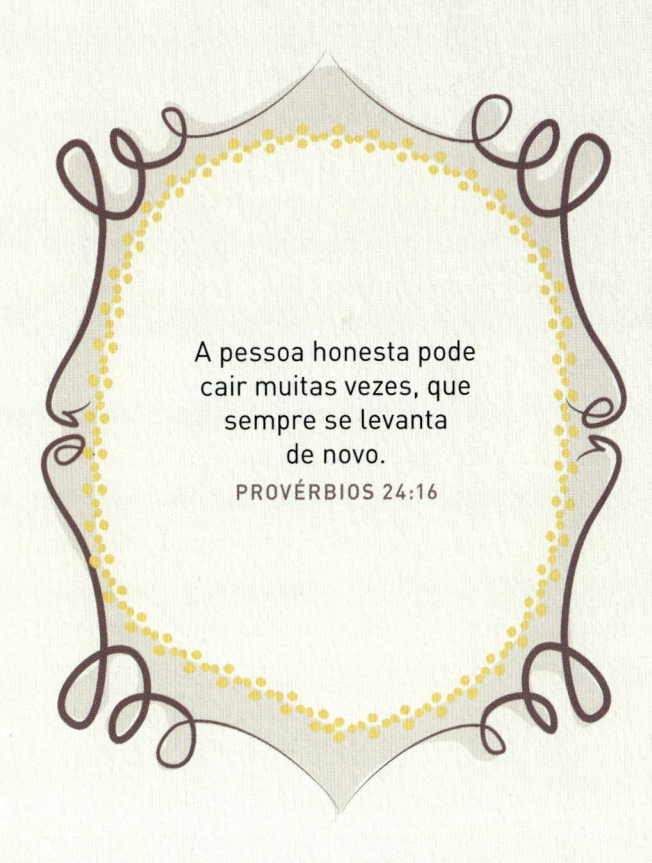

> A pessoa honesta pode cair muitas vezes, que sempre se levanta de novo.
> PROVÉRBIOS 24:16

48. Tire o que é velho, vista-se do novo

Não importa o quão confortáveis sejam seus sapatos antigos, só existe uma maneira de gostar de andar com seu novo par de sapatos. Você precisa tirar o velho e usar o novo. É impossível usar o novo por cima do antigo.

Assim é a nossa nova vida em Cristo. A Bíblia nos conta que precisamos abandonar o nosso antigo *eu* e vestir o novo. O velho homem é a nossa antiga forma de viver em que só pensamos em nós mesmos, e o pecado está no controle de nossa vida. Nosso novo *eu* é criado para viver como um filho ou filha de Deus livre. Depois que o Senhor nos torna novos — nascidos de novo —, não seria tolice nos apegarmos ao nosso modo de viver antigo e pecaminoso? Essa velha forma de viver não fez nada por nós a não ser tornar nossa vida triste e desprezível. Por isso, precisamos abandonar a mentira, a maldade, a raiva, a inveja e todos os outros pecados que pertencem ao nosso antigo modo de viver e precisamos nos revestir de Jesus, o que significa ser bondoso, paciente e perdoador assim como Ele. E a melhor parte é que Deus nos dá o Espírito Santo para nos ajudar. Tudo o que temos que fazer é pedir!

> ...e nele foram ensinados [...]. Quanto à antiga maneira de viver, vocês foram ensinados a despir-se do velho homem, que se corrompe por desejos enganosos, a serem renovados no modo de pensar e a revestir-se do novo homem, criado para ser semelhante a Deus em justiça e em santidade provenientes da verdade.
>
> **EFÉSIOS 4:21-24 NVI**

Colossenses 3:9-14

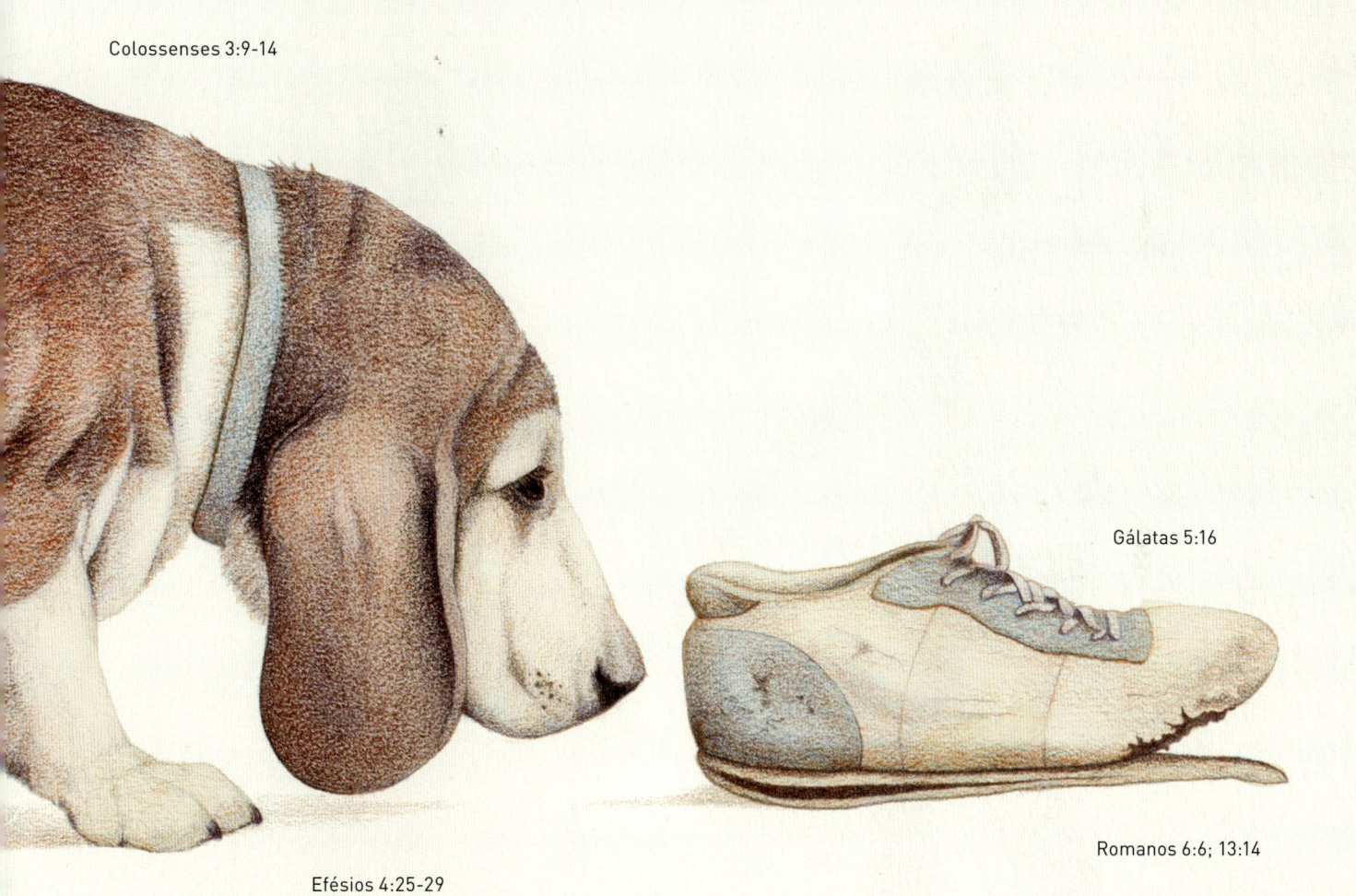

Gálatas 5:16

Efésios 4:25-29

Romanos 6:6; 13:14

João 16:13

Romanos 8:26

Romanos 7:21-23

João 14:26

49. O Espírito Santo nos ajuda a lutar contra o pecado

A Bíblia descreve a nossa luta contra o pecado como uma batalha. Sempre que queremos fazer o bem, o mal está lá nos tentando a fazer a coisa errada. Com frequência, as coisas boas que queremos fazer não fazemos, e as coisas ruins que não queremos fazer continuamos a fazer. Essa batalha continua ao longo da nossa vida e não termina até irmos morar com Jesus no Céu. Até lá, o Espírito Santo nos ajuda a lutar.

Assim como Satanás está sempre preparado para nos tentar a pecar, o Espírito Santo está o tempo todo pronto para nos ajudar a lutar contra o pecado. Ele nos lembra de que seguir nosso próprio caminho acabará em uma grande confusão. Ele também nos ajuda a recordar versículos bíblicos, a orar e a pedir oração aos outros para que permaneçamos alinhados com Deus. E quando nós pecamos e o diabo tenta nos fazer desistir ou abandonar o Senhor, o Espírito Santo nos lembra de que somos filhos e filhas de Deus, perdoados e amados, de que não podemos ficar separados do amor de Deus e de que, quando estamos fracos, Deus é forte.

> Quero dizer a vocês o seguinte: deixem que o Espírito de Deus dirija a vida de vocês e não obedeçam aos desejos da natureza humana. Porque o que a nossa natureza humana quer é contra o que o Espírito quer, e o que o Espírito quer é contra o que a natureza humana quer. Os dois são inimigos, e por isso vocês não podem fazer o que vocês querem.
>
> **GÁLATAS 5:16-17**

50. O fruto do Espírito

A Bíblia compara aquilo que fazemos e falamos a frutos. As boas coisas que fazemos são os frutos bons, e as coisas pecaminosas são os frutos maus. Então aquilo que fazemos e falamos mostra que tipo de pessoa nós somos.

Quando você vê maçãs crescendo em uma árvore, você sabe que se trata de uma macieira. É possível até diferenciar uma árvore boa de uma má pelo seu fruto. Se a árvore está doente, o fruto é ruim para comer; se árvore é saudável, o fruto é bom para comer. Da mesma forma, se nós andamos no ritmo do Espírito, Ele nos torna bons em nosso interior. Então o fruto de Deus cresce em nós — Seu amor, alegria, paz, paciência, a delicadeza, a bondade, humildade e domínio próprio. Mas, quando seguimos o nosso próprio caminho e cedemos ao pecado, cultivamos coisas ruins como raiva, inveja e contendas. Sabemos que uma árvore não pode mudar o tipo de fruto que produz ou curar a si mesma, mas nós temos o Espírito Santo. Por vezes ainda daremos maus frutos, pois ainda temos a doença do pecado, porém o Espírito de Deus pode nos transformar de dentro para fora! Ao pedirmos que o Espírito Santo nos torne mais como Jesus, perceberemos mais e mais coisas boas crescendo em nós. Você percebeu algum fruto bom em sua vida recentemente?

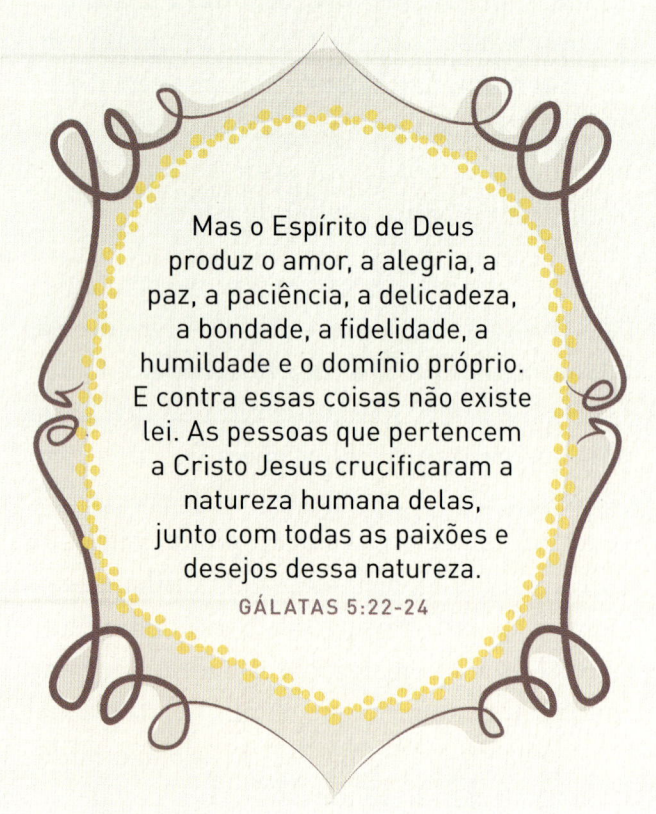

> Mas o Espírito de Deus produz o amor, a alegria, a paz, a paciência, a delicadeza, a bondade, a fidelidade, a humildade e o domínio próprio. E contra essas coisas não existe lei. As pessoas que pertencem a Cristo Jesus crucificaram a natureza humana delas, junto com todas as paixões e desejos dessa natureza.
>
> GÁLATAS 5:22-24

Colossenses 1:10

Hebreus 12:11

Gálatas 5:18-24

Romanos 7:4-5

Lucas 6:43-45

João 10:28

Tiago 1:12

Romanos 5:2-5

1 Coríntios 9:24

Colossenses 1:11-12

51. Completar a corrida até o final

O Cristianismo é como uma corrida, mas não uma corrida de velocidade onde você percorre uma distância curta o mais rápido que puder. Ele é uma maratona que dura a vida inteira e que você faz no seu próprio ritmo. Todos que cruzam a linha de chegada vencem. Na verdade, a única forma de perder a corrida é desistir e parar de correr.

Como toda corrida, precisamos ter em mente a linha de chegada e o prêmio que receberemos no final, e o nosso prêmio é Jesus. Terminamos a maratona no final da nossa vida quando vamos para o Céu para estar com Ele. A vida é a corrida, a morte é a linha de chegada, e o Céu com Jesus é a celebração da nossa vitória.

Quando prosseguir fica difícil e ficamos cansados, não faz mal caminhar para recompor o fôlego e renovar as forças. Lembre-se de que Jesus, por intermédio do Seu Espírito, está sustentando, ajudando e caminhando com você. E Deus faz esta promessa: ninguém, seja fraco ou lento, a quem Ele chamar para correr esta corrida será perdido.

> Assim nós temos essa grande multidão de testemunhas ao nosso redor. Portanto, deixemos de lado tudo o que nos atrapalha e o pecado que se agarra firmemente em nós e continuemos a correr, sem desanimar, a corrida marcada para nós. Conservemos os nossos olhos fixos em Jesus, pois é por meio dele que a nossa fé começa, e é ele quem a aperfeiçoa...
>
> HEBREUS 12:1-2

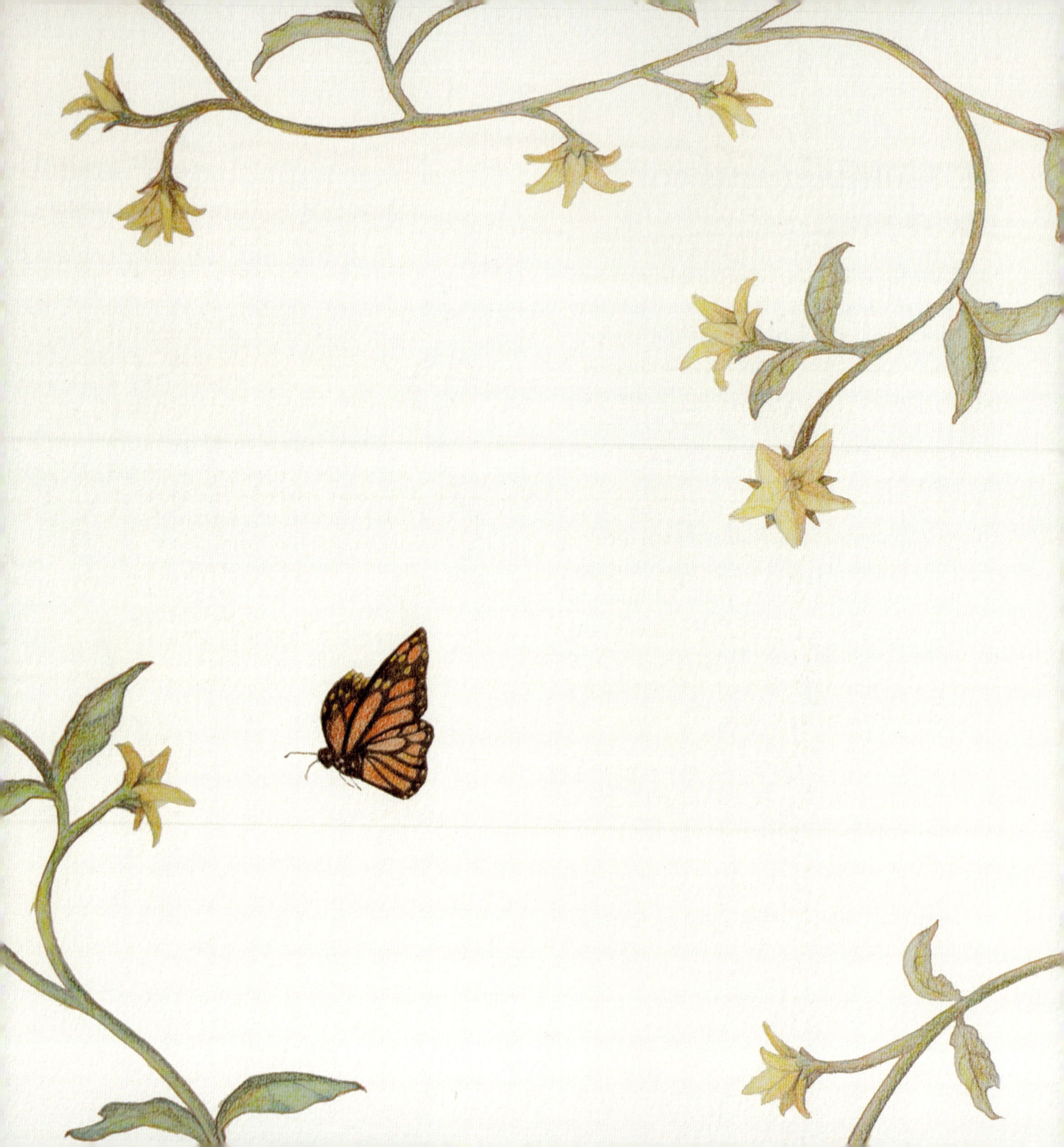

O que é a Igreja?

Efésios 2:22

1 Pedro 2:5-6

1 Coríntios 6:19-20

52. A Igreja é feita de pedras vivas

Quando você ouve a palavra igreja, o que vem à sua mente? Uma grande catedral de pedra com janelas de vitrais? Uma construção branca e pequena com uma torre pontiaguda?

A Bíblia realmente compara a igreja a um prédio, mas suas paredes são feitas de pedras vivas. As pedras são as pessoas que creram e colocaram sua fé em Cristo. O próprio Jesus é a pedra fundamental do alicerce, a primeira pedra que o construtor pôs no lugar. Todas as outras pedras na construção são alinhadas com a pedra fundamental para certificar que elas estão retas e niveladas. Da mesma forma, todos os que creem em Cristo se unem a Ele, nossa pedra fundamental, e seguem a Sua palavra para se manterem retos e alinhados. Todos nós juntos formamos a Igreja viva de Deus.

Embora qualquer lugar em que as pessoas se encontrem para adorar a Deus possa ser chamado de igreja, a verdadeira Igreja não é o prédio; são as pessoas que creem em Cristo. Então quando alguém diz que está indo à igreja, não pense no templo, pense nas pessoas.

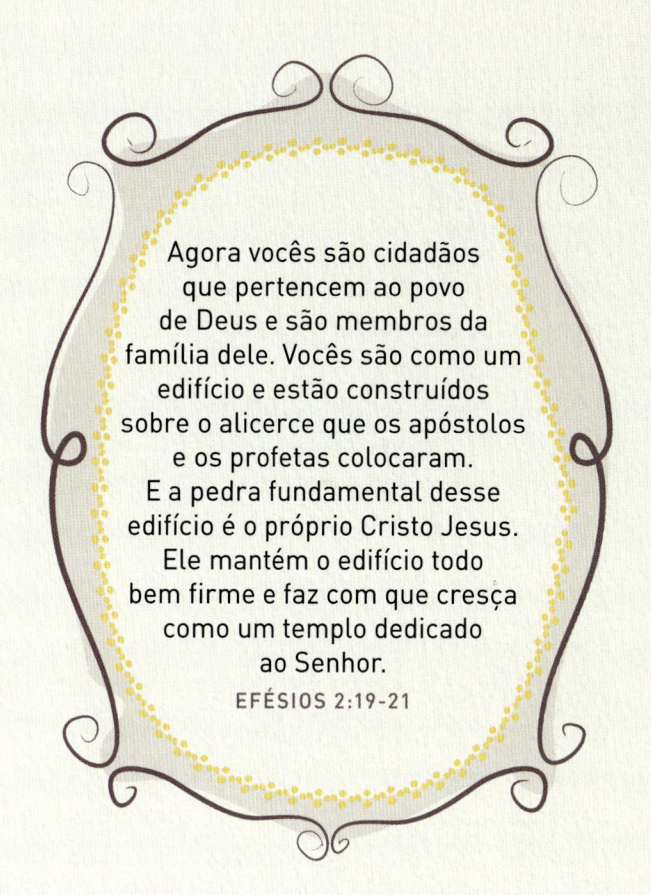

> Agora vocês são cidadãos que pertencem ao povo de Deus e são membros da família dele. Vocês são como um edifício e estão construídos sobre o alicerce que os apóstolos e os profetas colocaram. E a pedra fundamental desse edifício é o próprio Cristo Jesus. Ele mantém o edifício todo bem firme e faz com que cresça como um templo dedicado ao Senhor.
> **EFÉSIOS 2:19-21**

53. A Igreja é o templo de Deus

A Igreja de Deus, construída com pedras vivas, também é chamada de templo, o lugar onde a presença do Senhor habita. Diferentemente do Templo nos dias de Salomão, o novo templo de Deus é constituído por Seu povo, pois o Espírito Santo de Deus vive no interior de cada um dos filhos de Deus. É por isso que todo aquele que crê em Jesus é chamado de templo do Espírito Santo e por isso, também, que os cristãos reunidos, como pedras vivas, formam o templo de Deus.

Como é errado atirar pedras nos lindos vitrais de uma igreja! Como templo de Deus, nossos corpos são ainda mais lindos para Ele. Quando pecamos, é como se jogássemos pedras nessas janelas.

A Bíblia também descreve a Igreja como um corpo que tem Jesus como o cabeça. Assim como as partes diferentes do corpo têm funções diferentes — as pernas correm e os olhos são responsáveis pela visão —, as pessoas que compõem a Igreja também têm diferentes dons e talentos. Algumas pessoas são capacitadas por Deus para liderar enquanto outras são capacitadas para ensinar, cuidar ou servir de outras formas. A tarefa de um não é melhor do que a de outro, e a Igreja precisa dos dons de todos para que possa funcionar da forma que Deus planejou.

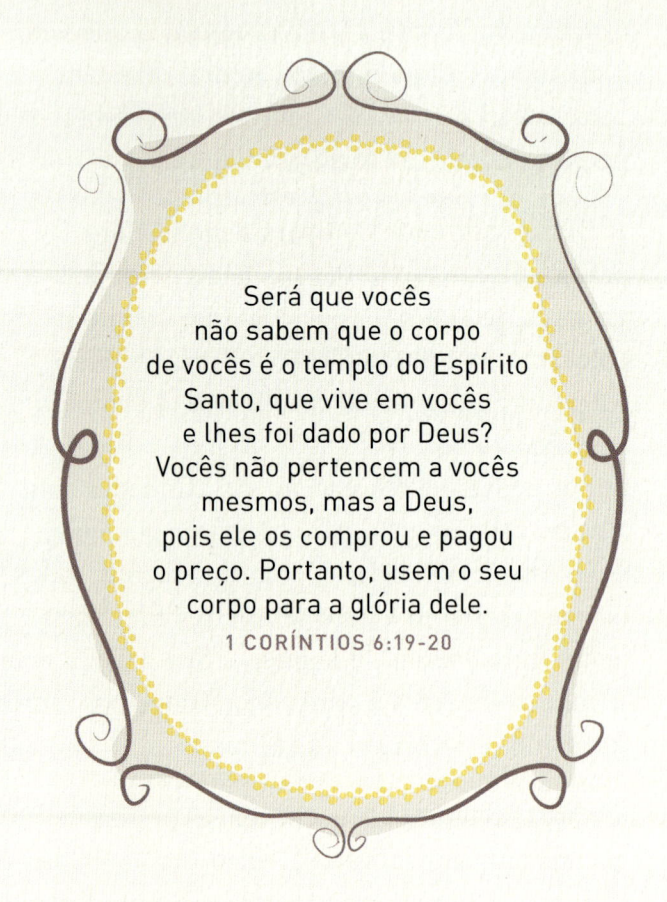

> Será que vocês não sabem que o corpo de vocês é o templo do Espírito Santo, que vive em vocês e lhes foi dado por Deus? Vocês não pertencem a vocês mesmos, mas a Deus, pois ele os comprou e pagou o preço. Portanto, usem o seu corpo para a glória dele.
> **1 CORÍNTIOS 6:19-20**

1 Coríntios 3:16-17

Colossenses 1:17-20

Efésios 1:22-23

Romanos 12:4-5

1 Coríntios 12:14-18

1 Crônicas 16:8-10

Salmo 150:1-6

Salmo 95:6

Salmo 145:3

João 4:21-24

54. Reunimo-nos para adorar

Quando vamos a um evento esportivo e o nosso time marca um ponto, nos levantamos e vibramos por ele. Da mesma forma, quando nos reunimos como Igreja aos domingos, celebramos e adoramos a Jesus e tudo o que Ele fez por nós.

Podemos adorar a Deus cantando com uma banda ou orando silenciosamente. Também adoramos ao ouvir com cuidado a mensagem para ver como a Palavra de Deus se aplica a nós. Você sabia que também é adoração encontrar os amigos para falar sobre Deus e o que Ele está fazendo?

Não precisamos estar no prédio de uma igreja para adorar. Podemos ler a Palavra de Deus e orar ou cantar Seus louvores em qualquer lugar. Como povo do Senhor, podemos adorá-lo em tudo o que fazemos se fazemos tudo para a Sua glória. Então corra e salte para Deus, que lhe deu pernas fortes. Agradeça a Ele por um dia ensolarado, sua família, seus amigos, cada refeição e cada bênção.

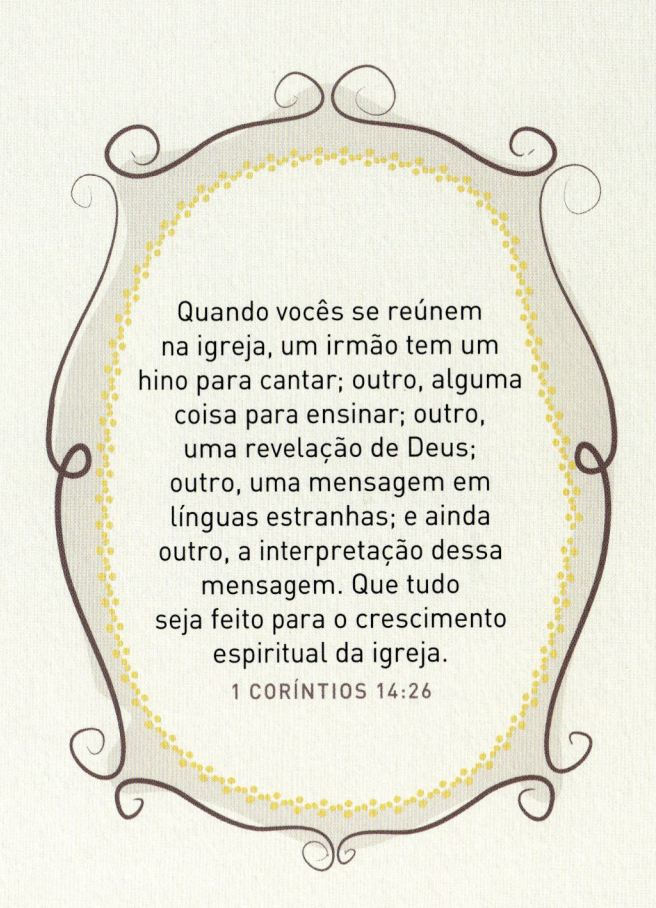

> Quando vocês se reúnem na igreja, um irmão tem um hino para cantar; outro, alguma coisa para ensinar; outro, uma revelação de Deus; outro, uma mensagem em línguas estranhas; e ainda outro, a interpretação dessa mensagem. Que tudo seja feito para o crescimento espiritual da igreja.
>
> **1 CORÍNTIOS 14:26**

Os instrumentos musicais são feitos para tocar música. Nada traz mais alegria para o *luthier* [N.E.: Especialista em construção e conserto de instrumentos de corda.] do que o dia em que ele conclui o corpo do violino e pode fazer a madeira cantar. Ele cuidadosamente afina as cordas e reveste o arco com resina. Então, com um movimento maravilhoso, ele arrasta o arco pelas cordas e enche o cômodo de música. Os violinos não foram feitos para ficar numa prateleira ou decorar uma parede; eles foram criados com um único propósito: executar belas músicas.

Da mesma forma, fomos criados para um propósito: adorar a Deus — para dar a Ele toda a glória. Nada deixa o Senhor mais alegre do que quando nos regozijamos nele acima de tudo.

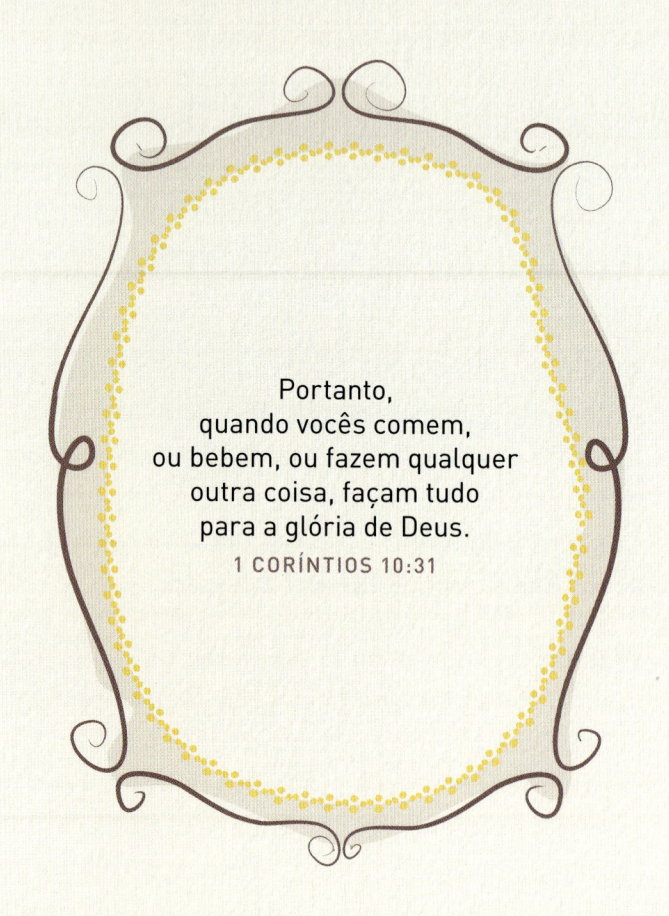

> Portanto, quando vocês comem, ou bebem, ou fazem qualquer outra coisa, façam tudo para a glória de Deus.
> 1 CORÍNTIOS 10:31

Lucas 4:8

Isaías 12:5

Isaías 43:6-7

Salmo 29:2

Hebreus 12:28

João 6:53-57

Lucas 22:19

1 Coríntios 11:23-32

Mateus 26:26-29

55. A Ceia do Senhor

Nós fotografamos eventos especiais como festas de aniversário, férias e formaturas para nos ajudar a lembrar deles. Mais tarde, olhamos as fotos, o que nos traz memórias das coisas divertidas que fizemos.

Embora não existissem câmeras fotográficas nos dias de Jesus, Ele nos deu algo especial para nos lembrar dele. Durante a Última Ceia, Jesus partiu o pão, deu aos discípulos e disse: "'Isto é o meu corpo, que é entregue em favor de vocês. Façam isto em memória de mim'. Assim também, depois do jantar, ele pegou o cálice e disse: 'Este cálice é a nova aliança feita por Deus com o seu povo, aliança que é garantida pelo meu sangue. Cada vez que vocês beberem deste cálice, façam isso em memória de mim'" (1 Coríntios 11:24-25).

Hoje, ao celebrar a Ceia do Senhor as igrejas ao redor do mundo ainda se lembram de Jesus e da Sua morte na cruz. O partir do pão nos recorda que o corpo de Jesus foi dilacerado, e o beber do cálice nos faz pensar no Seu sangue que foi derramado pelos nossos pecados. A refeição do dia a dia que comemos fortalece o nosso corpo, mas comer o alimento da Santa Ceia fortalece a nossa alma trazendo à nossa mente o sacrifício de Jesus por nós na cruz.

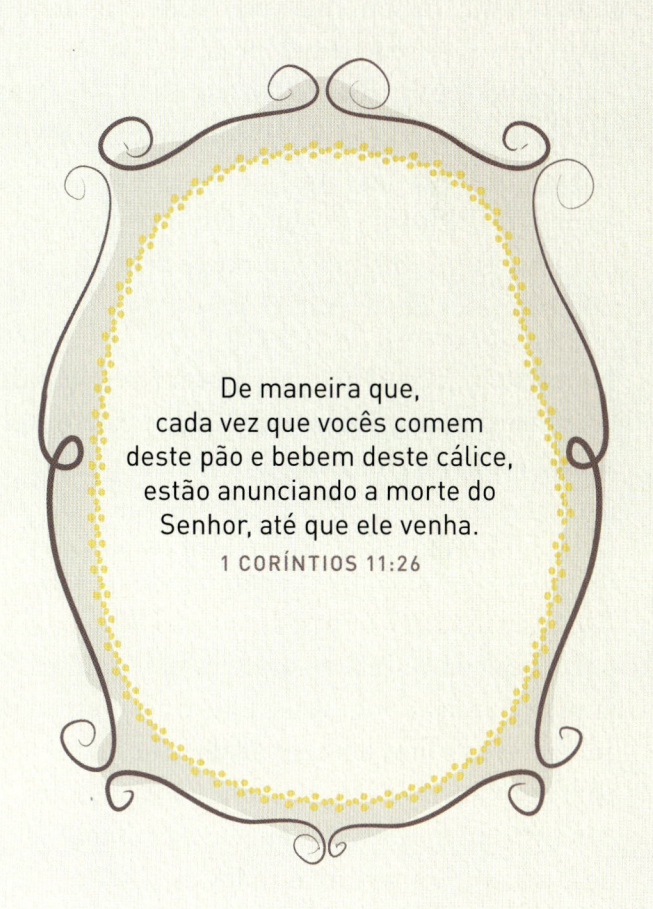

> De maneira que, cada vez que vocês comem deste pão e bebem deste cálice, estão anunciando a morte do Senhor, até que ele venha.
> **1 CORÍNTIOS 11:26**

56. Batismo

Antes de Jesus deixar os discípulos, Ele lhes deu essa ordem: "Portanto, vão a todos os povos do mundo e façam com que sejam meus seguidores, batizando esses seguidores em nome do Pai, do Filho e do Espírito Santo" (Mateus 28:19). Desde aquele dia, quando as pessoas creem em Jesus, elas são batizadas nas águas. Depois do primeiro sermão de Pedro no Pentecostes, 3.000 pessoas creram e foram batizadas, e novos cristãos têm sido batizados desde então.

No batismo, descer às águas é uma ilustração de como uma pessoa morre com Cristo para o seu antigo estilo de vida pecaminoso. Levantar-se das águas é uma representação de como, um dia, ressuscitaremos dos mortos, assim como Jesus.

Alguns pais cristãos batizam os seus filhos pequenos como sinal de que eles nasceram na família da aliança de Deus. Outros pais esperam até que seus filhos tenham idade suficiente para abandonar os seus pecados e eles mesmos confessarem que acreditam em Jesus antes do batismo. Embora nem todos os cristãos concordem sobre qual o melhor momento para batizar os filhos, líderes sábios de ambos os lados estão de acordo que todas as crianças precisam rejeitar o seu pecado e colocar sua única esperança de salvação em Jesus.

> Com certeza vocês sabem que, quando fomos batizados para ficarmos unidos com Cristo Jesus, fomos batizados para ficarmos unidos também com a sua morte. Assim, quando fomos batizados, fomos sepultados com ele por termos morrido junto com ele. E isso para que, assim como Cristo foi ressuscitado pelo poder glorioso do Pai, assim também nós vivamos uma vida nova.
>
> ROMANOS 6:3-4

Atos 2:38

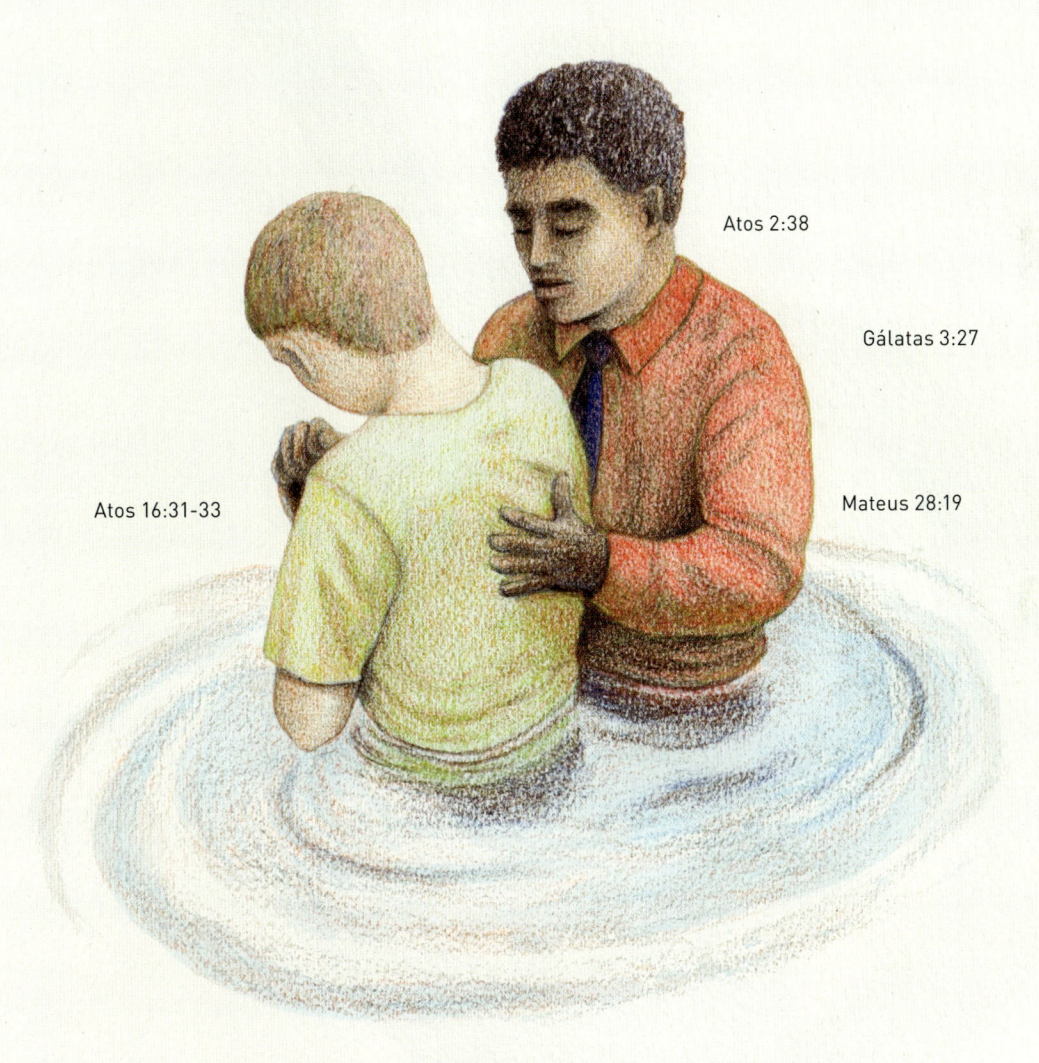

Gálatas 3:27

Atos 16:31-33

Mateus 28:19

Colossenses 2:11-12

1 Coríntios 13:8-10

1 Coríntios 14:1

Romanos 12:6-8

1 Coríntios 12:28

1 Coríntios 12:8-10

57. Os dons do Espírito

As crianças amam ganhar presentes para se divertir, como por exemplo, uma corda de pular ou um carrinho de brinquedo. Mas você já percebeu que os pais geralmente ganham presentes que os ajudam a servir aos outros? Uma frigideira nova ou uma ferramenta elétrica não são apenas para diversão; elas ajudam a família inteira. A frigideira será usada para fazer o café da manhã, e a ferramenta elétrica servirá para consertar as coisas que quebram pela casa.

Deus dá aos membros de Sua Igreja dons espirituais para que sirvam uns aos outros em Sua família. Alguns dos dons listados na Bíblia incluem o ensino, aconselhamento, liderança, pastorado, cura, hospitalidade e contribuição.

A Bíblia nos encoraja a pedir os dons de Deus para que possamos ajudar a Igreja e aos outros. Mas a maior obra do Espírito é fazer crescer o amor em nossa vida. Você pode ter muitos dons, mas, se não os utilizar em amor, a Igreja não será abençoada.

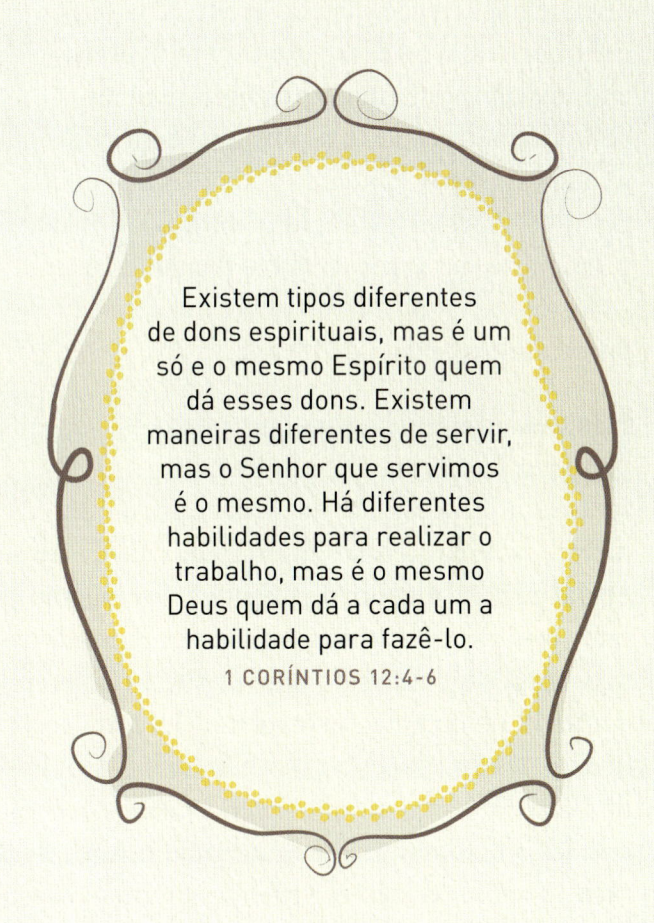

> Existem tipos diferentes de dons espirituais, mas é um só e o mesmo Espírito quem dá esses dons. Existem maneiras diferentes de servir, mas o Senhor que servimos é o mesmo. Há diferentes habilidades para realizar o trabalho, mas é o mesmo Deus quem dá a cada um a habilidade para fazê-lo.
>
> 1 CORÍNTIOS 12:4-6

58. A perseguição aos santos

Os incêndios nas florestas deixam um terrível rastro de destruição quando acontecem. Mas é o calor dessas queimadas que abre as pinhas endurecidas dos pinheiros da espécie pinus contorta, permitindo que elas espalhem suas sementes. Dessas sementes, plantadas há pouco, germina uma nova geração de brotos, alimentada pelas cinzas das árvores caídas. À medida que os fortes ventos espalham as sementes frescas, a floresta se expande.

Não demorou muito para que o fogo da perseguição atacasse a Igreja Primitiva em Jerusalém. Para escapar da prisão e até mesmo da morte, os novos cristãos fugiram da cidade. Ao se espalharem, plantaram a semente do evangelho por onde passaram, e Deus as fez crescer. É muito triste que cristãos tenham sido mortos por acreditarem em Jesus; no entanto, a coragem deles fortaleceu outros, desafiando-os a viver por Cristo. Um livro do Novo Testamento que foi encorajador para os cristãos que sofreram perseguição foi o Apocalipse. Nele, o apóstolo João escreveu sobre uma visão de Deus, descrevendo a vitória de Jesus sobre todo mal. Ainda hoje, o Apocalipse encoraja os cristãos a se apegarem à verdade e prosseguirem enquanto anseiam pelo retorno de Cristo.

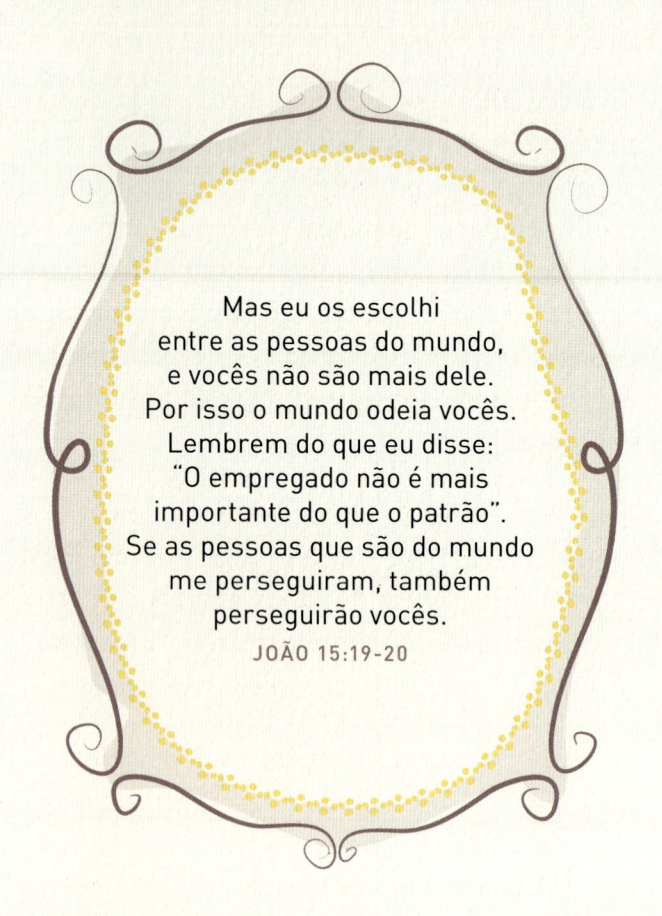

> Mas eu os escolhi entre as pessoas do mundo, e vocês não são mais dele. Por isso o mundo odeia vocês. Lembrem do que eu disse: "O empregado não é mais importante do que o patrão". Se as pessoas que são do mundo me perseguiram, também perseguirão vocês.
> JOÃO 15:19-20

2 Coríntios 4:8-11

Atos 11:19

Mateus 5:11

Atos 8:1-4

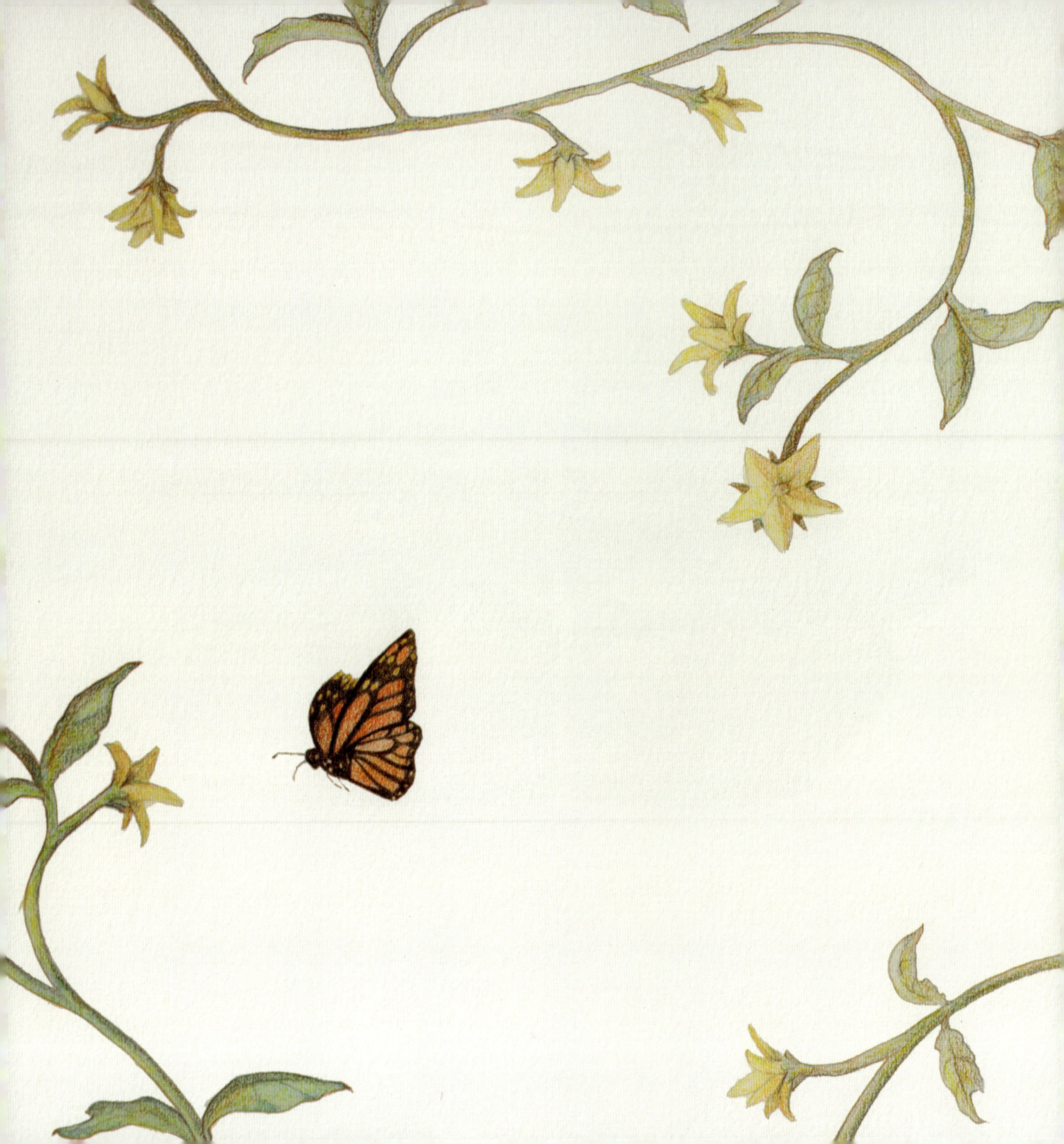

O que é
o fim dos
tempos?

2 Timóteo 3:1

Zacarias 14:9

Apocalipse 22:6-7

Isaías 42:9

2 Pedro 3:3

59. Um retrato do futuro

Você já leu um livro tão empolgante que não pôde resistir em dar uma olhadinha no último capítulo? Algumas pessoas acham que isso é trapacear, mas outros amam passar adiante para ver como a história acaba.

Livros de não ficção contam eventos que realmente aconteceram no passado. Já os livros de ficção contam histórias inventadas, como uma formiga pilotando um carro que voa. Alguns autores escrevem sobre como eles imaginam que será o futuro, mas eles só conseguem fazer suposições de que existirão coisas como carros que voam ou cidades em planetas distantes.

Existe um livro especial que faz algo maravilhoso: ele conta o futuro e, visto que foi inspirado por Deus — que conhece tudo que acontecerá —, ele é inteiramente verdadeiro. O livro, é claro, é a Bíblia. O último livro, Apocalipse, descreve o julgamento que Deus fará, o fim do mundo e o novo Céu e nova Terra. Na última página, Jesus nos dá uma mensagem especial para tenhamos a certeza de que estaremos preparados para o fim. Ele diz: "Eu venho logo".

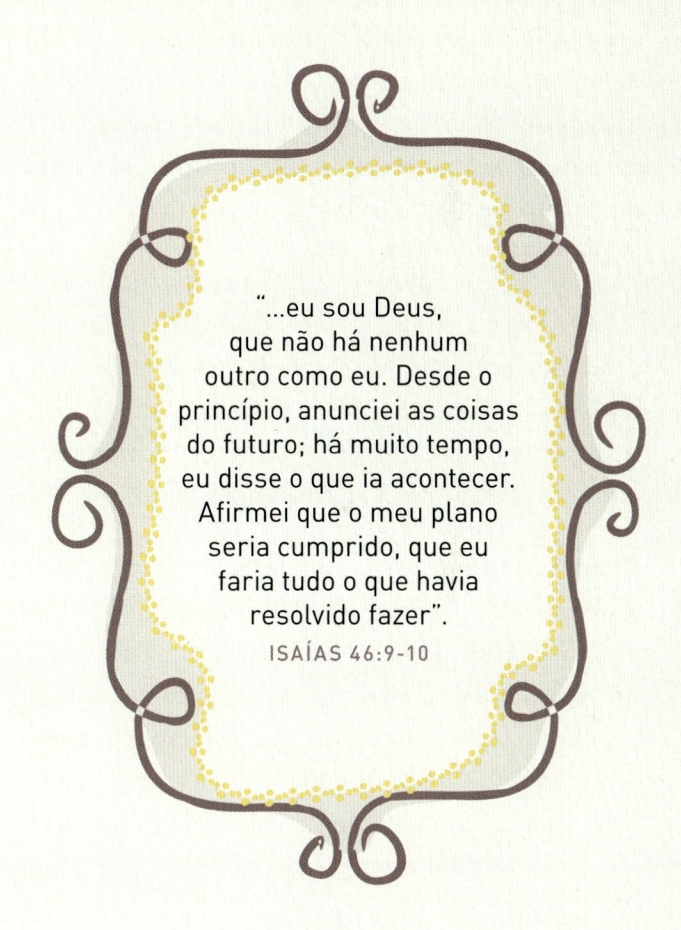

> "...eu sou Deus, que não há nenhum outro como eu. Desde o princípio, anunciei as coisas do futuro; há muito tempo, eu disse o que ia acontecer. Afirmei que o meu plano seria cumprido, que eu faria tudo o que havia resolvido fazer".
> **ISAÍAS 46:9-10**

60. O retorno de Cristo

Quando um rei que está viajando pelo interior vem para a cidade, sua chegada é anunciada por uma fanfarra tocada por instrumentos de metais e por um arauto que grita: "Lá vem o rei!". A maior fanfarra de todos os tempos e a maior apresentação real acontecerão no fim dos tempos quando Jesus voltar à Terra.

Pessoas de todo mundo estarão realizando suas tarefas diárias ou dormindo, quando subitamente o Senhor Jesus virá do Céu. A voz do arcanjo bradará, anunciando a chegada de Cristo, e os trompetes soarão. Ninguém será capaz de ficar dormindo durante o retorno dele.

Assim como o dilúvio veio sem aviso sobre o povo nos dias de Noé, da mesma forma o retorno de Cristo para julgar a Terra pegará muitos de surpresa. A Bíblia nos manda estar prontos para a volta de Jesus. Você sabe que está pronto para o retorno de Cristo quando coloca toda a sua fé nele. Então, quando Ele vier de novo, você será recebido no Céu como parte da família de Deus.

Embora alguns tenham tentado prever quando Jesus voltará, Ele mesmo disse que ninguém sabe o dia ou a hora, mas apenas o Seu Pai no Céu.

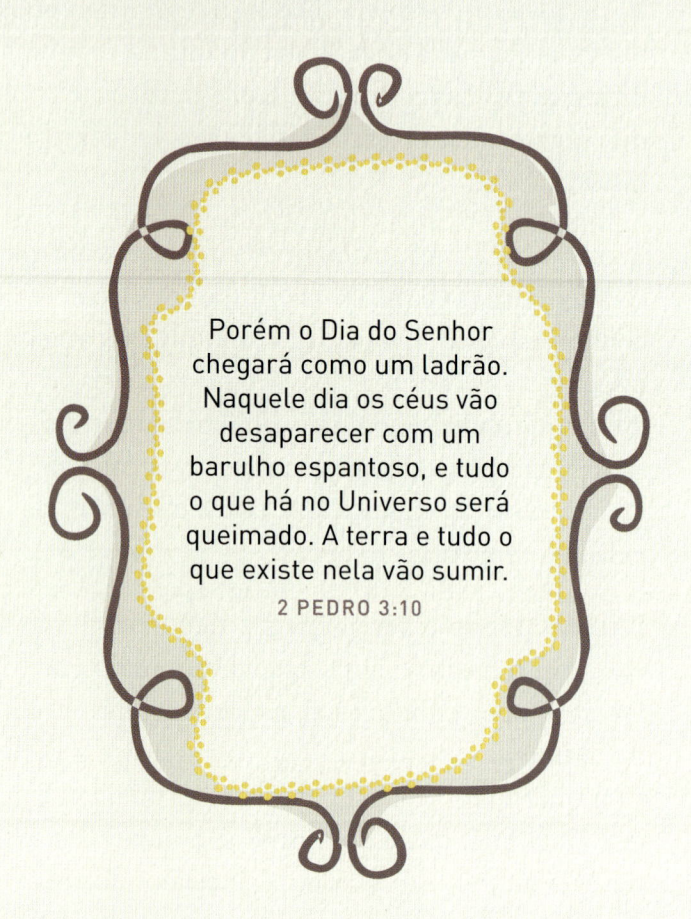

> Porém o Dia do Senhor chegará como um ladrão. Naquele dia os céus vão desaparecer com um barulho espantoso, e tudo o que há no Universo será queimado. A terra e tudo o que existe nela vão sumir.
>
> 2 PEDRO 3:10

1 Tessalonicenses 5:2-3

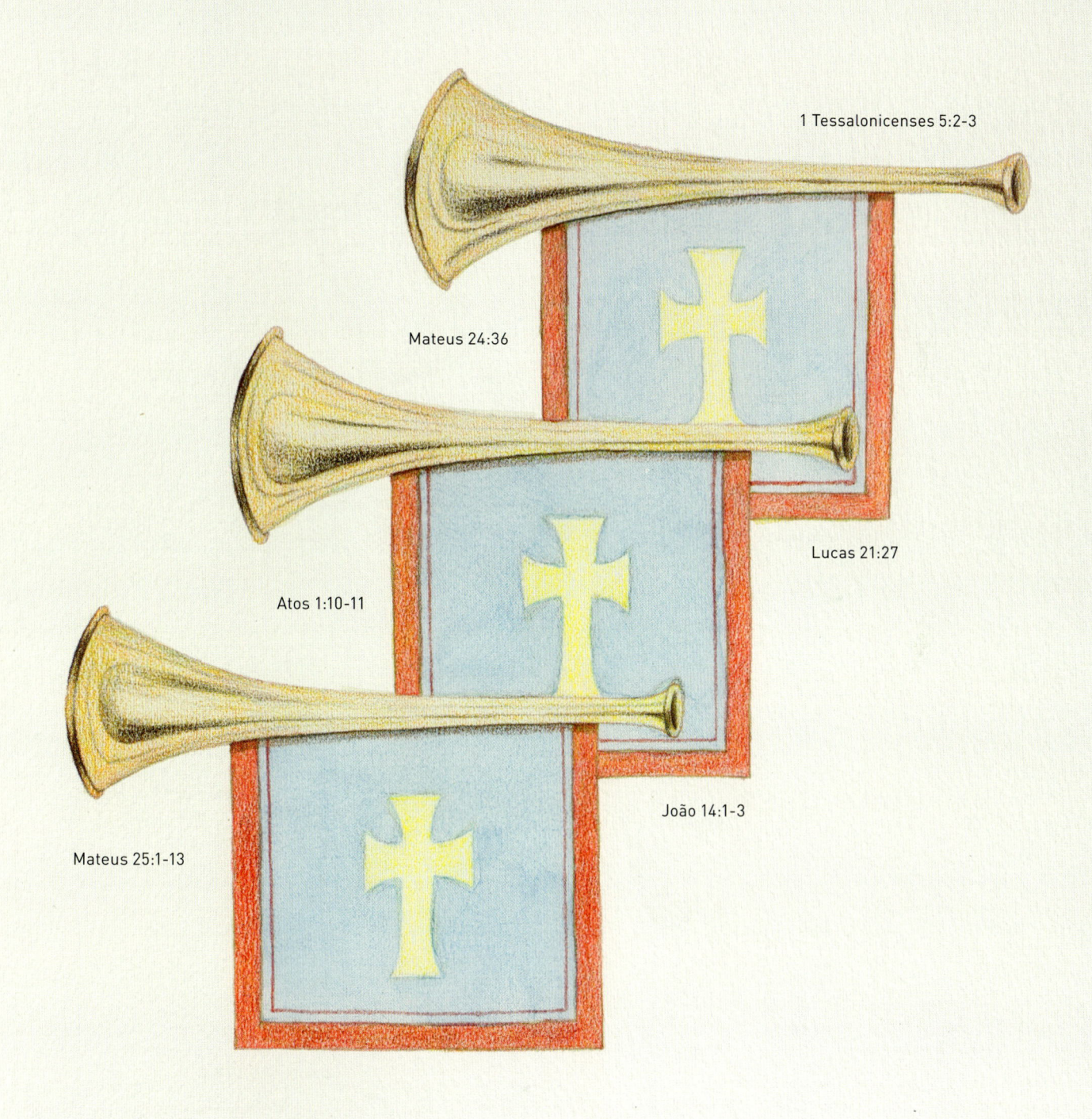

Mateus 24:36

Lucas 21:27

Atos 1:10-11

João 14:1-3

Mateus 25:1-13

1 Tessalonicenses 4:13-15

1 Coríntios 15:47-57

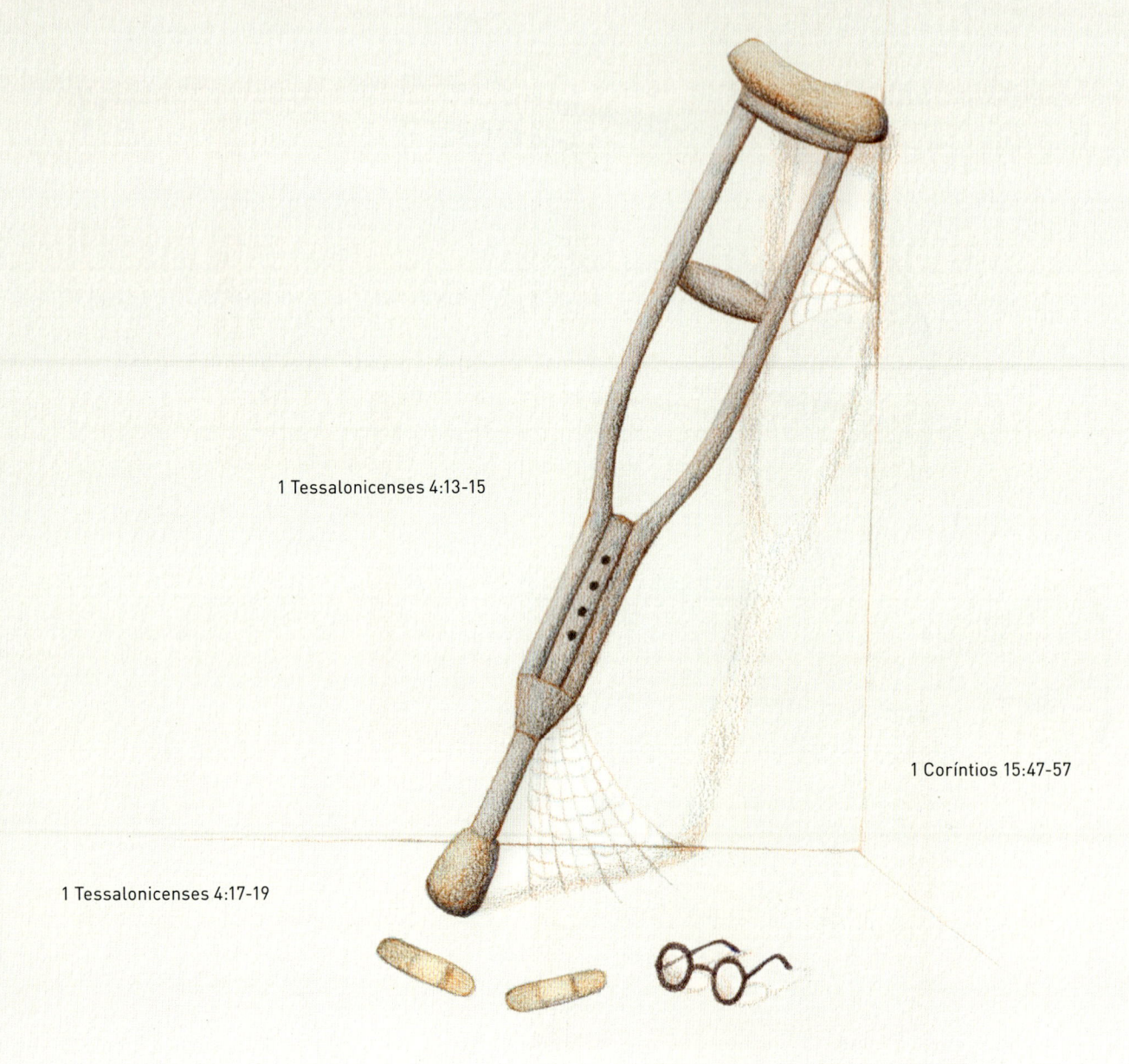

1 Tessalonicenses 4:17-19

1 Coríntios 15:35-44

Quando Jesus, vestido em luz gloriosa, voltar à Terra, Ele bradará um comando e, maravilhosamente, os corpos de todos que morreram confiando nele, ressurgirão dos mortos. Você consegue imaginar milhares de pessoas levantando-se de seus túmulos de uma só vez? Seus espíritos, que foram estar com Jesus quando morreram, se reunirão aos seus novos corpos glorificados e ressuscitarão para encontrar Jesus nos ares. Assim como o corpo ressurreto de Jesus, esses novos corpos serão completamente livres de pecado, doenças e morte. Aqueles que foram aleijados em vida levantarão com novas pernas; aqueles que tiveram câncer serão curados; aqueles que eram cegos verão, os surdos ouvirão, e aqueles que não podiam nem cantar cantarão.

Então os cristãos que ainda estiverem vivos, quando Jesus retornar, receberão novos corpos também. Eles subirão ao Céu e se unirão a todos os que pertencem à família de Deus desde o passado. As pessoas de quem nós lemos na Bíblia estarão lá também. Sara, Raquel, Maria, Isabel, Moisés, Elias, João Batista e Paulo estarão lá naquele dia, com Jesus nas nuvens..

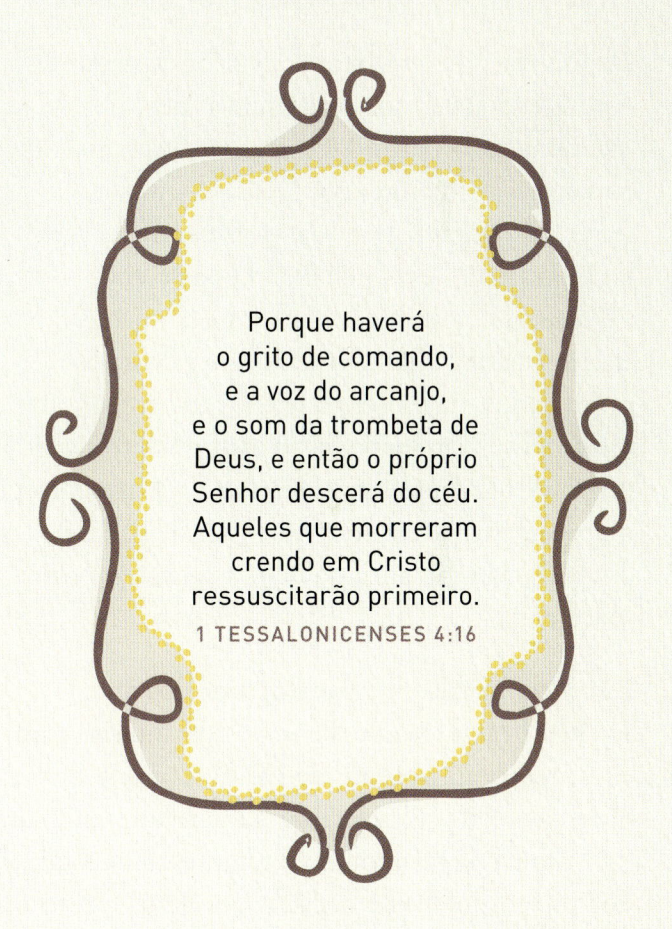

> Porque haverá o grito de comando, e a voz do arcanjo, e o som da trombeta de Deus, e então o próprio Senhor descerá do céu. Aqueles que morreram crendo em Cristo ressuscitarão primeiro.
> **1 TESSALONICENSES 4:16**

61. O julgamento final

Depois que Cristo voltar e levar os cristãos com Ele, aqueles que o rejeitaram perceberão que estavam errados. Pessoas que disseram coisas como: "Não existe Deus; o Universo criou a si próprio" e as que pensavam que não precisavam de Jesus e diziam coisas como: "Todos os caminhos levam ao Céu", não serão transformadas. Elas não terão novos corpos glorificados. Pelo contrário, enfrentarão o julgamento. Quando Cristo assumir o trono do julgamento, aqueles que ficarem na Terra correrão de medo para se esconderem atrás de rochas e em cavernas na esperança de que as rochas partam sobre eles.

Em meio a todo esse pânico, todos os que rejeitaram Jesus serão chamados do inferno para enfrentar o julgamento de Deus. Como a Bíblia profetiza, todos aqueles que não creram enquanto estavam na Terra agora não terão escolha a não ser dobrar seus joelhos e declarar que Jesus Cristo é o Senhor. Então eles precisarão se colocar de pé e ser julgados perante o trono de Deus.

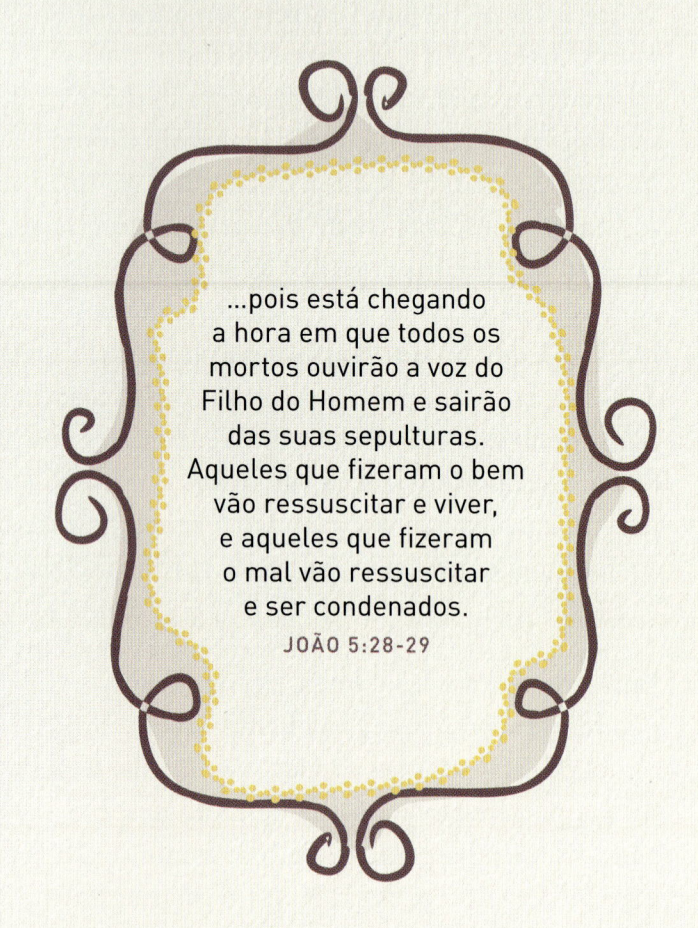

> ...pois está chegando a hora em que todos os mortos ouvirão a voz do Filho do Homem e sairão das suas sepulturas. Aqueles que fizeram o bem vão ressuscitar e viver, e aqueles que fizeram o mal vão ressuscitar e ser condenados.
>
> JOÃO 5:28-29

Apocalipse 20:13-14

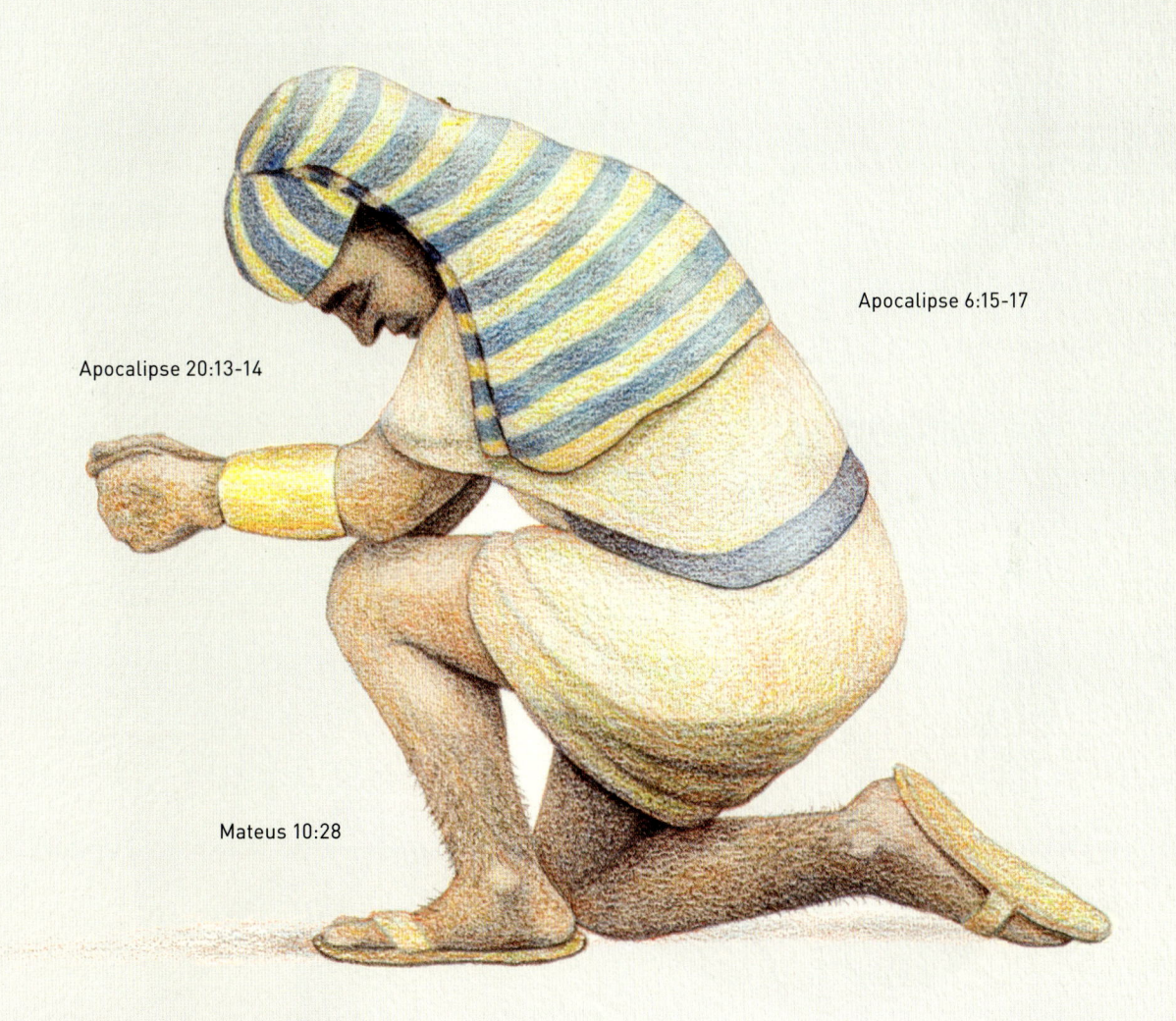

Apocalipse 6:15-17

Mateus 10:28

Apocalipse 20:10

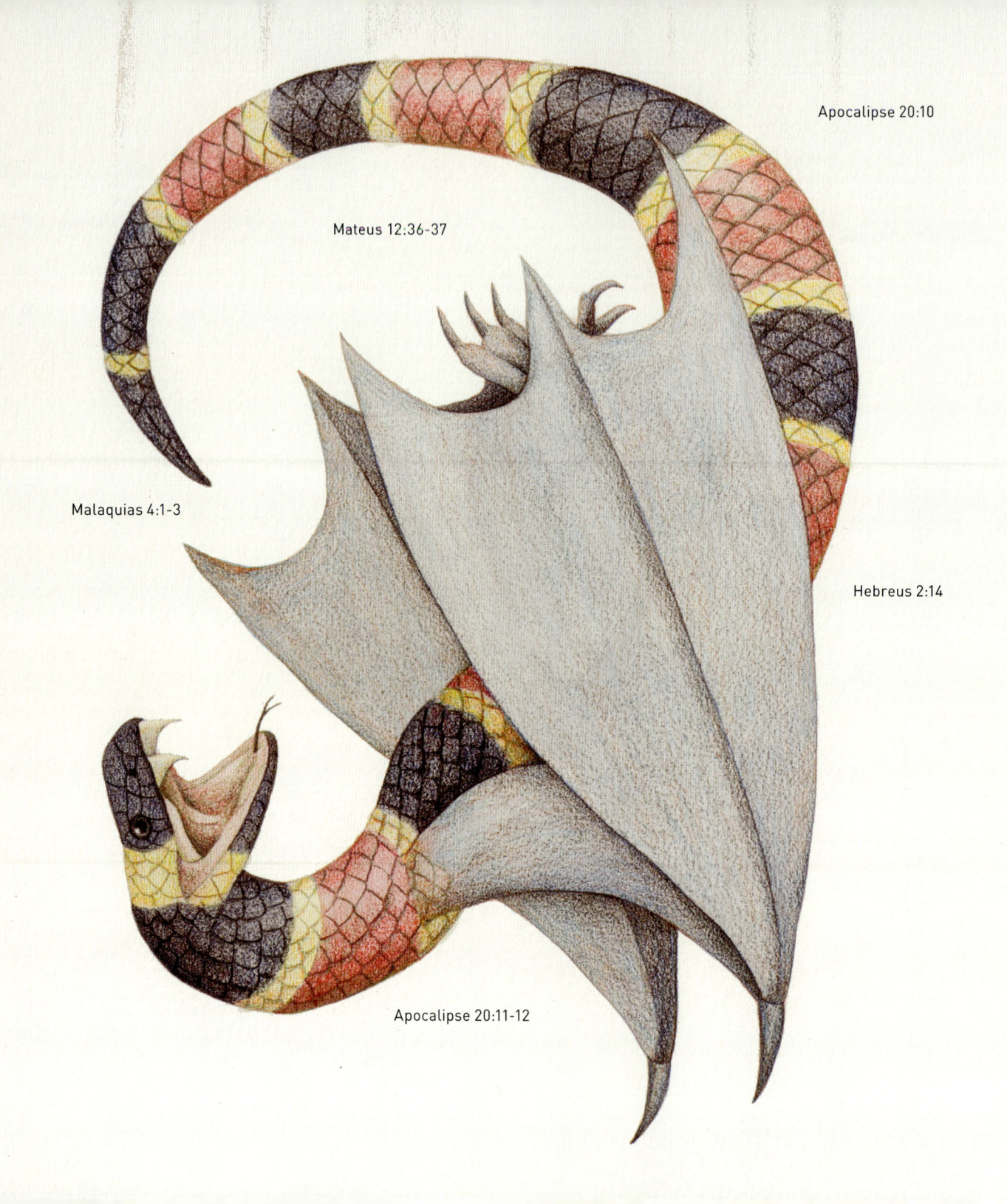

Mateus 12:36-37

Malaquias 4:1-3

Hebreus 2:14

Apocalipse 20:11-12

Naquele dia, os livros de registro do Céu serão abertos e lidos. Cada pecado oculto será declarado em alta voz para que todos ouçam. Cada assassinato, roubo, mentira e até mesmo cada palavra ou pensamento indelicado será revelado quando cada incrédulo for julgado por seus pecados. Aqueles cujos nomes não forem encontrados no Livro da Vida serão enviados para longe de Deus para sempre. A Bíblia chama esse lugar de muitos nomes — inferno, o lago de fogo, a segunda morte —, e todos eles correspondem a um lugar onde não há amor nem vida. Apenas em Deus podemos encontrar vida e amor.

De uma vez por todas, o próprio grande dragão, o diabo, será lançado fora para sempre onde ele sofrerá dia e noite por causa de todo mal e coisas ruins que ele fez. Os céus e a Terra como os conhecemos agora passarão. Como a Terra durante o dilúvio nos dias de Noé, mais uma vez ela será limpa de todo pecado e mal. Porém, desta vez, não restará nenhum pecado para estragar o mundo novo e limpo. Deus fará novo Céu e nova Terra.

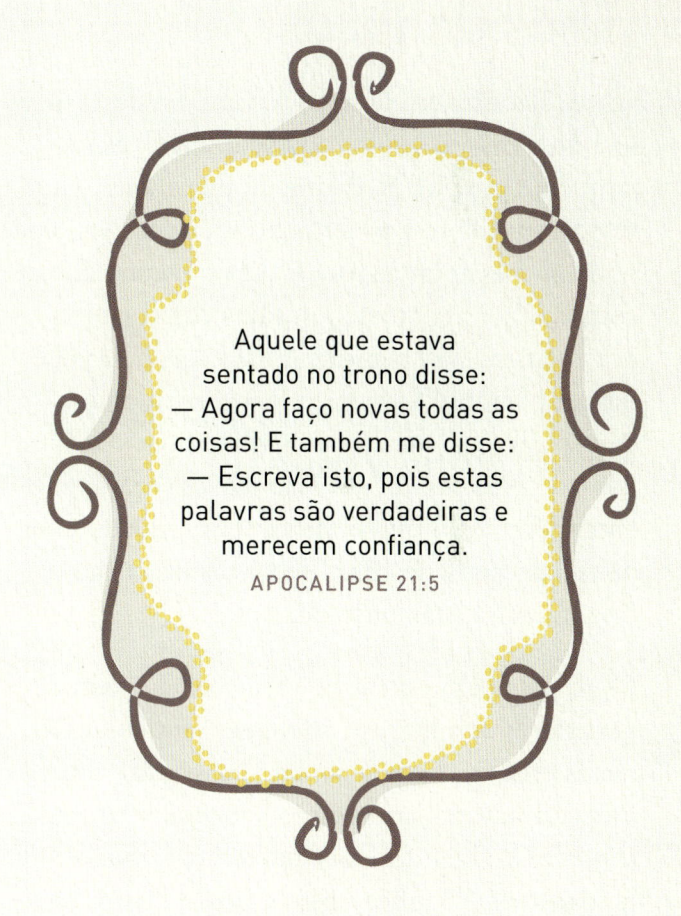

> Aquele que estava sentado no trono disse:
> — Agora faço novas todas as coisas! E também me disse:
> — Escreva isto, pois estas palavras são verdadeiras e merecem confiança.
> **APOCALIPSE 21:5**

62. Um dia muito diferente para todos os filhos de Deus

Se você confia em Jesus, o último dia desta Terra será bem diferente para aquele que crê. Você também estará de pé diante de Deus, mas, em vez de ter que responder pelos seus pecados, você pode apenas apontar para Cristo e dizer: "Estou com Ele!". A morte de Jesus na cruz já pagou por todos os seus pecados. Então, quando você estiver perante Deus, você será recebido com estas palavras: "Muito bem, servo bom e fiel". Isso não é maravilhoso? Naquele dia realmente entenderemos o que significa ser perdoado e ter nossos pecados afastados de nós assim como o oriente está distante do ocidente.

Cristo nos dará coroas de vida eterna e justiça perfeita. Nossa luta em não fazer ou pensar em coisas erradas chegará ao fim. Nossa luta contra o medo, a tristeza, até mesmo a morte, terminará! Em vez de lágrimas, todos nós cantaremos e bradaremos: "Senhor nosso e nosso Deus! Tu és digno de receber glória, honra e poder". O melhor de tudo sobre esse dia será ver Deus face a face e adorá-lo.

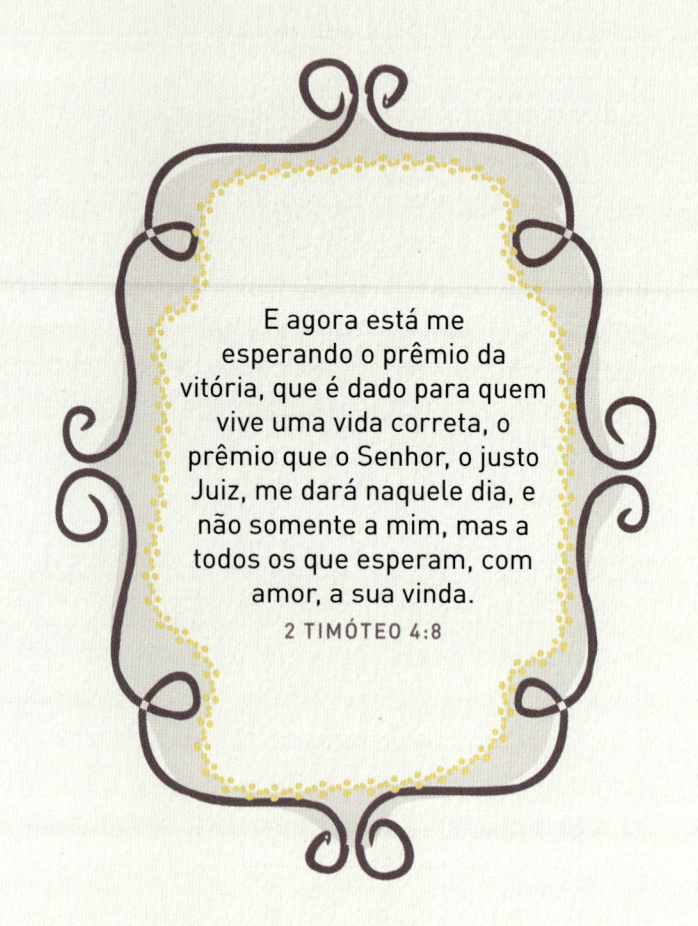

> E agora está me esperando o prêmio da vitória, que é dado para quem vive uma vida correta, o prêmio que o Senhor, o justo Juiz, me dará naquele dia, e não somente a mim, mas a todos os que esperam, com amor, a sua vinda.
>
> **2 TIMÓTEO 4:8**

Apocalipse 4:10-11

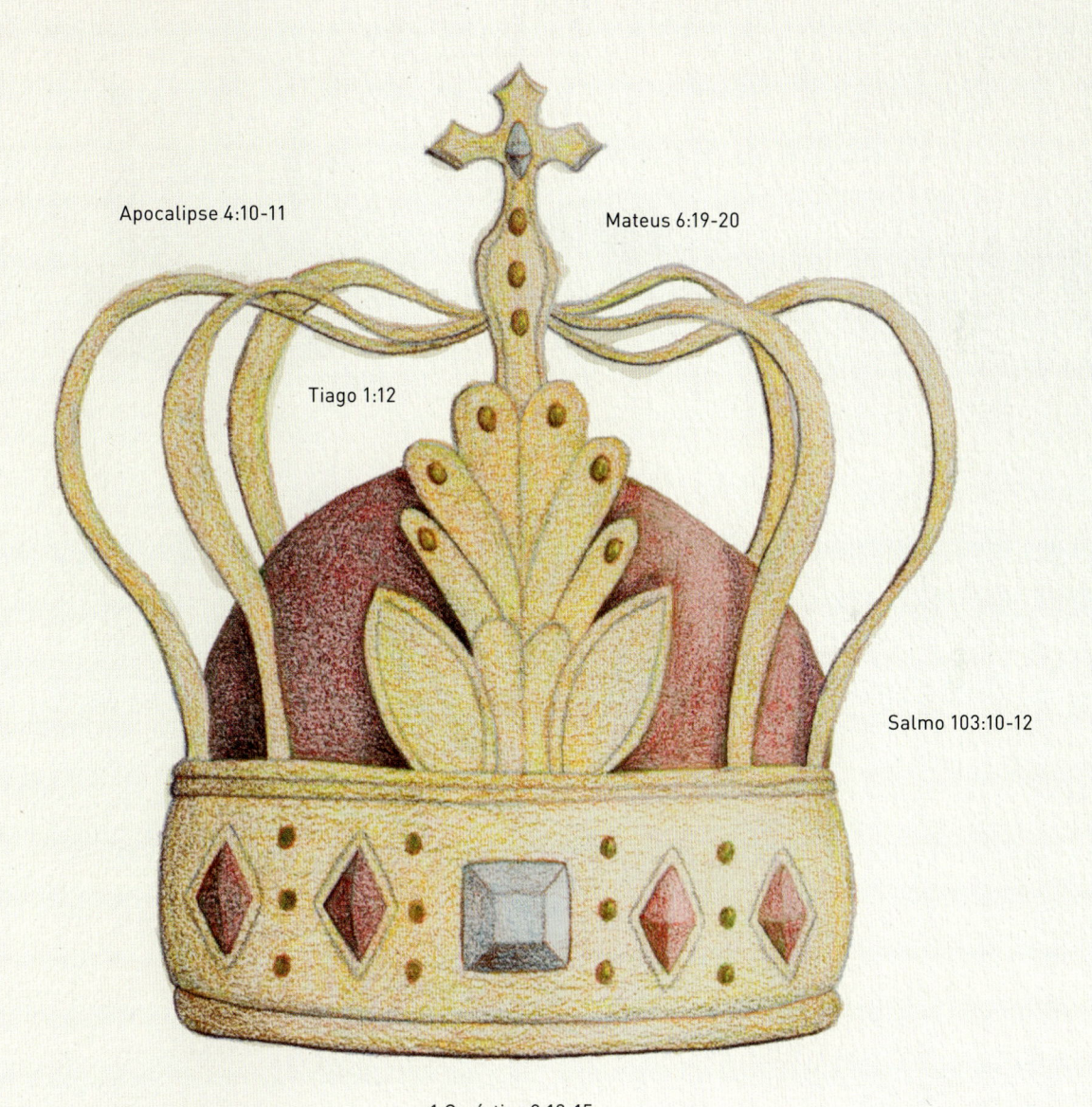

Mateus 6:19-20

Tiago 1:12

Salmo 103:10-12

1 Coríntios 3:12-15

Apocalipse 21:1-5

Isaías 65:17-19

Isaías 65:25

63. Novo Céu e nova Terra

Você já se sentiu extremamente feliz por voltar para casa e para sua própria cama depois de uma longa viagem? Essa sensação é apenas um pouquinho do que será o Céu para os filhos de Deus. Embora o Céu possa parecer distante demais e difícil de entender, quando Deus tornar a Terra novinha em folha novamente, sentiremos tamanha alegria por estar finalmente em casa. Essa alegria encherá a nossa vida e transbordará em louvor a Deus por tudo o que Ele tem feito.

Nós assistiremos a Nova Jerusalém, a cidade que Deus preparou para nós, descer do Céu para a Terra. Imagine como será entrar pelos portões de cristal percebendo que aquele será o nosso lar para sempre! Dentro de seus lindos muros, viveremos com Jesus, construindo casas, cultivando jardins, fazendo música, criando arte e, de diferentes formas, enchendo o mundo de beleza e alegria.

Os animais mais uma vez encherão a Terra e, como no jardim do Éden, viverão em paz e harmonia conosco. Imagine fazer carinho em um tigre, correr com um antílope ou chamar uma águia para pousar no seu braço.

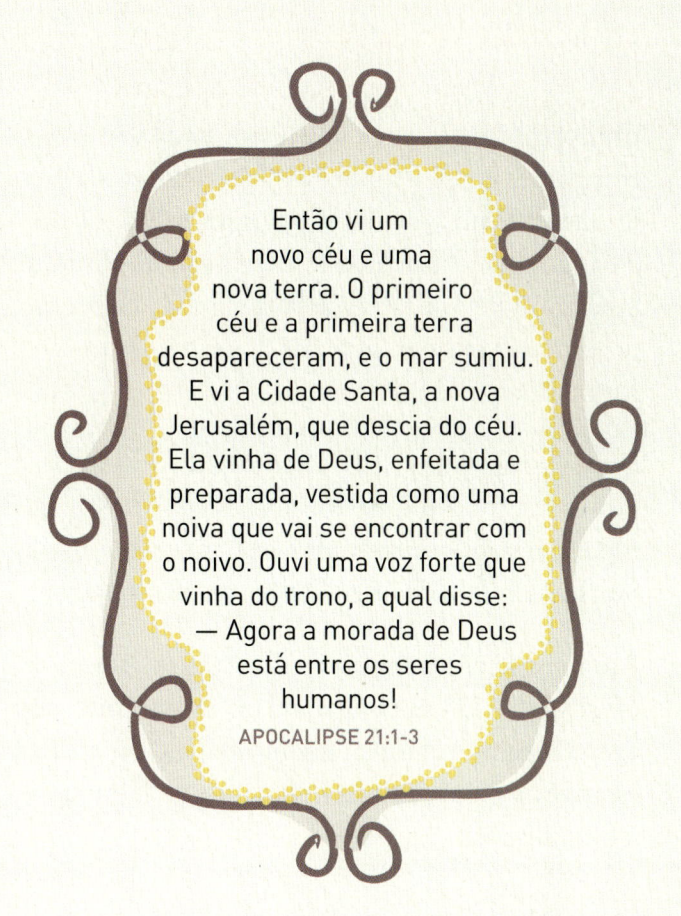

> Então vi um novo céu e uma nova terra. O primeiro céu e a primeira terra desapareceram, e o mar sumiu. E vi a Cidade Santa, a nova Jerusalém, que descia do céu. Ela vinha de Deus, enfeitada e preparada, vestida como uma noiva que vai se encontrar com o noivo. Ouvi uma voz forte que vinha do trono, a qual disse:
> — Agora a morada de Deus está entre os seres humanos!
> APOCALIPSE 21:1-3

Embora a Nova Terra seja linda, nada se comparará ao centro da Nova Jerusalém. Lá Jesus se assentará no Seu trono e nos receberá. O rio da água da vida, brilhante como cristal, fluirá do Seu trono pelas ruas. A árvore da vida crescerá próxima ao rio sem guardas, com seu fruto livre para colheita.

A luz gloriosa de Cristo irradiará do Seu trono e iluminará todo o mundo. Veremos a Jesus como Ele é e o contemplaremos face a face, sem medo. Sua luz e bondade acabarão com a nossa cegueira.

Até mesmo as melhores coisas da Terra serão ofuscadas; nada se comparará ao nosso amor por Jesus. Seremos completamente felizes em apenas estar com Ele, e isso dará ao Filho de Deus a maior alegria.

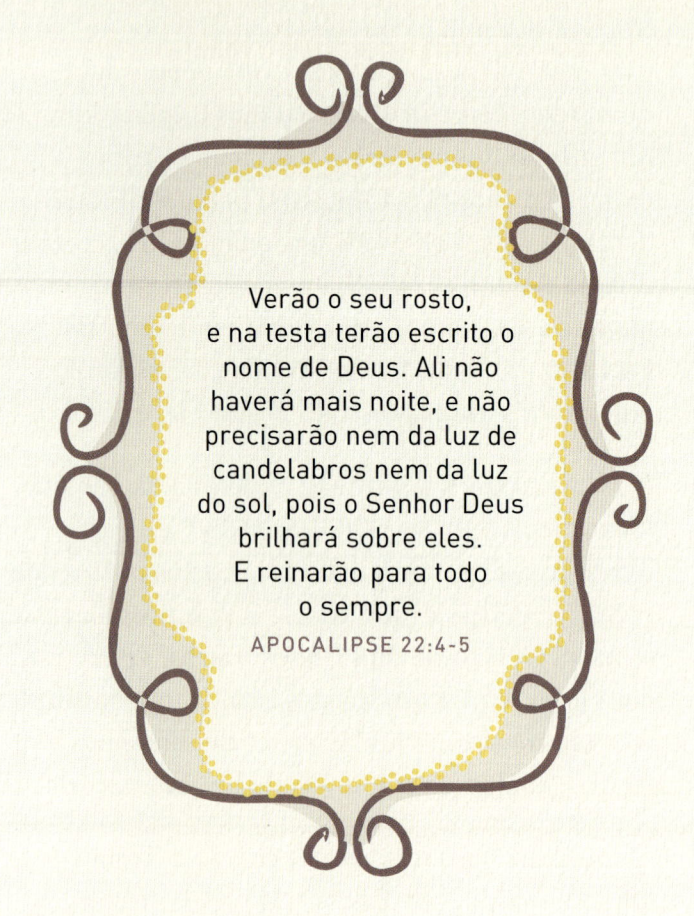

> Verão o seu rosto, e na testa terão escrito o nome de Deus. Ali não haverá mais noite, e não precisarão nem da luz de candelabros nem da luz do sol, pois o Senhor Deus brilhará sobre eles. E reinarão para todo o sempre.
>
> **APOCALIPSE 22:4-5**

1 Coríntios 13:12

Apocalipse 22:1-3

Isaías 60:19-20

1 Timóteo 6:16

1 João 3:2

Apocalipse 21:17-27

João 14:2-3

Apocalipse 3:12

64. O lugar especial onde Deus mora com o Seu povo

Os estádios para eventos esportivos podem receber uma multidão. Mas imagine como será quando todos os milhões e milhões de cristãos de todos os tempos estiverem reunidos na Nova Jerusalém em volta do trono para adorar!

A cidade chamada Nova Jerusalém retratada no livro de Apocalipse é descrita como muito, muito grande — até mesmo imensa. João nos diz em seu livro que a cidade tem 12.000 estádios de cada lado. Isso é cerca de 2.200 km! Na verdade, ela cobriria a maior parte dos Estados Unidos e seria mais alta do que 250 montanhas empilhadas uma em cima da outra!

Mas as medidas significam mais do que o fato de que a cidade será enorme. O grande tamanho da cidade é uma representação de como são grandes o plano e o propósito de Deus para o Seu povo e o novo Céu e a nova Terra. A cidade também é descrita como um cubo — todos os lados têm o mesmo comprimento. No Templo de Salomão no Antigo Testamento, o Santíssimo Lugar — o local que representava a presença de Deus — também era um cubo. Porém na Nova Jerusalém esse cubo será muitas e muitas vezes maior porque Deus não estará somente no Santíssimo Lugar do Templo; Ele preencherá todo o imenso espaço por inteiro. Toda a cidade será o local especial onde Deus viverá com Seu povo.

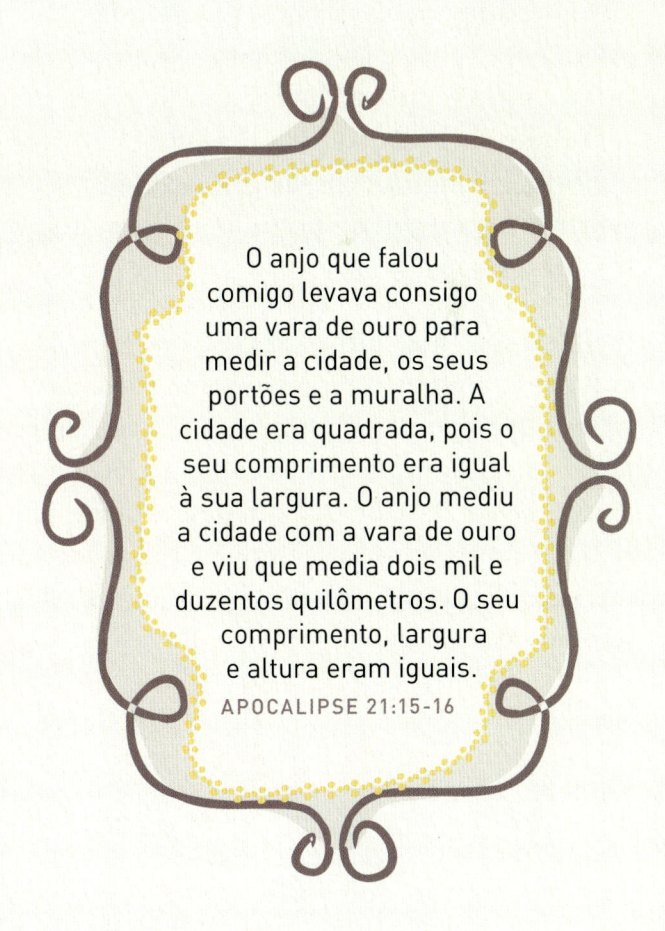

> O anjo que falou comigo levava consigo uma vara de ouro para medir a cidade, os seus portões e a muralha. A cidade era quadrada, pois o seu comprimento era igual à sua largura. O anjo mediu a cidade com a vara de ouro e viu que media dois mil e duzentos quilômetros. O seu comprimento, largura e altura eram iguais.
>
> APOCALIPSE 21:15-16

No pátio central da imensa Nova Jerusalém, pessoas de todas as nações, tribos e línguas se reunirão. Haverá tantas pessoas que ninguém será capaz de contá-las todas. (Assim como Deus disse, são comparadas à areia do litoral e às estrelas!). Juntas elas adorarão a Deus dizendo: "A salvação pertence ao nosso Deus, que se assenta no trono, e ao Cordeiro". Junto com os milhões de crentes, milhares e milhares de anjos se unirão à celebração. Eles bradarão: "Louvor e glória, sabedoria, ação de graças, honra, poder e força sejam ao nosso Deus para todo o sempre. Amém!".

Naquele dia, cada promessa de Deus se cumprirá: a promessa a Adão sobre esmagar a cabeça da serpente, a promessa a Abraão sobre fazer seus filhos numerosos como a areia do mar, a promessa a Davi de que um descendente seu reinaria no trono para sempre e a promessa para nós de que, se colocarmos a fé em Jesus Cristo, seremos salvos.

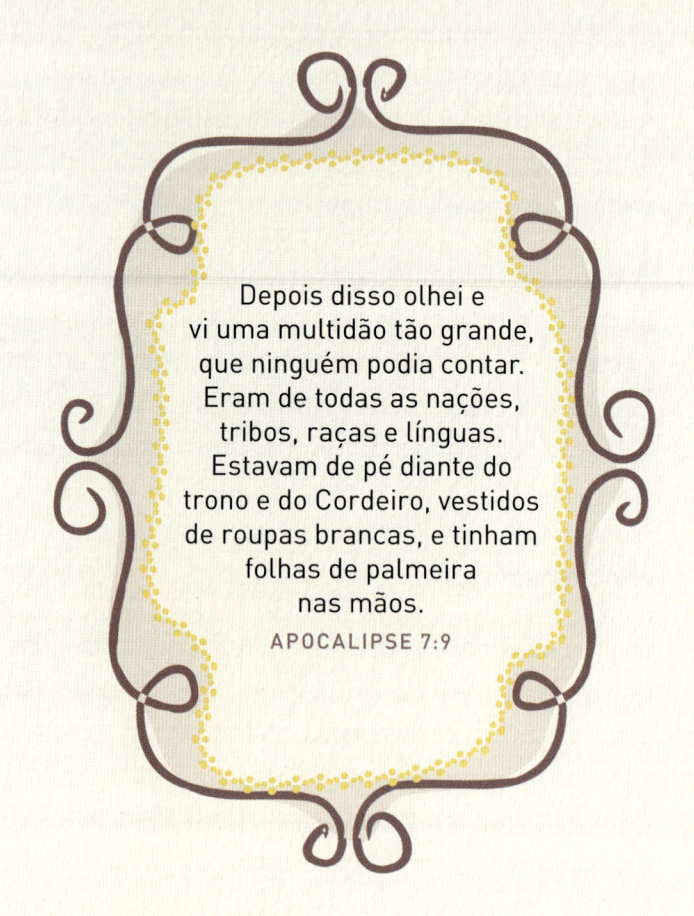

> Depois disso olhei e vi uma multidão tão grande, que ninguém podia contar. Eram de todas as nações, tribos, raças e línguas. Estavam de pé diante do trono e do Cordeiro, vestidos de roupas brancas, e tinham folhas de palmeira nas mãos.
>
> APOCALIPSE 7:9

Apocalipse 7:10-17

Apocalipse 22:16-21

Apocalipse 22:6-10

Gênesis 22:17

Jeremias 33:17-18

Efésios 5:22-31

Mateus 25:13

Marcos 2:19

João 14:3

João 3:25-30

65. A última festa de casamento

A partir do dia em que Deus criou Eva e a trouxe para Adão, a união deles no casamento tinha uma mensagem oculta. O amor de um marido por sua esposa reflete o amor de Cristo por Sua Igreja. Um homem e uma mulher tornando-se um no casamento é um retrato da Igreja, o povo de Deus, e Jesus unindo-se em um matrimônio celestial no fim dos tempos. Todas as celebrações matrimoniais na Terra apontam para o dia de um casamento supremo e a celebração que teremos na Nova Jerusalém.

O casamento mostra ao mundo a grandeza do amor de Deus por nós. É por isso que maridos e esposas são chamados para amar e honrar um ao outro. Deus deseja que maridos e esposas revelem ao mundo Seu infinito amor pela Igreja e que a Igreja mostre a honra a Cristo. No final dos tempos, nós nos uniremos a Jesus e viveremos com Ele para sempre. Nosso casamento com Jesus nunca findará.

> Fiquemos alegres e felizes! Louvemos a sua glória! Porque chegou a hora da festa de casamento do Cordeiro, e a sua noiva já se preparou para recebê-lo.
> **APOCALIPSE 19:7**
>
> Então o anjo me disse: — Escreva isto: "Felizes os que foram convidados para a festa de casamento do Cordeiro!". E o anjo disse ainda: — São essas as verdadeiras palavras de Deus.
> **APOCALIPSE 19:9**

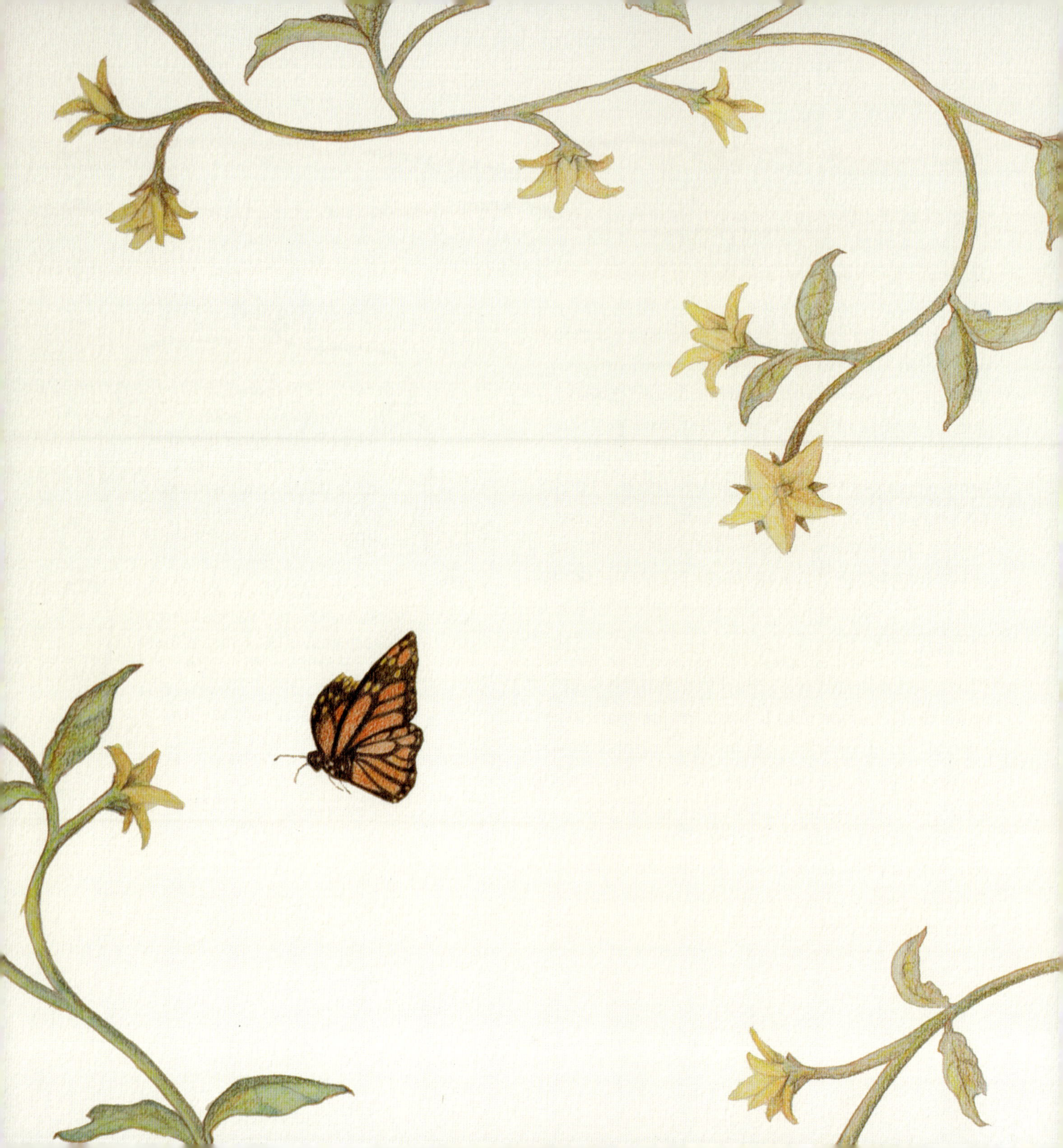

O que é a Palavra de Deus?

1 Coríntios 2:12-13

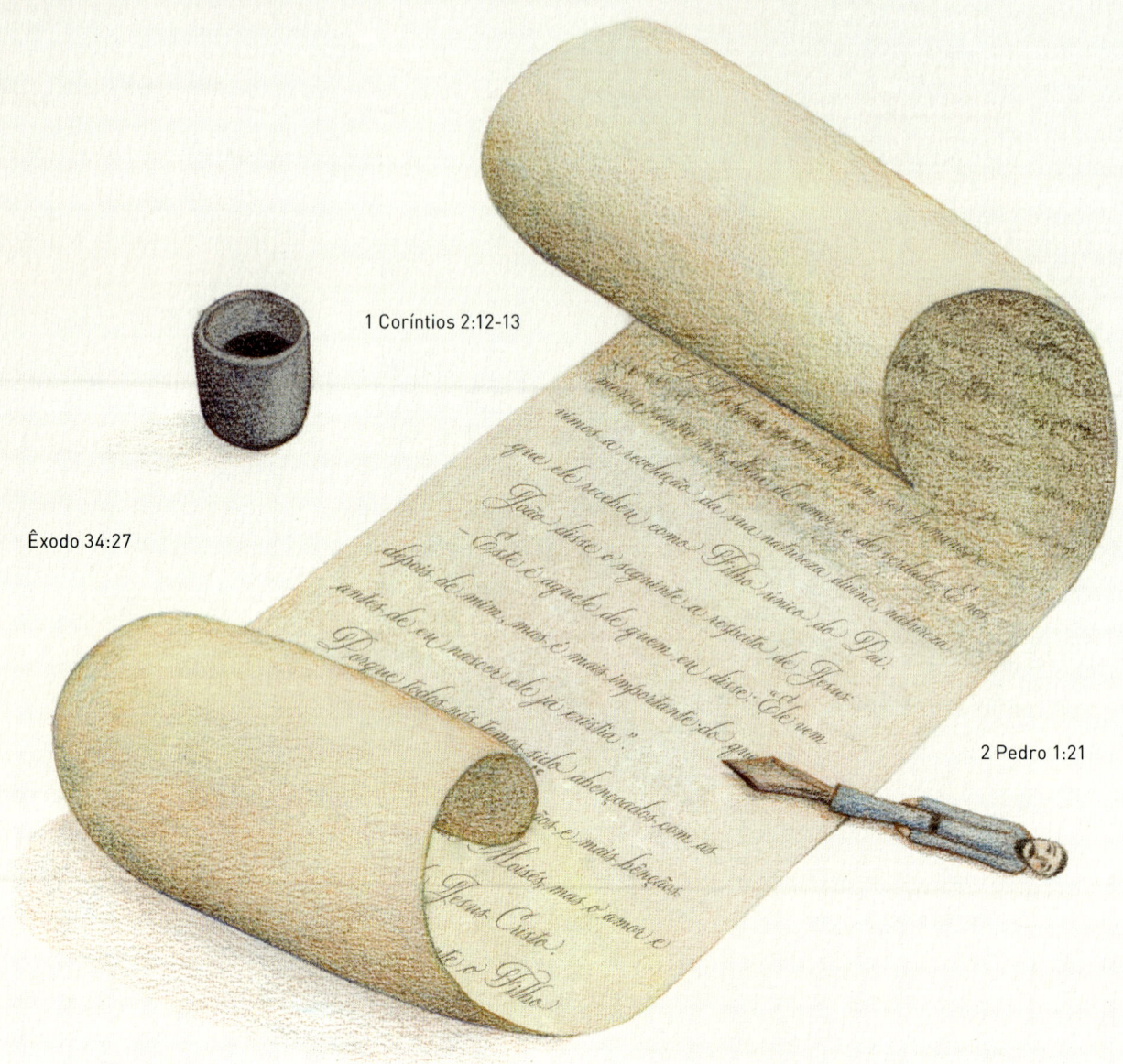

Êxodo 34:27

2 Pedro 1:21

Apocalipse 21:5

66. Deus escreveu a Bíblia por intermédio das pessoas

O apóstolo Paulo disse a Timóteo que "toda a Escritura Sagrada é inspirada por Deus". Isso significa que o Senhor inspirou os escritores dos livros da Bíblia para registrar as Suas palavras. Paulo disse aos coríntios que o Espírito de Deus lhe deu as palavras que ele usou para ensiná-los a verdade divina.

Quando você usa uma caneta para escrever uma carta ou um recado, a caneta coloca a tinta na página, e a tinta forma as palavras. Quando a carta está completa, você pode dizer que a caneta foi o instrumento para escrever a carta. No entanto, se a sua mão não movesse a caneta, ela não poderia escrever nada.

Da mesma forma, os escritores da Bíblia — com sua própria personalidade e língua — foram como canetas na mão de Deus. Ele os inspirou a se lembrar do que viram e a escrever o que o Senhor queria que escrevessem. Então, embora a Bíblia tenha sido escrita por pessoas, Deus foi o autor por trás disso.

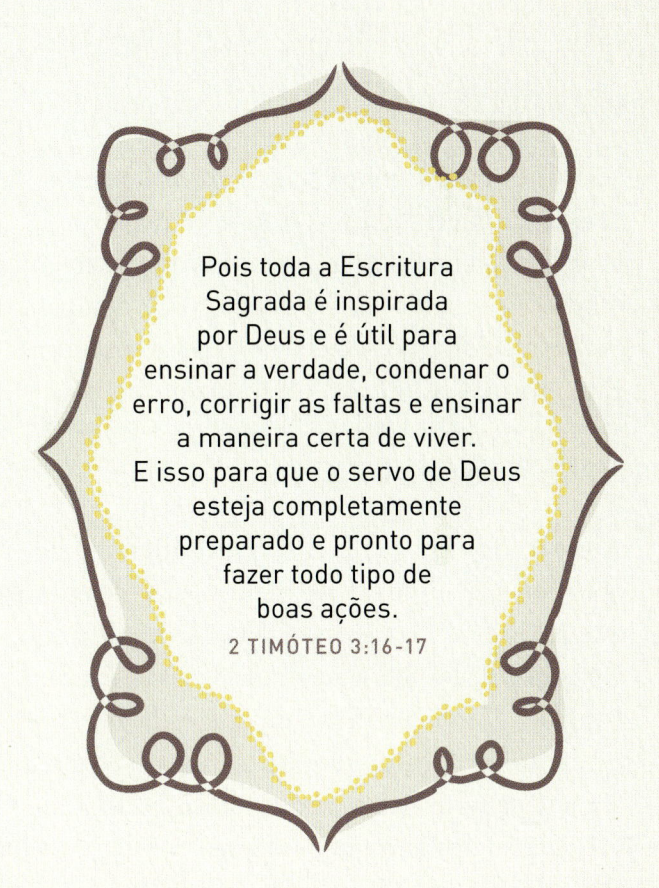

> Pois toda a Escritura Sagrada é inspirada por Deus e é útil para ensinar a verdade, condenar o erro, corrigir as faltas e ensinar a maneira certa de viver. E isso para que o servo de Deus esteja completamente preparado e pronto para fazer todo tipo de boas ações.
>
> **2 TIMÓTEO 3:16-17**

67. A Palavra de Deus é verdadeira

Mentir é dizer algo que não é verdadeiro. As pessoas contam mentiras para se livrar dos problemas, como dizer à sua mãe que você comeu o brócolis quando, na realidade, você deu para o cachorro. As pessoas também contam mentiras para enganar os outros, como dizer que você pegou um peixe enorme quando, na verdade, era bem pequeno.

A Bíblia nos diz que Deus é bem diferente de nós, pois Ele nunca pode mentir. Um dos nomes que Jesus deu a si mesmo foi Verdade. Quando Deus nos deu a Sua Palavra, Ele nos deu a Sua verdade. Ele se certificou de que os homens que a escrevessem, inspirados pelo Espírito Santo, não cometessem nenhum erro e apenas contassem a verdade. É por isso que podemos confiar na Bíblia para direcionar a nossa vida.

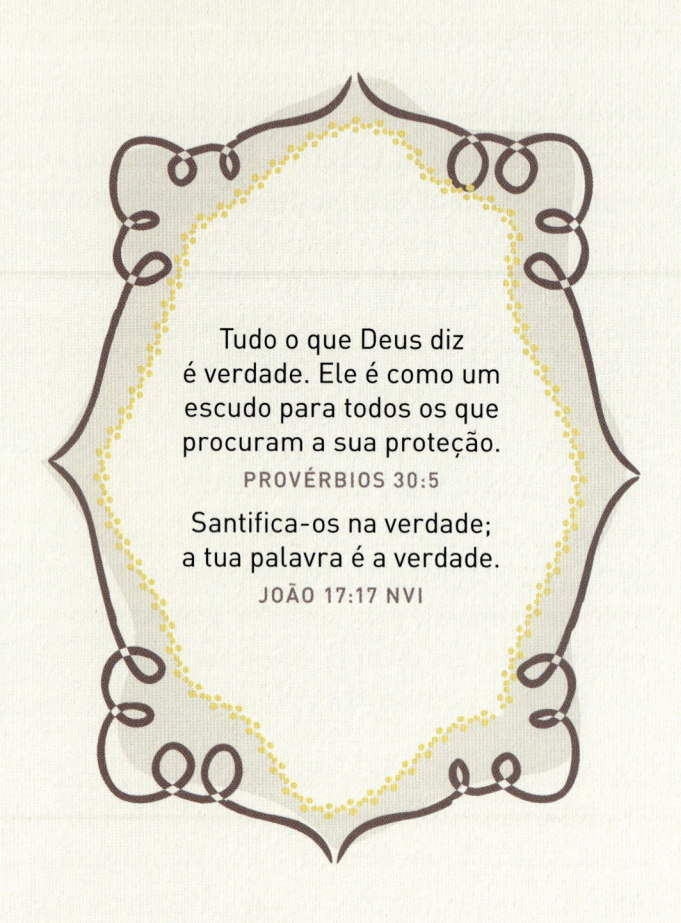

> Tudo o que Deus diz é verdade. Ele é como um escudo para todos os que procuram a sua proteção.
> **PROVÉRBIOS 30:5**
>
> Santifica-os na verdade; a tua palavra é a verdade.
> **JOÃO 17:17 NVI**

Hebreus 6:18

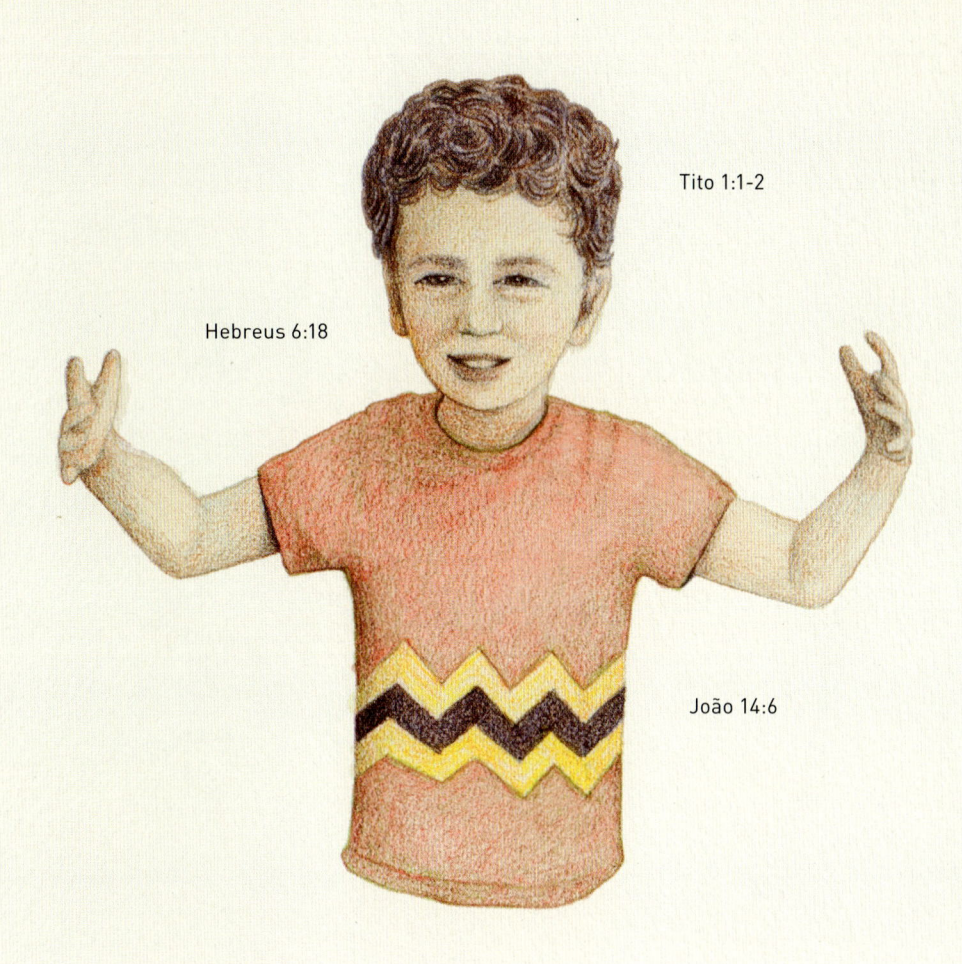

Tito 1:1-2

João 14:6

Romanos 15:4

Mamãe da me un carinho de Natal?

Apocalipse 22:18-19

Numbers 23:19

Você já errou a grafia de uma palavra ao escrever um recado? Por exemplo, suponha que uma criança aprendendo a escrever deixe um recado para a mãe dizendo: "Mamae me da un carinho de Natal?". Quando a mãe pega o bilhete, por um momento ela pensa que não terá de gastar um centavo com o presente do filho, já que o cobre de carinho todos os dias. Ele escreveu "carinho" e não "carrinho", que é o presente que ele desejava!

Ao longo dos anos, os escribas copiaram a Bíblia repetidamente para que as pessoas de todo o mundo pudessem lê-la. Muito embora eles fossem meticulosamente cuidadosos, às vezes cometiam pequenos erros. Os estudiosos têm tentado corrigir esses erros, mesmo assim, eles não podem ter certeza de ter corrigido tudo. De qualquer forma, a Bíblia é muito próxima da maneira como foi originalmente escrita, e nenhum desses pequenos erros afetam a verdade do plano de salvação de Deus por meio da morte de Jesus na cruz.

Alguns têm usado a existência dos erros de cópia como uma desculpa para dizer que não podemos confiar na Bíblia. Mas, quando comparamos a Bíblia de hoje com as primeiras cópias, fica claro que Deus tem protegido Sua Palavra de maneira que nenhuma parte de Sua mensagem seja perdida.

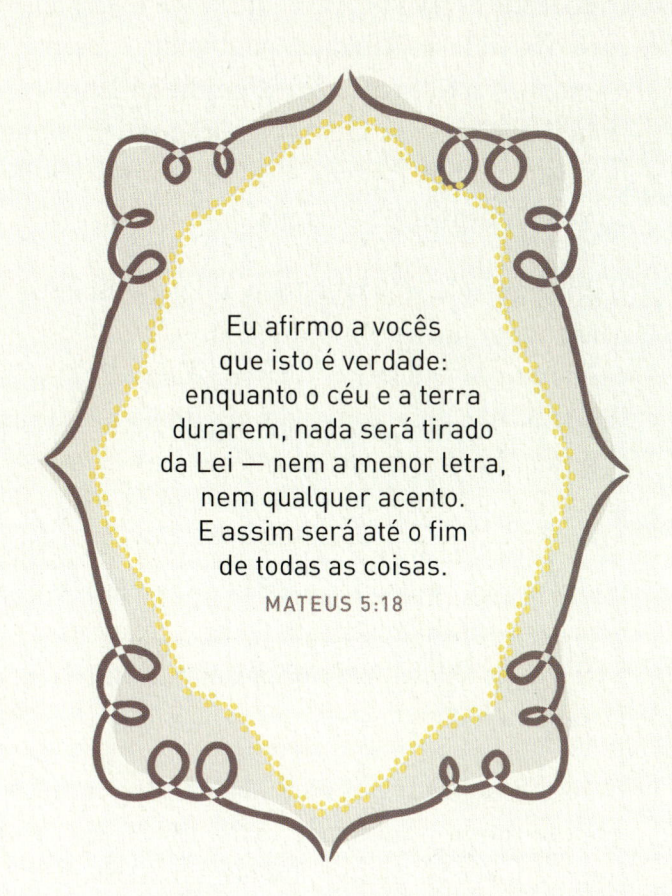

> Eu afirmo a vocês que isto é verdade: enquanto o céu e a terra durarem, nada será tirado da Lei — nem a menor letra, nem qualquer acento. E assim será até o fim de todas as coisas.
> **MATEUS 5:18**

68. Deus fala com você, e você fala com Deus

Pense no seu melhor amigo. Como você o conheceu? É mais provável que você tenha falado com ele, e ele tenha falado com você, e, com o tempo, vocês passaram a se conhecer bem. É assim também com Deus. O Senhor fala conosco por meio da Sua Palavra, a Bíblia, e nós falamos com Ele por meio da oração.

É claro que Deus já sabe tudo a nosso respeito. Mas tudo o que precisamos saber sobre Deus encontramos lendo Sua Palavra. Além disso, o Espírito Santo usa as palavras da Bíblia para falar conosco. Ele nos mostra o quanto precisamos de Jesus. Ele nos conforta quando estamos tristes. Ele nos lembra que, por causa da morte de Jesus, podemos ser perdoados dos nossos pecados e nos tornamos filhos amados de Deus. O Espírito Santo usa a Bíblia para nos ensinar a como viver para Deus.

Deus fala conosco por meio da Sua Palavra e, quando oramos, podemos falar com Ele assim como conversamos com um amigo. O Senhor promete que sempre nos ouve. Podemos dizer a Ele o quanto o amamos e pedir a Sua ajuda. Podemos pedir a Deus que ajude outras pessoas também. Quando Jesus viveu na Terra, seus amigos o viram orando com frequência, e Jesus disse a eles para orarem também. Eles não tinham certeza sobre o que dizer a Deus, então pediram a Jesus que os ensinasse a orar. Nós chamamos a oração que Jesus ensinou a eles de a "Oração do Pai Nosso" (veja Mateus 6:9-13).

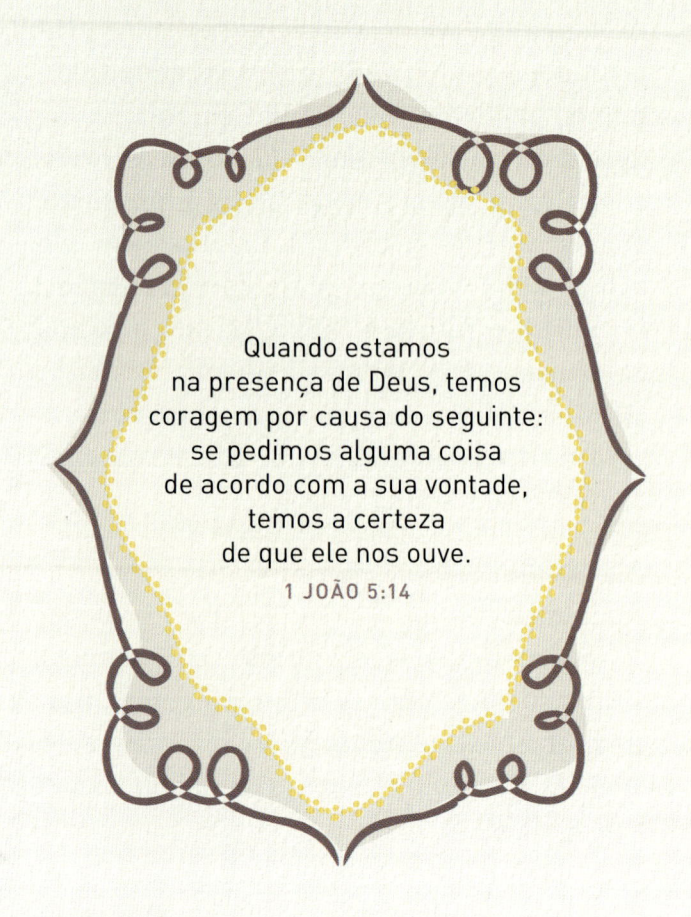

> Quando estamos na presença de Deus, temos coragem por causa do seguinte: se pedimos alguma coisa de acordo com a sua vontade, temos a certeza de que ele nos ouve.
>
> **1 JOÃO 5:14**

1 Tessalonicenses 5:17

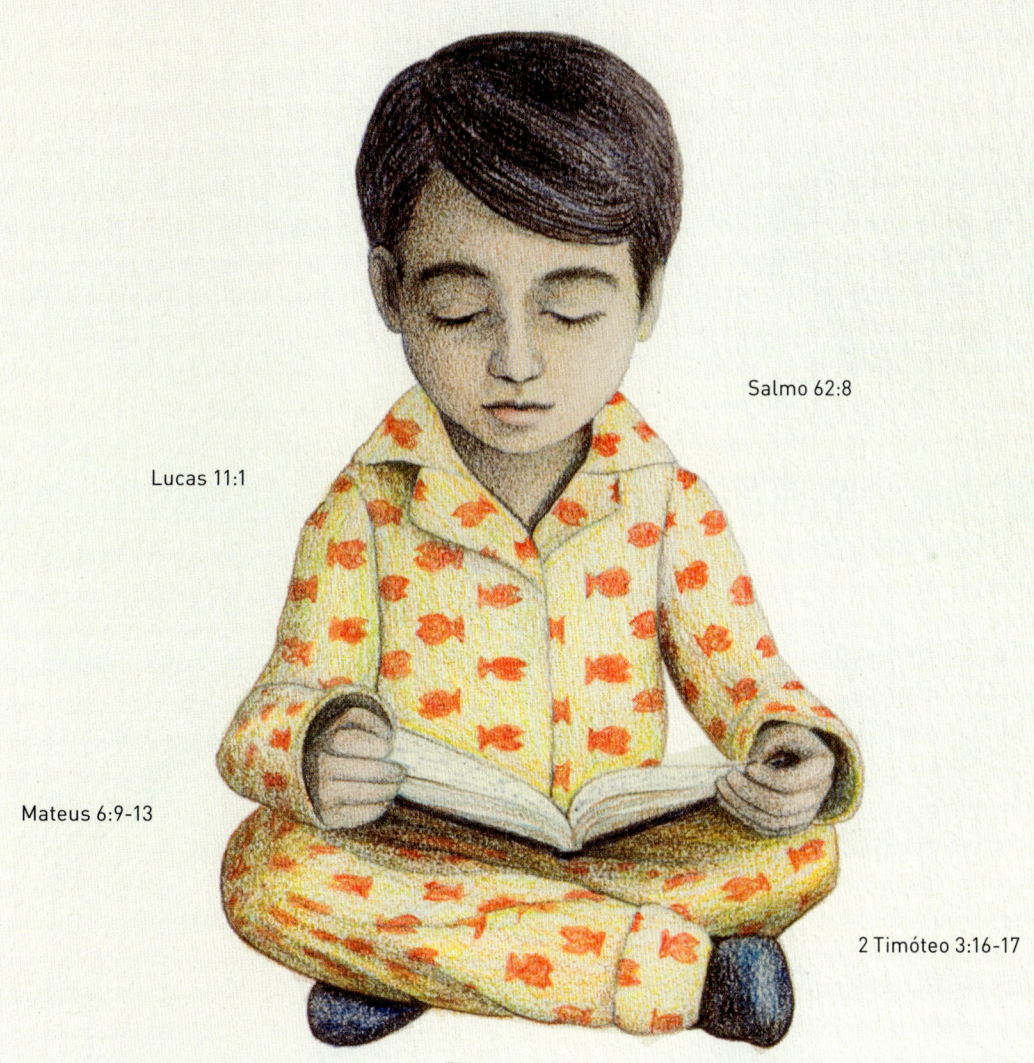

Salmo 62:8

Lucas 11:1

Mateus 6:9-13

2 Timóteo 3:16-17

Filipenses 4:6

Jeremias 15:16

Romanos 10:13-17

Mateus 4:4

2 Timóteo 2:15

69. A Bíblia é o nosso alimento espiritual

Quando um jovem cervo ou outro animal fica órfão e é resgatado da floresta, uma das primeiras coisas que um veterinário fará será dar a ele algo para comer. Mas, se o cervo estiver com medo, ele pode não querer se alimentar. Nesse caso, o veterinário talvez precise forçá-lo a comer, pois sem comida, o animal não tem como sobreviver.

Deus nos criou para sentir fome quando deixamos de fazer uma ou duas refeições, pois, como os animais, as pessoas precisam de alimento para viver e crescer. Contudo, diferentemente dos animais, o homem também necessita de alimento espiritual. Precisamos ler a Palavra de Deus para que possamos continuar a aprender sobre o Senhor e mais sobre como viver para Ele.

Assim como você pode se encher de doces e refrigerantes e não obter as vitaminas das quais precisa para crescer, você pode aprender muitas coisas boas sobre o mundo ao seu redor, mas não conhecer a verdade essencial para viver e crescer com Deus. Apenas a Bíblia contém as palavras de vida que cada um de nós precisa conhecer a fim de ser salvo e crescer como cristão.

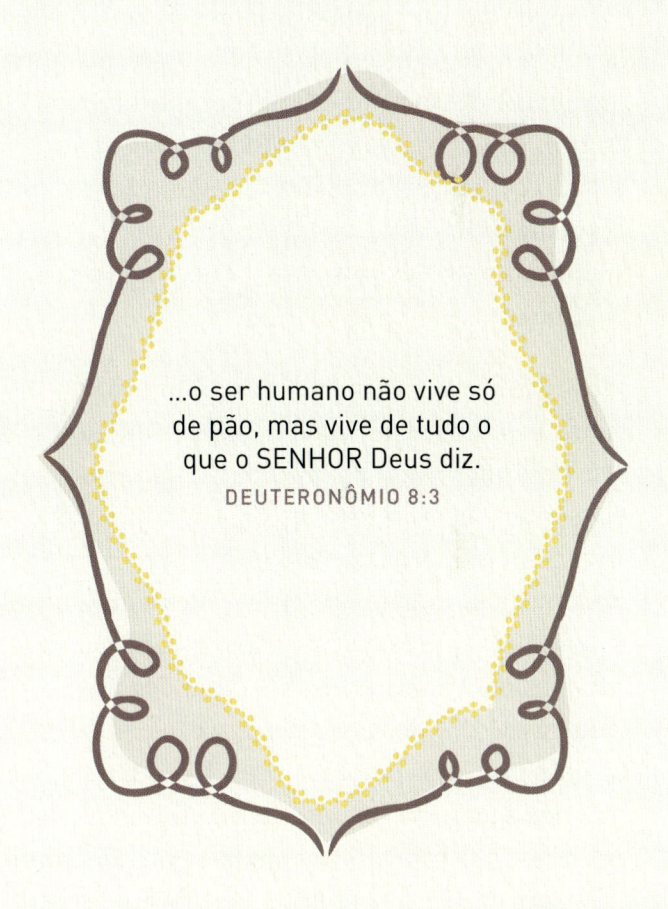

> ...o ser humano não vive só de pão, mas vive de tudo o que o SENHOR Deus diz.
>
> DEUTERONÔMIO 8:3

70. O Espírito Santo nos ajuda a entender a Palavra de Deus

Os poços das minas de diamantes podem ter mais de 1,5 km de profundidade. Não é preciso muita profundidade antes que fique completamente escuro. É por isso que os mineiros trabalham usando capacetes com lanternas. No escuro, os diamantes são como qualquer outra rocha, mas a lanterna ajuda os mineiros a encontrar o cristal de diamante.

De igual forma, o Espírito Santo ilumina (ajuda a entender) a Palavra de Deus de modo que possamos ver o tesouro de verdade que ela contém. Sem o Espírito Santo, as pessoas são como mineiros tateando no escuro. Elas podem ler as palavras de Jesus: "Venham a mim, todos vocês que estão cansados de carregar as suas pesadas cargas, e eu lhes darei descanso" (Mateus 11:28), mas não perceber que a Bíblia está falando com elas pessoalmente. É o Espírito Santo que nos ajuda a ver e entender o convite de Jesus. Ao lermos, o Espírito nos ajuda a entender como a Palavra de Deus se aplica a nós. Assim como uma mina de diamantes é profunda, a verdade da Palavra de Deus é inesgotável. Você poderia passar sua vida inteira explorando a Palavra de Deus e ainda haveria uma eternidade de descobertas a fazer.

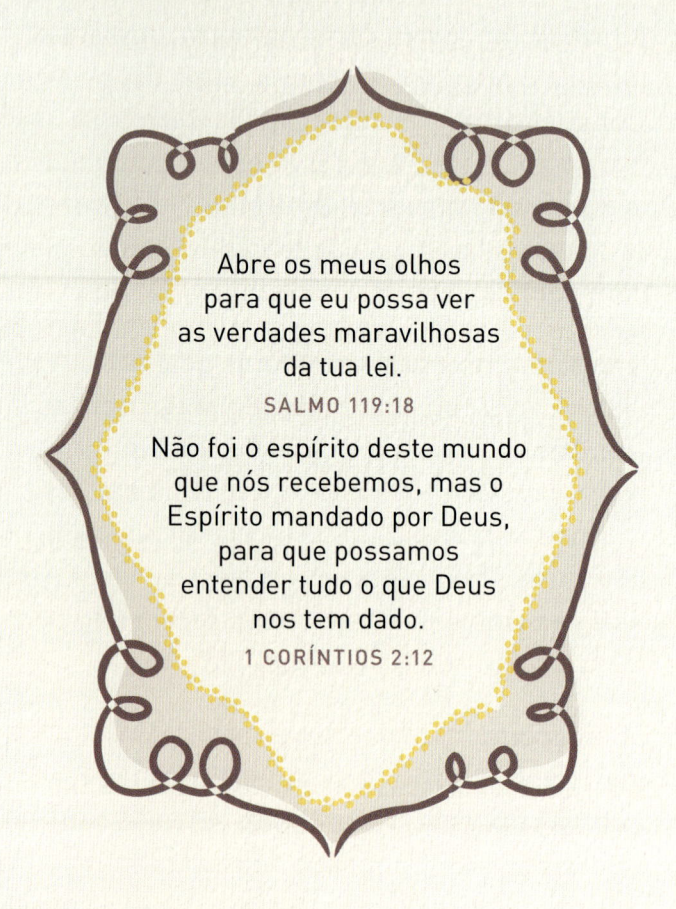

> Abre os meus olhos para que eu possa ver as verdades maravilhosas da tua lei.
> **SALMO 119:18**
>
> Não foi o espírito deste mundo que nós recebemos, mas o Espírito mandado por Deus, para que possamos entender tudo o que Deus nos tem dado.
> **1 CORÍNTIOS 2:12**

1 Coríntios 2:14-16

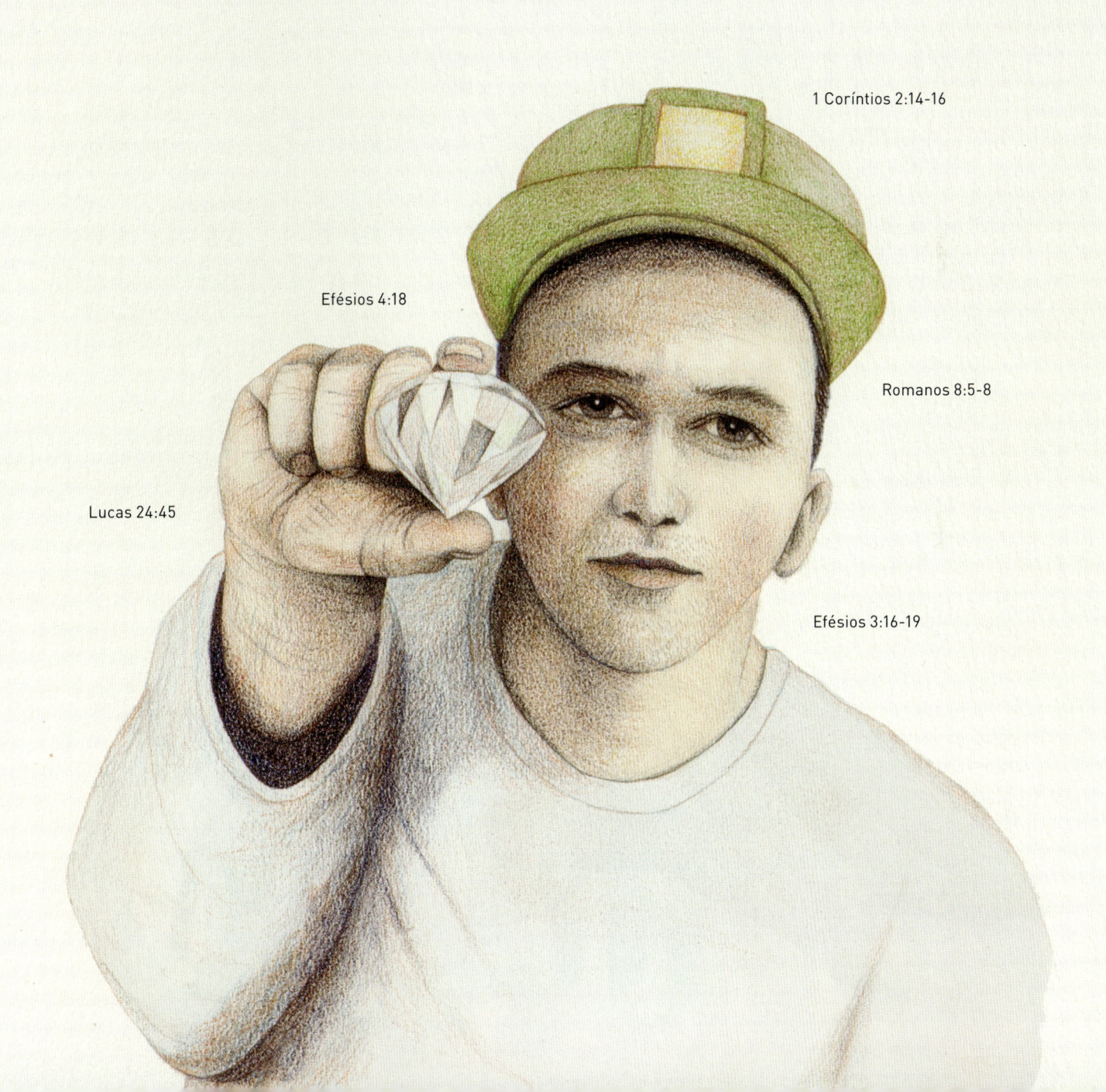

Efésios 4:18

Romanos 8:5-8

Lucas 24:45

Efésios 3:16-19

Salmo 119:89

Isaías 40:8

Mateus 24:35

1 Pedro 1:25

71. A Palavra de Deus vive para sempre

É comum pensar que os pinheiros *pinus longaeva*, com seus galhos desfolhados e cheios de nós, estejam mortos, embora muitos deles tenham mais de 4000 anos e ainda estejam crescendo! Um dos mais antigos *pinus longaeva* conhecidos recebeu o apelido de Matusalém, o homem da Bíblia que viveu 969 anos. A árvore Matusalém tem mais de 4750 anos!

Algumas pessoas veem a Palavra de Deus apenas como outro livro empoeirado de história antiga. A Bíblia, no entanto, é realmente viva, ainda falando com cada geração que a abre e lê. É o único livro cuja mensagem, o evangelho de Jesus Cristo, é capaz de trazer as pessoas da morte espiritual para a vida.

Muito embora os céus e a Terra como os conhecemos passarão um dia, a Palavra de Deus jamais passará. A Palavra de Deus é eterna e durará para sempre. Então, abra a Bíblia e a leia. Ao estudar as suas páginas, você encontrará Jesus, aprenderá as palavras de vida e ouvirá o chamado de Deus para abandonar o seu pecado e viver para Ele.

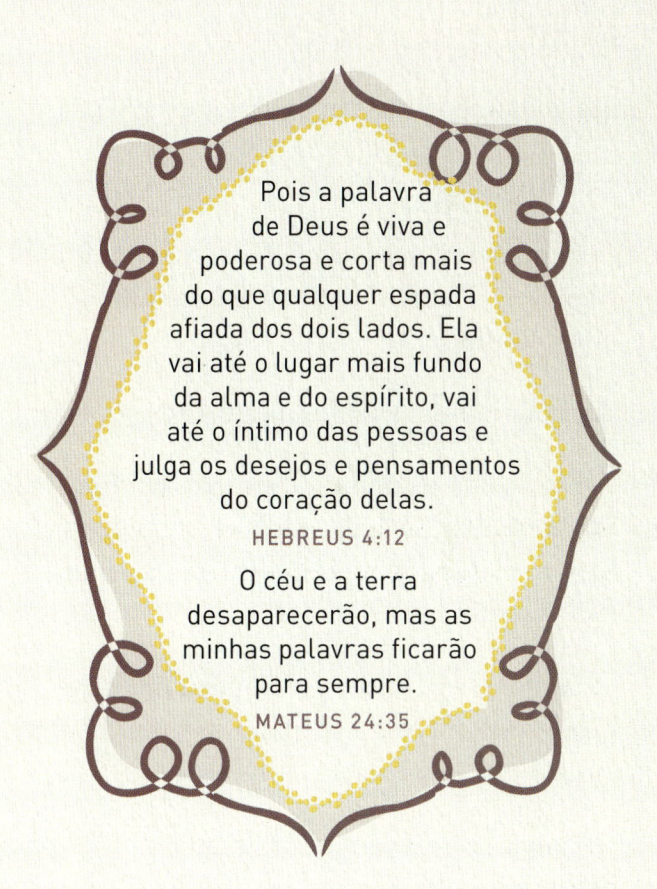

> Pois a palavra de Deus é viva e poderosa e corta mais do que qualquer espada afiada dos dois lados. Ela vai até o lugar mais fundo da alma e do espírito, vai até o íntimo das pessoas e julga os desejos e pensamentos do coração delas.
> **HEBREUS 4:12**
>
> O céu e a terra desaparecerão, mas as minhas palavras ficarão para sempre.
> **MATEUS 24:35**

Ao concluírem a última página,

um pensamento passou pela mente de Carla.

—Não acabou — ela disse — Tem mais!

—O que você quer dizer? Nós lemos a última página — Timóteo respondeu com um olhar confuso.

Carla abriu numa página aleatória e apontou:

—Está vendo os nomes e números nas imagens? São versículos bíblicos. Tenho certeza de que, se os lermos, eles trarão mais informação à página onde estão escritos.

—Entendi — Timóteo respondeu pensativo — *Conhecendo a Deus* é apenas o começo. O objetivo é nos levar até a Palavra de Deus.

—Vamos levá-lo para casa e ler junto com as nossas Bíblias — Carla sugeriu.

—Ótima ideia — Timóteo concordou — Vamos!

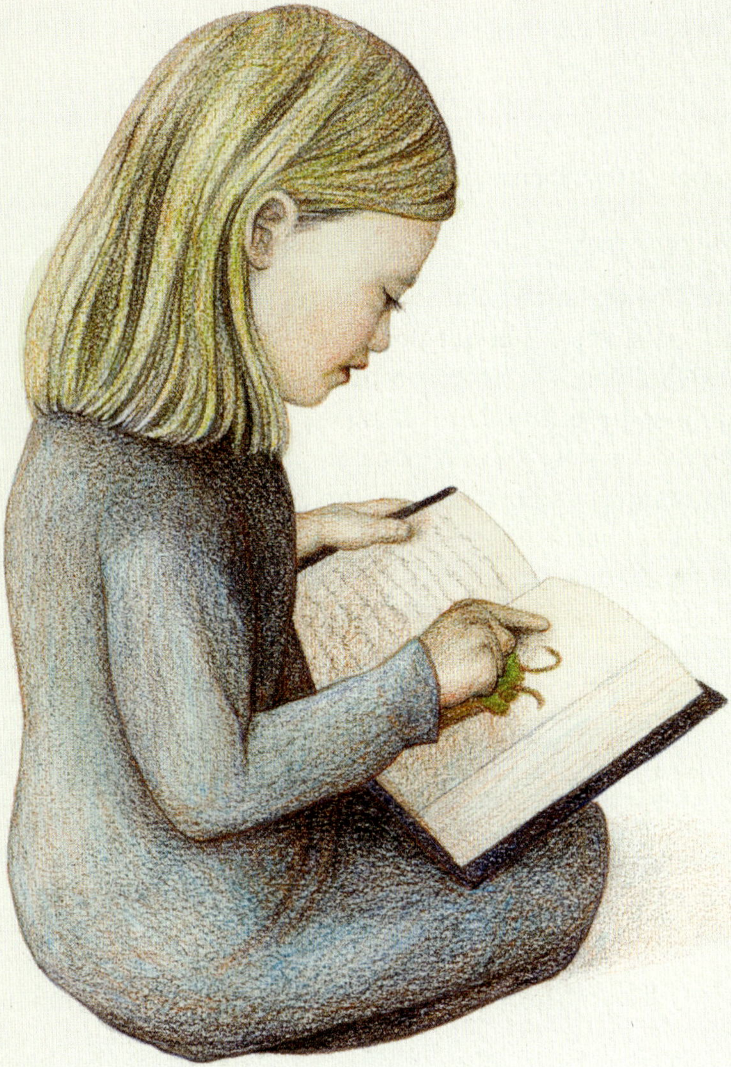

Glossário

Palavras bíblicas importantes que você deveria conhecer e entender

AMOR DE DEUS *amor incondicional, sacrificial e abnegado*
O amor de Deus engloba sacrifício e compromisso. Sacrifício significa desistir de algo; o exemplo disso foi quando Jesus deu a Sua vida por nós. Compromisso significa amar não porque a pessoa amada mereça, mas porque aquele que ama decide fazê-lo. Amor não é amor se você pega de volta o que deu. No casamento, por exemplo, um marido e uma esposa dão suas vidas um ao outro e prometem ser casados até que a morte os separe.

ARREPENDER-SE *voltar*
Quando nos sentimos mal pelo nosso pecado, nos arrependemos — abandonamos os nossos pecados. Pedimos a Deus perdão por intermédio de Jesus e o poder para viver de modo diferente.

EVANGELHO *boas-novas*
A história de Jesus, inclusive Sua vida sem pecado, morte sacrificial e ressurreição dos mortos. Ela é a fonte do nosso perdão e vida eterna e o que o Espírito Santo usa para abrir os nossos olhos para crer.

EXPIAR (EXPIAÇÃO) *cobrir*
A maneira como o sangue de Jesus derramado na cruz cobre o nosso pecado e restaura o nosso relacionamento com Deus de maneira que ele se torna novinho em folha.

GLÓRIA *perfeito esplendor*
A demonstração de um ou mais dos atributos de Deus — Sua santidade, perfeição, amor, misericórdia e justiça, para citar algumas. João diz que Jesus glorificou o Pai ao ir para a cruz (João 17:1-5). Isso se dá porque a morte de Jesus por Seu povo foi a maior demonstração de amor do mundo inteiro. Quando amamos as pessoas como Jesus as amou, demonstramos a glória de Deus também.

GRAÇA *concedido gratuitamente*
Usado para descrever o dom gratuito da vida eterna que Deus dá a todos os Seus filhos. A salvação é completa graça, um dom gratuito de Deus, tão somente porque Ele nos ama. A maior graça que recebemos é o próprio Deus!

IRA DE DEUS *ira santa*
Usado para descrever a resposta de Deus ao pecado. A ira santa aliada ao poder onipotente de Deus para destruir todo mal. Por causa da graça, misericórdia e amor de Deus, Jesus levou a ira de Deus sobre si. A ira de Deus pelo pecado foi derramada em Jesus, então, agora, o povo de Deus não recebe essa punição, mas o amor.

JUSTIÇA (JUSTO) *correção*

Perfeitamente "correto" aos olhos de Deus. O oposto é "transgressão", que significa pecado. Jesus teve uma vida perfeitamente justa — Ele nunca pecou — e Ele troca Sua vida perfeita pela nossa repleta de pecados. É assim que nos tornamos justos muito embora sejamos pecadores.

JUSTIFICAR (JUSTIFICAÇÃO) *declarar inocente*

Usado para descrever a decisão de Deus de nos "inocentar". Deus declara "não culpados" pecadores culpados como nós, porque Jesus pagou a pena pelo nosso pecado. Quando você vir a palavra justificado, pense em "não mais culpado" e "Jesus pagou tudo".

MISERICÓRDIA *compaixão*

Usado para descrever quando se recebe algo bom em vez do que se merece. Deus nos mostra misericórdia quando, por causa da morte de Jesus por nós na cruz, Ele nos poupa da punição que merecemos e, no lugar dela, nos perdoa.

PECADO *errar o alvo*

Tal como uma flecha que voa bem longe do centro do alvo, quando pecamos, erramos a marca da justiça de Deus. O pecado engloba qualquer coisa que pensamos ou fazemos que seja contrária ou quebre a Lei de Deus. Todos os mandamentos do Senhor são sobre como amar a Deus e o próximo. Então, quando pecamos não estamos sendo amorosos, mas, sim, seguindo o nosso próprio caminho em vez do caminho de Deus.

SACRIFÍCIO *desistir de algo*

Usado para descrever o ato de desistir de uma vida pela outra. No Antigo Testamento, os animais morriam no lugar dos pecadores que os ofereciam. Esses sacrifícios apontavam para o sacrifício de expiação de Jesus.

SALVAR (SALVAÇÃO) *resgate*

Jesus morreu em nosso lugar para nos salvar ou resgatar da morte espiritual, a fim de que não passássemos a eternidade separados de Deus.

SANTIFICAR *(santificados) separar*

Usado para descrever a maneira como algo é separado para uso especial. Por exemplo, você separa sua melhor roupa de sair para ocasiões especiais — você as separa para uso especial. Deus salva o Seu povo, separando-os para Seu uso especial — Deus santifica aqueles que Ele salva. Quando pecamos, nos arrependemos, e Deus nos perdoa por intermédio de Jesus. O Espírito Santo nos faz crescer para sermos mais semelhantes ao Filho de Deus. Dessa forma, a santificação continua por toda a nossa vida.

SANTO *exaltado*

Usado para descrever Deus que é exaltado acima de tudo mais; Ele é completamente diferente do que somos. Seus pensamentos são mais altos do que os nossos pensamentos, e Ele é perfeito em tudo o que faz. Por vezes se diz que Deus está além da nossa compreensão; Ele é completamente sublime, maravilhoso e digno do mais alto louvor.

Pense em teologia, fale de teologia

(Perguntas)

Quem é Deus?

1. Deus sempre foi e sempre será
Faça uma lista de todos os nomes e características de Deus mencionados nos versículos desse capítulo.

2. Deus é Três em Um
Qual dos versículos menciona todas as três pessoas da Trindade juntas em um só lugar?

Leia João 14:26. Como esse versículo explica a Trindade?

3. Deus criou tudo a partir do nada
A quem Colossenses 1:16 se refere?

Segundo a passagem de Isaías, o que podemos aprender sobre Deus a partir da Sua obra na criação?

4. Deus é Todo-poderoso
O que proclama a obra das mãos de Deus?

Que versículo nos diz que as pessoas não têm desculpa por se recusarem a acreditar em Deus?

5. Deus está no controle
O que Deus ordena que caia sobre o solo?

O que cada homem e mulher recebe de Deus?

6. Deus sabe de todas as coisas
Que versículo nos diz que Deus sabe de todas as coisas?

Reescreva Hebreus 4:13 com suas próprias palavras. Descreva como esse versículo faz você se sentir.

7. Deus está em todo lugar
Reescreva Salmo 139:7-10 com suas próprias palavras.

8. Deus é perfeito
Quais versículos descrevem o perfeito amor?

Quem você acha difícil de amar? O que você pode fazer para amar tal pessoa?

Quem criou as pessoas?

9. Deus criou o homem e a mulher à Sua imagem

À semelhança de quem Deus criou homem e mulher? Que versículo nos indica isso?

Liste algumas das maneiras em que os seres humanos são diferentes dos animais.

10. O primeiro esposo e a primeira esposa

De que maneira homens e mulheres são semelhantes entre si? Como eles são diferentes?

Que nome Adão deu à esposa que Deus criou a partir de sua costela?

11. Deus andou com Adão e Eva no jardim

Qual versículo fala sobre a alegria de viver na presença de Deus?

Descreva como você acha que deve ter sido para Adão e Eva viverem no jardim do Éden com Deus.

O que é o pecado?

12. Pecado

Como Marcos 12:30 nos diz que devemos amar a Deus?

Qual foi o primeiro pecado de Satanás? Dica: veja Isaías 14:13-14.

13. A primeira tentação de Satanás

Como a Bíblia nos diz para lutar contra o diabo?

Como Jesus nos diz para lutar contra o diabo?

14. O pecado entrou no mundo por intermédio de Adão

De acordo com Davi, quando começa a nossa iniquidade?

Dentre as pessoas que viveram e vivem na Terra, quantas pecaram?

15. O pecado nos separa de Deus e uns dos outros

Como o pecado afeta o seu relacionamento com Deus?

16. O pecado sempre traz juízo

Além de Eva, a quem mais a serpente tentará enganar?

Que passagem bíblica descreve a maldição sobre Adão?

17. Deus promete a salvação

O pecado veio por intermédio de que homem? Quem é o homem que reverterá a maldição do pecado?

O que Deus fez para prover vestes para Adão e Eva e como isso aponta para Jesus?

18. Deus expulsou Adão e Eva do Jardim

Por que Deus bloqueou o caminho para a árvore da vida?

Em que versículo nós vemos o acesso à árvore da vida restaurado?

19. O pecado se espalha como uma doença

O que Deus decidiu fazer a respeito do pecado na Terra na época de Noé?

O dilúvio exterminou o pecado no coração dos seres humanos?

O Deus da promessa e da Lei

20. Deus faz uma promessa

Abraão sabia para onde Deus o estava enviando?

Leia Hebreus 11:1 e escreva uma definição de fé usando suas próprias palavras.

21. Deus mantém Sua promessa

Que versículo fala sobre Deus manter Sua promessa (aliança)?

Embora Deus tivesse libertado Seu povo da escravidão, como sabemos que eles ainda tinham dificuldade de confiar no Senhor?

22. Os Dez Mandamentos de Deus

Qual é o primeiro dos Dez Mandamentos?

Qual é o novo mandamento que Jesus nos deu no Novo Testamento?

Reescreva Lucas 10:27 com suas próprias palavras.

23. Desobedecer a um mandamento é desobedecer a toda a Lei

Sobre o que a Lei nos torna conscientes?

Quando Jesus nos diz para "ser perfeitos" (Mateus 5:48), sobre que tipo de perfeição Ele está falando? Dica: volte a Mateus 5:44.

24. A santidade de Deus não habita no mesmo lugar que o pecado

Que versículo nos diz que, se víssemos a face de Deus em nosso estado pecaminoso, nós morreríamos?

Qual é a nossa única esperança quando, no futuro, enfrentarmos o julgamento de Deus?

25. Deus criou uma forma para cobrir o pecado

Quais versículos usa o termo expiação?

De acordo com a Bíblia, que parte do animal faz expiação pela nossa vida?

26. Jesus é o sacrifício do qual precisamos

Quais duas passagens das Escrituras nos dizem que Deus removerá os nossos pecados?

Quem é Cristo?

27. O Filho de Deus vem à Terra

Como Jesus é descrito em 1 Timóteo 6:15-16?

Quais dos cinco sentidos João menciona em 1 João 1:1? Por que o que ele escreve torna o evangelho mais crível?

28. O Filho desceu do Seu Trono

Liste todos os versículos nessa seção que se referem à obra de Jesus como Salvador.

O que Jesus precisou fazer para concretizar Sua obra salvadora?

29. Jesus sempre amou a Deus e as pessoas

De que maneira você, como criança, está crescendo diferentemente de Jesus?

Que versículo nos diz como podemos combater as tentações vindas do diabo?

30. Jesus é completamente humano

Por que foi importante para Jesus ser completamente humano?

Qual versículo nos diz o que devemos fazer para que os nossos pecados sejam completamente removidos?

31. Jesus é completamente Deus

Que passagem das Escrituras nessa seção demonstra de maneira mais eficaz que Jesus é Deus? Dê um motivo para justificar sua resposta.

Por que as pessoas queriam apedrejar Jesus?

32. Jesus morreu no nosso lugar

Que versículo nos diz que Jesus se tornou pecado por nós?

Que passagem na Bíblia predisse que Jesus morreria pelo Seu povo muito antes de isso acontecer?

33. A ressurreição de Jesus derrotou a morte

Escolha três versículos bíblicos que mostram a Trindade em ação ressuscitando Jesus dos mortos. Encontre versículos sobre Jesus, Deus Pai e o Espírito Santo.

Qual era a esperança expressa por Davi no Salmo 16 e citada em Atos 2:24-28?

34. Em Cristo, estamos escondidos em segurança

De acordo com os versículos, quais as quatro coisas que temos por estar "em Cristo"?

Qual é o seu versículo favorito nessa seção? Indique o motivo.

35. Jesus envia Seus discípulos em uma missão

Qual versículo relata Jesus enviando Seus discípulos para fazer mais discípulos e batizá-los?

O que Jesus mostrou aos Seus discípulos quando apareceu para eles após a Sua ressurreição?

Quem é o Espírito Santo?

36. Jesus prometeu enviar o Espírito Santo

Sobre o que Jesus disse que o Espírito Santo lembraria os discípulos?

Por que o mundo não aceita a verdade sobre o Espírito Santo?

37. O Espírito chega no Pentecostes

Qual dos versículos contém uma profecia de Joel a respeito do derramamento do Espírito de Deus?

Quais as duas coisas que aconteceram com as pessoas cheias do Espírito Santo no Pentecostes?

38. O Espírito Santo: o melhor presente de Deus

Em direção a que o Espírito Santo nos guiará?

Sobre quem o profeta Joel disse que Deus derramaria o Seu Espírito nos últimos dias?

Como é fazer parte da família de Deus?

39. Escolhidos

Que termos diferentes a Bíblia usa para descrever o fato de que Deus nos conheceu e nos escolheu para salvação antes de nascermos?

Quais os dois versículos que nos dizem que as pessoas estão mortas em seus pecados antes de Deus salvá-las?

40. Chamados

O que Deus usou para nos chamar?

Que versículo diz que "o Deus que tem por nós um amor sem limites e que chamou vocês para tomarem parte na sua eterna glória, por estarem unidos com Cristo"?

41. Nascidos de novo

Qual versículo diz que nos tornamos uma nova pessoa em Cristo quando nascemos de novo?

Que tipo de coração Deus tirará dos Seus filhos e que tipo de coração Ele dará em troca?

42. Fé

Como sabemos que somos realmente filhos de Deus?

Quais as três coisas que Paulo disse ao rei Agripa que certificam que ele era fiel à mensagem que recebeu?

43. Jesus pagou tudo

Que versículo nos diz que "todos são aceitos por Deus somente pela fé em Jesus Cristo e não por fazerem o que a lei manda"?

Quais as duas coisas que precisamos fazer, de acordo com Romanos 10:9, para sermos salvos?

44. Adotados
A quem Deus dá o direito de se tornar Seu filho?

Qual versículo explica que Deus disciplina todos aqueles que Ele aceita como Seus filhos para o bem deles?

Como é a transformação que Deus realiza?

45. O pecado não está mais no controle
Quais os dois tipos de escravidão que são mencionados nos versículos desta seção? Indique as referências.

46. Separados, santos para Deus
Segundo Paulo, para o que os efésios foram escolhidos?

Quais são as quatro passagens bíblicas que usam significados da palavra santificado?

47. Crescemos um pouco por vez
Que passagem bíblica retrata como Jesus nos transforma ao nos lavar com água por meio da Palavra?

Que versículo descreve nosso crescimento para sermos mais como Jesus ao dizer que a glória que vem do Senhor "vai ficando cada vez mais brilhante e vai nos tornando cada vez mais parecidos com o Senhor, que é o Espírito"?

48. Tire o que é velho, vista-se do novo
Cite alguns pecados com os quais você geralmente tem dificuldade.

De que maneira combatemos o pecado em nossa vida — o modo antigo de viver?

49. O Espírito Santo nos ajuda a lutar contra o pecado
Que imagem é usada para descrever nossa luta contra o pecado em Romanos 7:21-23?

Cite algumas maneiras pelas quais o Espírito Santo nos ajuda a lutar contra o pecado.

50. O fruto do Espírito
Qual é a diferença entre as obras da carne e o fruto do Espírito?

51. Completar a corrida até o final
Qual dos versículos nos diz que Jesus não perderá nenhuma de Suas ovelhas, isto é, Seus filhos, que percorre a corrida, ao declarar: "Ninguém poderá arrancá-las da minha mão"?

Que versículo menciona um prêmio? O que ou quem é o prêmio?

O que é a Igreja?

52. A Igreja é feita de pedras vivas
O que é a casa espiritual mencionada em 1 Pedro 2:5-6?

Qual dos versículos descreve a Igreja como "morada de Deus"?

53. A Igreja é o Templo de Deus
O que Paulo está tentando nos ensinar quando ele diz que os cristãos, trabalhando juntos, são como um corpo (1 Coríntios 12:14-18)?

Quem é o Cabeça do corpo descrito nas passagens bíblicas dessa seção?

54. Reunimo-nos para adorar
Quais são as duas coisas que Jesus disse que devem fazer parte da nossa adoração?

Que razão o escritor do livro de Hebreus nos dá para adorar a Deus em reverência e temor?

55. A Ceia do Senhor

Por que Jesus nos disse para imitar o que Ele fez na Última Ceia?

Que passagem nos diz para não beber do cálice "de modo que ofenda a honra do Senhor"? O que significa beber do cálice dessa maneira?

56. Batismo

Que versículo menciona a Trindade — o Pai, o Filho e o Espírito Santo?

O que Pedro ordenou que a multidão fizesse em Atos 2:38?

57. Os dons do Espírito

Liste os dons espirituais citados nos versículos. Mencione duas pessoas que você conhece que têm um desses dons.

O que 1 Coríntios 13:8 diz sobre dons espirituais? O que nunca acabará?

58. A perseguição aos santos

O que Jesus disse em Mateus 5:11 sobre aqueles que são perseguidos?

Quais são as duas passagens bíblicas que falam sobre os cristãos serem espalhados por causa da perseguição?

O que é o fim dos tempos?

59. Um retrato do futuro

Em que versículo Deus declara que Ele anuncia coisas em Sua Palavra que ainda não aconteceram para mostrar a Sua glória?

Que pistas a respeito do futuro os versículos dessa seção nos trazem?

60. O retorno de Cristo

Como Lucas diz que o Filho do Homem — Jesus — virá quando Ele retornar?

A Bíblia nos diz que devemos encorajar um ao outro com os detalhes da volta de Jesus e a ressurreição do nosso corpo. Leia as passagens bíblicas e escreva pelo menos um fato que o anima ou o encoraja em cada versículo.

61. O julgamento final

No julgamento final, sobre o que os incrédulos terão de prestar contas?

Quem terá medo quando Jesus voltar?

62. Um dia muito diferente para todos os filhos de Deus

Que versículo fala do maravilhoso perdão de Deus para aqueles que confiam nele?

De que maneira podemos ajuntar tesouros no Céu (Mateus 6:19-20)?

63. Novo Céu e nova Terra

De que maneira o novo Céu e a nova Terra serão semelhantes ao jardim do Éden antes de Adão e Eva pecarem?

Qual dos versículos bíblicos mais lhe faz desejar que Jesus retorne e faça uma nova Terra?

64. O lugar especial onde Deus mora com Seu povo

O que será a luz da Terra recriada (veja Apocalipse 21:17-27)?

Em suas próprias palavras, o que Jesus disse aos Seus discípulos sobre o Céu em João 14:2-3?

65. A última festa de casamento

Quantas vezes João Batista chamou Jesus de noivo em João 3:25-30?

Em Efésios 5:22-31, Jesus é retratado como um marido. Quem é a Sua esposa nessa passagem?

O que é a Palavra de Deus?

66. Deus escreveu a Bíblia por intermédio das pessoas

De acordo com Pedro, quem guiava os profetas e os capacitava a falarem em nome de Deus?

Em 1 Coríntios 2:12-13, Paulo escreve que suas palavras não vêm da sabedoria humana. De onde ele declara que elas vêm?

67. A Palavra de Deus é verdadeira

De que maneira Hebreus 6:18 nos encorajar a confiar na Bíblia?

O que aprendemos sobre a Palavra de Deus em Números 23:19?

68. Deus fala com você, e você fala com Deus

Divida a Oração do Pai Nosso (Mateus 6:9-13) em duas partes principais e escreva um pouco a respeito de cada uma.

Reescreva Filipenses 4:6 com suas próprias palavras. Agora, escreva uma oração a Deus.

69. A Bíblia é o nosso alimento espiritual

O que Jeremias fez com as palavras de Deus?

O que você acha que significa comer as palavras de Deus?

70. O Espírito Santo nos ajuda a entender a Palavra de Deus

Que versículo descreve aqueles com o coração endurecido como alienados ou separados de Deus?

O que controla a mente daqueles que vivem sob a orientação do Espírito Santo?

71. A Palavra de Deus vive para sempre

Por quanto tempo Jesus disse que a Sua Palavra permanecerá?

O que todas as passagens bíblicas nessa seção têm em comum?

Pense em teologia, fale de teologia

(Respostas)

1. Deus sempre foi e sempre será
Faça uma lista de todos os nomes e características de Deus mencionados nos versículos desse capítulo. (Deus existe para sempre; Deus é eterno; Deus vive para todo sempre; a existência de Deus não tem fim; Ele é Conselheiro Maravilhoso, Deus Poderoso, Pai Eterno, Príncipe da Paz, Pão da Vida, Libertador, Esperança de Israel, o Bom Pastor, Rei Eterno).

2. Deus é Três em Um
Qual dos versículos menciona todas as três pessoas da Trindade juntas em um só lugar? (Em Mateus 3:16-17, quando Jesus é batizado, os que estavam presentes ouvem a voz do Pai e veem o Espírito descer na forma de uma pomba).

Leia João 14:26. Como esse versículo explica a Trindade? (Esse versículo explica como o Pai concede o Espírito Santo no nome de Jesus. É o Espírito Santo que nos ensina e nos ajuda a recordar o que Jesus disse).

3. Deus criou tudo a partir do nada
A quem Colossenses 1:16 se refere? (Jesus, o Filho de Deus, e Sua obra na criação).

Segundo a passagem de Isaías, o que podemos aprender sobre Deus a partir da Sua obra na criação? (O mundo criado carrega a marca da glória de Deus).

4. Deus é Todo-poderoso
O que proclama a obra das mãos de Deus? (Os céus e o firmamento [Salmos 19:1]). Que versículo nos diz que as pessoas não têm desculpa por se recusarem a acreditar em Deus? (Romanos 1:20).

5. Deus está no controle
O que Deus ordena que caia sobre o solo? (A neve e a chuva [Jó 37:5-6]). O que cada homem e mulher recebe de Deus? (Deus concede a vida, o fôlego e tudo o mais [Atos 17:25]).

6. Deus sabe todas as coisas
Que versículo nos diz que Deus sabe de todas as coisas? (1 João 3:20). Reescreva Hebreus 4:13 com suas próprias palavras. Descreva como esse versículo faz você se sentir. (Há muitas respostas possíveis).

7. Deus está em todo lugar
Reescreva Salmo 139:7-10 com suas próprias palavras. (Há muitas respostas possíveis).

8. Deus é perfeito

Quais versículos descrevem o perfeito amor? (1 Coríntios 13:4-7). Quem você acha difícil de amar? O que você pode fazer para amar tal pessoa? (Há muitas respostas possíveis).

9. Deus criou o homem e a mulher à Sua imagem

À semelhança de quem Deus criou homem e mulher? Qual versículo nos indica isso? (À semelhança de Deus. Gênesis 5:1-2). Liste algumas das maneiras em que os seres humanos são diferentes dos animais. (Podemos entender a Palavra de Deus, cantar, amar, falar e adorar a Deus).

10. O primeiro esposo e a primeira esposa

De que maneira homens e mulheres são semelhantes entre si? Como eles são diferentes? (Ambos são criados à imagem de Deus. O Senhor deu a eles tarefas e papéis diferentes).

Que nome Adão deu à esposa que Deus criou a partir de sua costela? (Adão a chamou de Mulher, porque ela foi tirada do homem [Gênesis 2:22-23]).

11. Deus andou com Adão e Eva no jardim

Qual versículo fala sobre a alegria de viver na presença de Deus? (Salmo 16:11). Descreva como você acha que deve ter sido para Adão e Eva viverem no jardim do Éden com Deus. (Há muitas respostas possíveis.).

12. Pecado

Como Marcos 12:30 nos diz que devemos amar a Deus? (Devemos amar a Deus de todo o nosso coração, alma, mente e força). Qual foi o primeiro pecado de Satanás? Dica: veja Isaías 14:13-14. (Satanás queria SER Deus).

13. A primeira tentação vinda de Satanás

Como a Bíblia nos diz para lutar contra o diabo? (Conservando uma "devoção sincera e pura a Cristo" [2 Coríntios 11:3]; sujeitando-se a Deus e resistindo ao diabo [Tiago 4:7]; vigiando e orando [Mateus 26:41]). Como Jesus nos diz para lutar contra o diabo? (Ele nos ensinou a orar: "E não deixes que sejamos tentados" [Mateus 6:13]).

14. O pecado entrou no mundo por intermédio de Adão

De acordo com Davi, quando começa a nossa iniquidade? (Somos pecadores desde o momento em que somos concebidos [Salmo 51:5]). Dentre as pessoas que viveram e vivem na Terra, quantas pecaram? (Todos pecaram e pecam — 100% [Romanos 3:23; Eclesiastes 7:20]).

15. O pecado nos separa de Deus e uns dos outros

Como o pecado afeta o seu relacionamento com Deus? (O pecado dificulta a oração e nos separa de Deus [Esdras 9:6; Efésios 2:12]).

16. O pecado sempre traz juízo

Além de Eva, a quem mais a serpente tentará enganar? (A serpente tentará enganar qualquer cristão que ela conseguir [2 Coríntios 11:3]). Que passagem bíblica descreve a maldição sobre Adão? (Gênesis 3:17-18).

17. Deus promete a salvação

O pecado veio por intermédio de que homem? Quem é o homem que reverterá a maldição do pecado? (Adão, Jesus Cristo [veja Romanos 5:17]). O que Deus fez para prover vestes para Adão e Eva e como isso aponta para Jesus? (Deus sacrificou animais e usou a pele deles para cobrir Adão e Eva. A morte daqueles animais aponta para Jesus morrendo na cruz pelo nosso pecado).

18. Deus expulsou Adão e Eva do jardim

Por que Deus bloqueou o caminho para a árvore da vida? (Se Adão e Eva comessem da árvore da vida, eles viveriam para sempre. Por causa do pecado deles, eles não podiam escapar da morte [Gênesis 3:22-24]).

Em que versículo nós vemos o acesso à árvore da vida restaurado? (Apocalipse 22:2).

19. O pecado se espalha como uma doença

O que Deus decidiu fazer a respeito do pecado na Terra na época de Noé? (Deus decidiu exterminar as pessoas que Ele havia criado [Gênesis 6:7,13]). O dilúvio exterminou o pecado no coração dos seres humanos? (Não, veja Gênesis 8:21).

20. Deus faz uma promessa

Abraão sabia para onde Deus o estava enviando? (Não, veja Hebreus 11:8). Leia Hebreus 11:1 e escreva uma definição de fé usando suas próprias palavras. (Há muitas respostas possíveis).

21. Deus mantém Sua promessa

Que versículo fala sobre Deus manter Sua promessa (aliança)? (Êxodo 2:24 fala sobre Deus manter Sua promessa a Israel).

Embora Deus tivesse libertado Seu povo da escravidão, como sabemos que eles ainda tinham dificuldade de confiar no Senhor? (Êxodo 17:3 diz que o povo de Deus reclamou porque não tinham nenhuma água para beber; eles não confiaram em Deus).

22. Os Dez Mandamentos de Deus

Qual é o primeiro dos Dez Mandamentos? ("Eu, o SENHOR, sou o seu Deus. Eu o tirei do Egito, a terra onde você era escravo. — Não adore outros deuses; adore somente a mim", Êxodo 20:2-3). Qual é o novo mandamento que Jesus nos deu no Novo Testamento? (Amar uns aos outros como Deus nos amou [João 13:34]).

Reescreva Lucas 10:27 com suas próprias palavras. (Há muitas respostas possíveis).

23. Desobedecer a um mandamento é desobedecer a toda a Lei

Sobre o que a Lei nos torna conscientes? (Sobre o pecado [Romanos 3:20]). Quando Jesus nos diz para "ser perfeitos" (Mateus 5:48), sobre que tipo de perfeição Ele está falando? Dica: volte a Mateus 5:44. (Aqui Jesus está falando sobre amar perfeitamente — sobre amar os outros como Deus nos amou).

24. A santidade de Deus não habita no mesmo lugar que o pecado

Que versículo nos diz que, se víssemos a face de Deus em nosso estado pecaminoso, nós morreríamos? (Êxodo 33:20). Qual é a nossa única esperança quando, no futuro, enfrentarmos o julgamento de Deus? (Jesus, o Cordeiro de Deus sem defeito morreu pelos nossos pecados [João 1:29]).

25. Deus criou uma forma para cobrir o pecado

Quais versículos usa o termo expiação? (Levítico 1:4; 4:35; 17:11). De acordo com a Bíblia, que parte do animal faz expiação pela nossa vida? (O sangue derramado em sacrifício, veja Levítico 17:11).

26. Jesus é o sacrifício do qual precisamos

Quais duas passagens bíblicas afirmam que Deus removerá os nossos pecados? (Isaías 53:5-6; Salmo 103:11-12).

27. O Filho de Deus vem à Terra

Como Jesus é descrito em 1 Timóteo 6:15-16? (Ele é o bendito e único Rei, o Rei dos reis e o Senhor dos senhores, o único que é imortal e que vive em "luz inacessível"). Quais dos cinco sentidos João menciona em 1 João 1:1? Por que o que ele escreve torna o evangelho mais crível? (João menciona visão, audição e tato. Esses sentidos tornam seu testemunho a respeito de Jesus crível porque ele é uma testemunha ocular daquilo sobre o que ele está escrevendo).

28. O Filho desceu do Seu Trono
Liste todos os versículos nessa seção que se referem à obra de Jesus como Salvador. (Isaías 33:22; 49:6; Mateus 1:21; Lucas 1:69,71,77). O que Jesus precisou fazer para concretizar Sua obra salvadora? (Jesus precisou viver a vida perfeita que nós nunca conseguiríamos viver. Então, Ele morreu na cruz levando sobre si a punição que nós merecíamos pelos nossos pecados. Quando cremos em Jesus, Deus diz que somos justificados).

29. Jesus sempre amou a Deus e as pessoas
De que maneira você, como criança, está crescendo diferentemente de Jesus? (Todos nós somos pecadores. Diferentemente de Jesus, que não tinha pecado, nós pecamos todos os dias). Que versículo nos diz como podemos combater as tentações vindas do diabo? (Tiago 4:7).

30. Jesus é completamente humano
Por que foi importante para Jesus ser completamente humano? (Jesus precisava ser inteira e completamente um homem para morrer em nosso lugar, pois a punição que Deus aplicaria por causa do pecado, estava reservada ao homem.) Qual versículo nos diz o que devemos fazer para que os nossos pecados sejam completamente removidos? (Atos 3:19).

31. Jesus é completamente Deus
Que passagem das Escrituras nessa seção demonstra de maneira mais eficaz que Jesus é Deus? Dê um motivo para justificar sua resposta. (Há muitas respostas possíveis). Por que as pessoas queriam apedrejar Jesus? (Eles queriam apedrejar Jesus porque pensavam que Ele estava pecando — cometendo blasfêmia — ao alegar ser Deus [João 10:33]).

32. Jesus morreu em nosso lugar
Que versículo nos diz que Jesus se tornou pecado por nós? (2 Coríntios 5:21). Que passagem na Bíblia predisse que Jesus morreria pelo Seu povo muito antes de isso acontecer? (Isaías 53:5-6).

33. A ressurreição de Jesus derrotou a morte
Escolha três versículos bíblicos que mostram a Trindade em ação ressuscitando Jesus dos mortos. Encontre versículos sobre Jesus, Deus Pai e o Espírito Santo. (Jesus — João 10:18; Deus Pai — 1 Coríntios 6:14 e Atos 2:24; o Espírito Santo — Romanos 8:11). Qual era a esperança expressa por Davi no Salmo 16 e citada em Atos 2:24-28? (Davi expressou a certeza de que, mesmo após a morte, ele viveria na presença de Deus).

34. Em Cristo, estamos escondidos em segurança
De acordo com os versículos, quais as quatro coisas que temos por estar "em Cristo"? (Vida eterna [Romanos 6:23]; nenhuma condenação [Romanos 8:1]; liberdade da Lei [Romanos 8:2]; o amor de Deus [Romanos 8:39]). Qual é o seu versículo favorito nessa seção? Indique o motivo. (Há muitas respostas possíveis).

35. Jesus envia Seus discípulos em uma missão
Qual versículo relata Jesus enviando Seus discípulos para fazer mais discípulos e batizá-los? (Mateus 28:19). O que Jesus mostrou aos Seus discípulos quando apareceu para eles após a Sua ressurreição? (Ele lhes

mostrou Suas mãos e pés para que eles pudessem ver as cicatrizes e crer que Ele era realmente o Senhor (Lucas 24:39).

36. Jesus prometeu enviar o Espírito Santo

Sobre o que Jesus disse que o Espírito Santo lembraria os discípulos? (O Espírito Santo lembraria os discípulos de tudo que Jesus tinha dito a eles [João 14:26]). Por que o mundo não aceita a verdade sobre o Espírito Santo? (O mundo não vê o Espírito Santo nem sabe sobre Ele [João 14:17]).

37. O Espírito chega no Pentecostes

Qual dos versículos contém uma profecia de Joel a respeito do derramamento do Espírito de Deus? (Atos 2:14-17). Quais as duas coisas que aconteceram com as pessoas cheias do Espírito Santo no Pentecostes? (Línguas de fogo apareceram sobre as cabeças deles e eles falaram em outras línguas [Atos 2:3-4]).

38. O Espírito Santo: o melhor presente de Deus

Em direção a que o Espírito Santo nos guiará? (O Espírito Santo nos guiará a toda verdade [João 16:13]). Sobre quem o profeta Joel disse que Deus derramaria o Seu Espírito nos últimos dias? (O profeta Joel disse que Deus derramaria Seu Espírito sobre todos nos últimos dias [Atos 2:16-18]).

39. Escolhidos

Que termos diferentes a Bíblia usa para descrever o fato de que Deus nos conheceu e nos escolheu para salvação antes de nascermos? ("predestinados" [Efésios 1:5]; "escolhidos" [1 Pedro 2:9]; "conheceu de antemão" [Romanos 8:29 ARA]). Quais os dois versículos que nos dizem que as pessoas estão mortas em seus pecados antes de Deus salvá-las? (Efésios 2:1-3; Colossenses 2:13).

40. Chamados

O que Deus usou para nos chamar? (Deus usou o evangelho para nos chamar da escuridão para a luz [2 Tessalonicenses 2:14]). Que versículo diz que "o Deus que tem por nós um amor sem limites e que chamou vocês para tomarem parte na sua eterna glória, por estarem unidos com Cristo"? (1 Pedro 5:10).

41. Nascidos de novo

Qual versículo diz que nos tornamos uma nova pessoa em Cristo quando nascemos de novo? (2 Coríntios 5:17). Que tipo de coração Deus tirará dos Seus filhos e que tipo de coração Ele dará em troca? (Deus tirará o coração de pedra e nos dará um coração de carne [Ezequiel 36:26]).

42. Fé

Como sabemos que somos realmente filhos de Deus? (Sabemos que somos filhos de Deus se o amamos e cumprimos os Seus mandamentos [1 João 3:9-10]). Quais as três coisas que Paulo disse ao rei Agripa que certificam que ele era fiel à mensagem que recebeu? (Paulo pregou que as pessoas deveriam se arrepender, voltar o seu coração para Deus e demonstrar o seu arrependimento através das suas ações [Atos 26:20]).

43. Jesus pagou tudo

Que versículo nos diz que "todos são aceitos por Deus somente pela fé em Jesus Cristo e não por fazerem o que a lei manda"? (Gálatas 2:16). Quais as duas coisas que precisamos fazer, de acordo com Romanos 10:9, para sermos salvos? (Confessar com a sua boca que Jesus Cristo é o Senhor e crer no seu coração que Deus o ressuscitou dos mortos).

44. Adotados

A quem Deus dá o direito de se tornar Seu filho? (Deus dá o direito de se tornar Seu filho a todos que realmente o receberam, àqueles que creram no Seu nome [João 1:12]). Qual versículo explica que Deus disciplina todos aqueles que Ele aceita como Seus filhos para o bem deles? (Hebreus 12:7).

45. O pecado não está mais no controle

Quais os dois tipos de escravidão que são mencionados nos versículos dessa seção? Indique as referências. (Escravidão do pecado — Romanos 6:6-7,17; e escravidão da justiça — Romanos 6:18-19).

46. Separados, santos para Deus

Segundo Paulo, para o que os efésios foram escolhidos? (Eles foram escolhidos antes da criação do mundo para serem santos e irrepreensíveis perante Deus (Efésios 1:4]). Quais são as quatro passagens bíblicas que usam significados da palavra santificado? (2 Tessalonicenses 2:13; 1 Pedro 1:1-2; Atos 20:32; 1 Coríntios 6:11).

47. Crescemos um pouco por vez

Que passagem bíblica retrata como Jesus nos transforma ao nos lavar com água por meio da Palavra? (Efésios 5:25-27). Que versículo descreve nosso crescimento para sermos mais como Jesus ao dizer que a glória que vem do Senhor "vai ficando cada vez mais brilhante e vai nos tornando cada vez mais parecidos com o Senhor, que é o Espírito"? (2 Coríntios 3:18).

48. Tire o que é velho, vista-se do novo

Cite alguns pecados com os quais você geralmente tem dificuldade. (Há muitas respostas possíveis). De que maneira combatemos o pecado em nossa vida — o modo antigo de viver? (Andando no Espírito [Gálatas 5:16]).

49. O Espírito Santo nos ajuda a lutar contra o pecado

Que imagem é usada para descrever nossa luta contra o pecado em Romanos 7:21-23? (O pecado é descrito como uma guerra). Cite algumas maneiras pelas quais o Espírito Santo nos ajuda a lutar contra o pecado. (O Espírito Santo nos ensina e nos lembra do que Jesus disse [João 14:26]; o Espírito Santo nos guia à toda a verdade [João 16:13]; o Espírito Santo nos ajuda a orar [Romanos 8:26]).

50. O fruto do Espírito

Qual é a diferença entre as obras da carne e o fruto do Espírito? (As obras da carne, parecendo boas ou não, são o resultado de viver separado do Espírito Santo; o fruto do Espírito somente o Espírito Santo pode produzir em nossa vida).

51. Completar a corrida até o final

Qual dos versículos nos diz que Jesus não perderá nenhuma de Suas ovelhas, isto é, Seus filhos, que percorre a corrida, ao declarar: "Ninguém poderá arrancá-las da minha mão"? (João 10:28). Que versículo menciona um prêmio? O que ou quem é o prêmio? (1 Coríntios 9:24 nos diz para correr de modo a alcançar o prêmio, o qual é morar para sempre com Jesus no Céu).

52. A Igreja é feita de pedras vivas

O que é a casa espiritual mencionada em 1 Pedro 2:5-6? (A casa espiritual é a Igreja). Qual dos versículos descreve a Igreja como "morada de Deus"? (Efésios 2:22).

53. A Igreja é o Templo de Deus

O que Paulo está tentando nos ensinar quando diz que os cristãos, trabalhando juntos, são como um corpo (1 Coríntios 12:14-18)? (Precisamos uns dos outros e dos diferentes dons que cada um de nós tem. Cada cristão tem um papel a desempenhar na Igreja do Senhor).

Quem é o Cabeça do corpo descrito nas passagens bíblicas dessa seção? (Jesus Cristo é a cabeça do corpo [Colossenses 1:18]).

54. Reunimo-nos para adorar

Quais são as duas coisas que Jesus disse que devem fazer parte da nossa adoração? ("...os que o adoram devem adorá-lo em espírito e em verdade" [João 4:24]. Isso significa que as nossas palavras devem conter verdade e que devemos obedecer a verdade de Deus e seguir a direção do Espírito em tudo o que fazemos).

Que razão o escritor do livro de Hebreus nos dá para adorarmos a Deus em reverência e temor? (Devemos adorar a Deus em reverência e temor por causa do maravilhoso reino, que não pode ser abalado, que Ele nos deu. [Hebreus 12:28]).

55. A Ceia do Senhor

Por que Jesus nos disse para imitar o que Ele fez na Última Ceia? (Jesus disse que devíamos imitá-lo para lembrar o que Ele fez por nós [Lucas 22:19]). Que passagem nos diz para não se beber do cálice "de modo que ofenda a honra do Senhor"? O que significa beber do cálice dessa maneira? (1 Coríntios 11:27 fala sobre beber do cálice do Senhor "de modo que ofenda a honra do Senhor", que significa fazer isso sem confessar nossos pecados e manter nossas transgressões escondidas).

56. Batismo

Que versículo menciona a Trindade — o Pai, o Filho e o Espírito Santo? (Mateus 28:19). O que Pedro ordenou que a multidão fizesse em Atos 2:38? (Pedro disse que se arrependessem e fossem batizados).

57. Os dons do Espírito

Liste os dons espirituais citados nos versículos. Mencione duas pessoas que você conhece que têm um desses dons. (Há muitas respostas possíveis). O que 1 Coríntios 13:8 diz sobre dons espirituais? O que nunca acabará? (Embora as profecias e outros dons venham a cessar um dia, o amor permanecerá para sempre).

58. A perseguição aos santos

O que Jesus disse em Mateus 5:11 sobre aqueles que são perseguidos? (Jesus disse que todos aqueles que são perseguidos são bem-aventurados). Quais são as duas passagens bíblicas que falam sobre os cristãos serem espalhados por causa da perseguição? (Atos 8:1-4; 11:19).

59. Um retrato do futuro

Em que versículo Deus declara que Ele anuncia coisas em Sua Palavra que ainda não aconteceram para mostrar a Sua glória? (Isaías 42:9). Que pistas a respeito do futuro os versículos dessa seção nos trazem? (Jesus breve voltará [Apocalipse 22:7]; haverá tempos difíceis nos últimos dias [2 Timóteo 3:1]; surgirão escarnecedores nos últimos dias [2 Pedro 3:3]; um dia o Senhor será Rei sobre toda a Terra [Zacarias 14:9]).

60. O retorno de Cristo

Como Lucas diz que o Filho do Homem — Jesus — virá quando Ele retornar? (O Filho do Homem virá "numa nuvem, com poder e grande glória" [Lucas 21:27]).

A Bíblia nos diz que devemos encorajar um ao outro com os detalhes da volta de Jesus e a ressurreição do nosso corpo. Leia as passagens bíblicas e escreva pelo menos um fato que o anima ou o encoraja em cada versículo. (Há muitas respostas possíveis).

61. O julgamento final

No julgamento final, sobre o que os incrédulos terão de prestar contas? (De cada palavra inútil que falaram [Mateus 12:36]). Quem terá medo quando Jesus voltar? (Todos aqueles que agora não temem o nome do Senhor terão medo — aqueles que não confiam em Jesus para salvação [Malaquias 4:1-3]).

62. Um dia muito diferente para todos os filhos de Deus

Que versículo fala do maravilhoso perdão de Deus para aqueles que confiam nele? (Salmo 103:10-12). De que maneira podemos ajuntar tesouros no Céu (Mateus 6:19-20)? (Servindo a Jesus aqui na Terra amando o próximo e contando às pessoas sobre Ele).

63. Novo Céu e nova Terra

De que maneira o novo Céu e a nova Terra serão semelhantes ao jardim do Éden antes de Adão e Eva pecarem? (Não haverá doenças nem morte. Teremos a árvore da vida e um rio da vida, porém, o mais maravilhoso é que o próprio Deus estará conosco). Qual dos versículos bíblicos mais lhe faz desejar que Jesus retorne e faça uma nova Terra? (Há várias respostas possíveis).

64. O lugar especial onde Deus mora com Seu povo

O que será a luz da Terra recriada (veja Apocalipse 21:17-27)? (Apocalipse 21:23 nos diz que a glória de Deus iluminará a cidade e que a lâmpada será o Cordeiro). Em suas próprias palavras, o que Jesus disse aos Seus discípulos sobre o Céu em João 14:2-3? (A morada de Deus tem muitos cômodos; Jesus vai preparar um lugar para o Seu povo, então virá buscá-lo e levá-lo para viver com Ele para sempre).

65. A última festa de casamento

Quantas vezes João Batista chamou Jesus de noivo em João 3:25-30? (João chama Jesus de noivo três vezes). Em Efésios 5:22-31, Jesus é retratado como um marido. Quem é a Sua esposa nessa passagem? (A noiva é a Igreja).

66. Deus escreveu a Bíblia por intermédio de pessoas

De acordo com Pedro, quem guiava os profetas e os capacitava a falarem em nome de Deus? (O Espírito Santo guiava os profetas). Em 1 Coríntios 2:12-13, Paulo escreve que suas palavras não vêm da sabedoria humana. De onde ele declara que elas vêm? (Elas lhe foram dadas pelo Espírito Santo).

67. A Palavra de Deus é verdadeira

De que maneira Hebreus 6:18 nos encorajar a confiar na Bíblia? (Visto que Deus não pode mentir, e a Bíblia é a Sua Palavra, sabemos que podemos confiar que aquilo que ela diz é verdadeiro). O que aprendemos sobre a Palavra de Deus em Números 23:19? (Aprendemos que Deus não é como o homem que mente. Tudo o que Deus diz, Ele fará; tudo o que Ele promete, Ele cumprirá).

68. Deus fala com você, e você fala com Deus

Divida a Oração do Pai Nosso (Mateus 6:9-13) em duas partes principais e escreva um pouco a respeito de cada uma. (A primeira parte da oração do Pai Nosso (Mateus 6:9-10) é sobre dar a Deus a glória devida ao Seu Nome. A segunda parte pede ajuda a Deus para a vida diária). Reescreva Filipenses 4:6 com suas próprias palavras. Então escreva uma oração a Deus. (Há muitas respostas possíveis).

69. A Bíblia é o nosso alimento espiritual

O que Jeremias fez com as palavras de Deus? (Algumas versões bíblicas dizem que o profeta comeu as palavras de Deus [Jeremias 15:16]). O que você acha que significa comer as palavras de Deus? (Comer as palavras de Deus é uma expressão que significa que Jeremias guardou aquelas palavras em sua mente e coração de modo que foi beneficiado por obedecê-las).

70. O Espírito Santo nos ajuda a entender a Palavra de Deus

Que versículo descreve aqueles com o coração endurecido como alienados ou separados de Deus? (Efésios 4:18). O que controla a mente daqueles que vivem sob a orientação do Espírito Santo? (Aqueles que vivem de acordo com o Espírito "têm a sua mente controlada pelo Espírito" [Romanos 8:5]).

71. A Palavra de Deus vive para sempre

Por quanto tempo Jesus disse que a Sua Palavra duraria? (Jesus disse que Céu e Terra desapareceriam, mas a Sua Palavra permaneceria para sempre [Mateus 24:35]). O que todas as passagens bíblicas nessa seção têm em comum? (Todas elas falam sobre como a Palavra de Deus permanecerá para sempre, será firmada no Céu eternamente e nunca desaparecerá)

A Palavra de Deus
é eterna e durará para
sempre. Então, abra a
Bíblia e a leia.

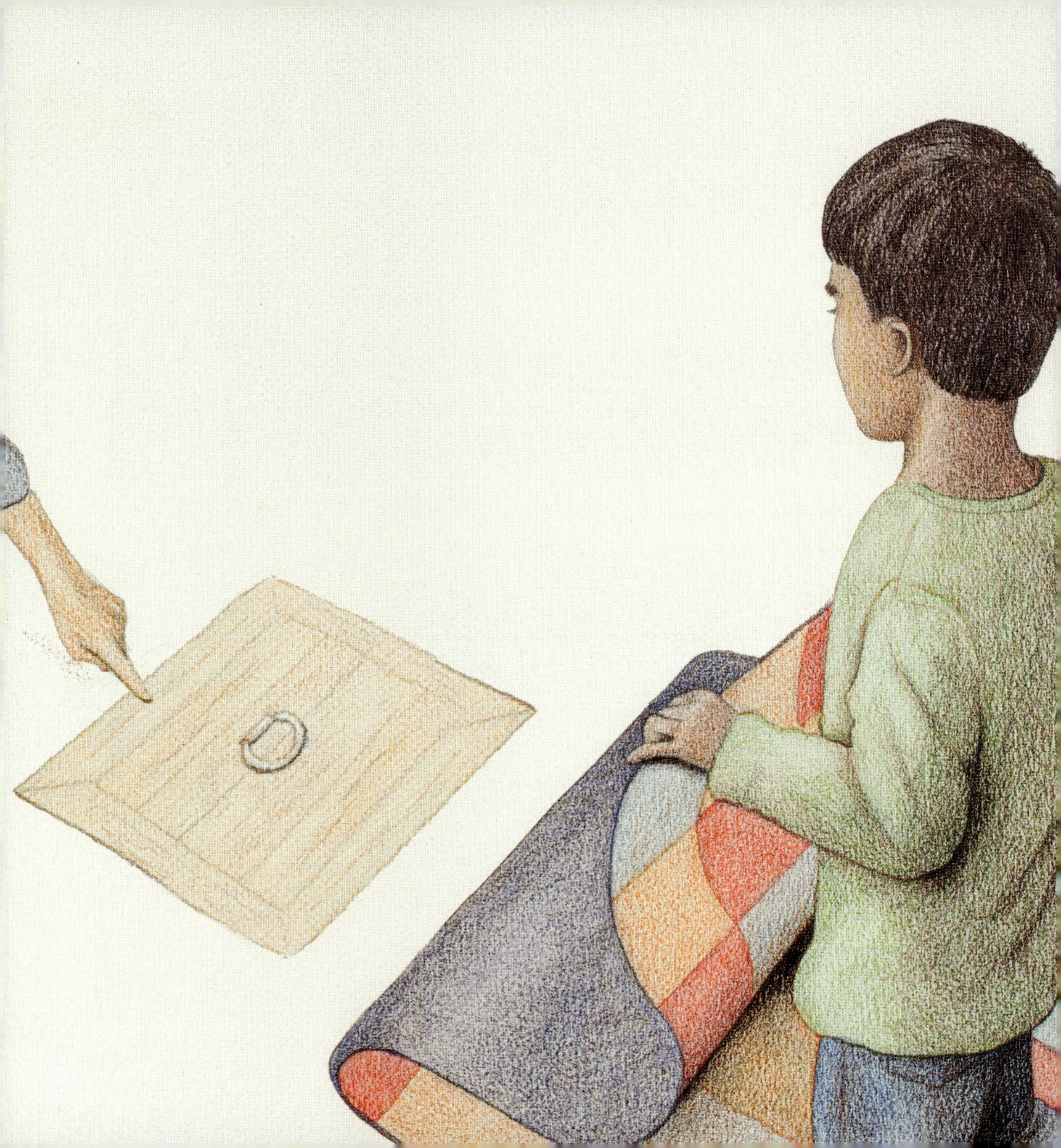

Originally published in English under the title
The Ology: ancient truths ever new, by Marty Machowski
Text Copyright © 2015 by Marty Machowski.
Illustration Copyright © 2015 by Andy McGuire
All rights reserved.
New Growth Press, Greensboro, NC 27401 — U.S.A

Coordenação editorial: Adolfo A. Hickmann
Tradução: Catarina Müller
Revisão: Dalila de Assis, Thaís Soler, Lozane Winter
Projeto gráfico e capa: Audrey Novac Ribeiro
Diagramação: Audrey Novac Ribeiro

Dados Internacionais de Catalogação na Publicação (CIP)

MACHOWSKI, Marty —autor; McGuire, Andy —ilustrador
Teologia: Conhecendo a Deus
Tradução: Catarina Müller — Curitiba/PR, Publicações Pão Diário
Título Original: *The Ology: ancient truths ever new*

1. Estudos bíblicos   3. Educação cristã infantil
2. Teologia   4. Espiritualidade

Proibida a reprodução total ou parcial sem prévia autorização por escrito da editora.
Todos os direitos reservados e protegidos pela Lei 9.610, de 19/02/1998.
Permissão para reprodução: permissao@paodiario.org

Exceto quando indicado o contrário, os trechos bíblicos mencionados são da edição
Nova Tradução na Linguagem de Hoje © 2011 Sociedade Bíblica do Brasil.

Publicações Pão Diário
Caixa Postal 4190
82501-970 Curitiba/PR, Brasil
publicacoes@paodiario.org
www.publicacoespaodiario.com.br
Telefone: (41) 3257-4028

Código: L9118
ISBN: 978-65-87506-88-3

1.ª edição: 2022 • 2.ª impressão: 2023

Impresso na China

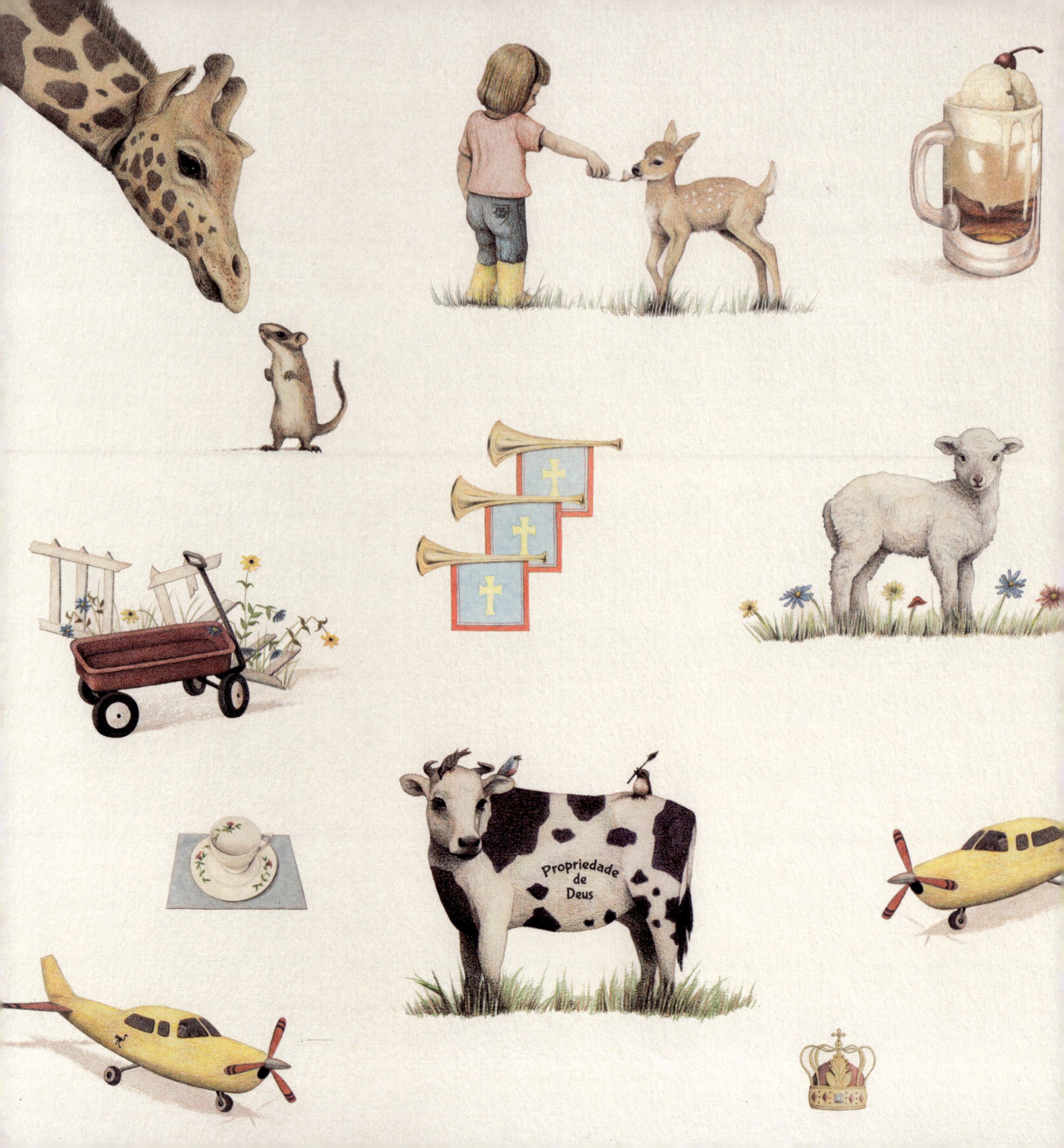
Propriedade
de
Deus